教育部"国培计划"首期中小学名师领航工
北京市海淀区教师进修学校培养基地研修成

· 与名师一起进修 · · 丛书主编：罗滨

指向思维与方法的数学教学

ZHIXIANG SIWEI YU FANGFA DE
SHUXUE JIAOXUE

孔冬青 /著

北京师范大学出版集团
BEIJING NORMAL UNIVERSITY PUBLISHING GROUP
北京师范大学出版社

图书在版编目(CIP)数据

指向思维与方法的数学教学/孔冬青著. —北京：北京师范大学出版社，2023.7(2023.9 重印)
ISBN 978-7-303-27873-2

Ⅰ. ①指…　Ⅱ. ①孔…　Ⅲ. ①数学课－教学研究－中小学　Ⅳ. ①G633.602

中国版本图书馆 CIP 数据核字(2022)第 083341 号

图书意见反馈：gaozhifk@bnupg.com　010-58805079
营销中心电话：010-58802755　58800035
北师大出版社教师教育分社微信公众号　京师教师教育

出版发行：北京师范大学出版社　www.bnupg.com
　　　　　北京市西城区新街口外大街 12-3 号
　　　　　邮政编码：100088
印　　刷：北京溢漾印刷有限公司
经　　销：全国新华书店
开　　本：710 mm×1000 mm　1/16
印　　张：18.75
字　　数：270 千字
版　　次：2023 年 7 月第 1 版
印　　次：2023 年 9 月第 2 次印刷
定　　价：76.00 元

策划编辑：冯谦益　　　　　　责任编辑：马力敏
美术编辑：陈　涛　焦　丽　　装帧设计：陈　涛　焦　丽
责任校对：陈　荟　　　　　　责任印制：马　洁

丛书编委会

教师要努力成为教育家

《中共中央 国务院关于全面深化新时代教师队伍建设改革的意见》（以下简称《意见》）是中华人民共和国成立以来党中央出台的第一个专门面向教师队伍建设的里程碑式的政策文件。这是以习近平同志为核心的党中央高瞻远瞩、审时度势，立足新时代的战略部署作出的重要决策，将教育和教师工作提到了前所未有的政治高度。

为落实《意见》的精神，《教师教育振兴行动计划（2018－2022 年）》提出"实施中小学名师名校长领航工程，培养造就一批具有较大社会影响力、能够在基础教育领域发挥示范引领作用的领军人才"。"国培计划"中小学名师领航工程（以下简称"名师领航工程"）是全国中小学教师培养的最高层次，2018 年开始，对百余名优秀教师进行三年连续性系统化培养，旨在充分发挥名师的示范引领作用，探索教育领军人才培养的有效模式，营造教育家脱颖而出的制度环境，着力建设新时代高素质专业化创新型教师队伍。

那么什么样的教师才能称为教育家呢？我认为，教育家一般要达到以下三条标准：一是长期从事教育工作，爱教育，爱孩子，爱学科，把教育作为自己毕生的事业。二是要有先进教育理念，富有教育智慧和教育艺术，形成自己的教育风格。三是善于学习，不断钻研，敢于创新，善于吸收新事物，逐渐形成自己的理论见解和思想体系。

名师领航工程的学员都是来自全国各地的特级教师和正高级教师，他们多年从事教育工作，教学经验丰富，教学能力突出，很多也有自己的教学特色和风格，是很优秀的专家型教师。但是他们还缺乏理论修养，没有把很多优秀的教学案例和生动的育人故事，以及课堂和学科的教学主张，形成系统化和结构化的理论见解和思想体系。名师领航工程就是学员从优秀走向卓越的生长点，在此项目学习期间要帮助他们梳理总结自己教育经验，把经验上升为理论，逐渐形成自己的教育风格和教育思想体系，并能对其他教师起示范引领作用。

名师领航工程学员撰写的专著，是他们多年教学实践和育人成果的总结和提炼，也是他们教学主张和教育思想的升华。专著的出版，相信会成为本学科领域具有影响力的学术成果，这标志着他们在基地的三年研修结出了累累硕果，也标志着他们离教育家越来越近。

北京市海淀区的基础教育在全国处于领先地位，北京市海淀区教师进修学校在教师教育领域做了很多引领性、示范性的工作。作为首批名师领航工程培养基地中唯一的教师研修机构，为培养教育家型卓越教师做了很多的探索和实践，培育名师再成长的理念先进，实践导向的"三年六单元"的研修课程系统，强调学员深度参与、不断输出思考与实践的研修方式有效，成果丰硕。现在北京市海淀区教师进修学校与北京师范大学出版社合作，组织编写和出版"与名师一起进修系列丛书"，是非常有意义的一项工作。

我非常期待，丛书的出版能够很好地支持新时代的教师队伍建设，让越来越多的教师成长为教育家，引领广大教师迈向教育现代化！

中国教育学会名誉会长，北京师范大学资深教授

序 二

XU 'ER

名师再成长：从优秀到卓越

百年大计，教育为本；教育大计，教师为本。《中共中央 国务院关于全面深化新时代教师队伍建设改革的意见》（以下简称《意见》）强调："造就党和人民满意的高素质专业化创新型教师队伍""到 2035 年，教师综合素质、专业化水平和创新能力大幅提升，培养造就数以百万计的骨干教师、数以十万计的卓越教师、数以万计的教育家型教师"。这是中华人民共和国成立以来，党中央出台的第一个面向教师队伍建设的里程碑式政策文件。

从《意见》的出台，到全国教育大会的召开，习近平总书记发表了关于教师的一系列重要论述，这些都表明国家对教师职业的重视，对新时代高素质教师队伍建设的重视。在这支队伍中，名师是很重要的一个关键群体，他们师德高尚，专业精深，育人成果显著，能带领教师团队在教育改革中攻坚克难，是一个地区的教育领军人才，是教师队伍的领头羊，而促进更多的优秀教师成长为教育家型教师，则关系着我国教师队伍整体质量的提升。

2018 年年初，北京市海淀区教师进修学校（以下简称"海淀进校"）承担了教育部"国培计划"中小学名师领航工程（以下简称"名师领航工

1

程")培养基地的任务，来自全国 10 个省市的 11 名特级教师和正高级教师成为基地的首批学员。基地面临着一个极具挑战性的任务，就是如何助力优秀的专家型教师成长为卓越的教育家型教师。

首先，我们明确了教育家型卓越教师的关键特质。

责任与担当——教育当为家国计。教育家时刻牢记为党育人、为国育才使命，他们主动承担起教育改革发展的重任，有着"知其难为而为之"的无畏勇气，敢于承担别人不敢承担的责任与重担，他们有宽视野和高境界，着眼于国家发展、民族未来，在教育改革的大潮中主动作为。

理想与情怀——使命感成就教育家。教育是教育家毕生的理想与追求，他们有崇高的职业使命，高度认同教育的目的，深刻理解教育的本质，精准把握教育的脉搏，研究课程、教学、评价的每一个环节，不断探索有意义的学科教学与学科育人，努力上好每一堂课、教好每一个学生。

创新与坚持——探索和领航的基石。教育家是探索者，更是领航者。他们尊重学生成长规律，在教育实践中不断摸索和创新，面对问题不断寻求新思路，更新知识结构，开阔学术视野，提升自己的教育能力，努力培养德智体美劳全面发展的学生。他们信念坚定，持之以恒，坚守初心，百折不挠，在处理困难和挫折时，表现出非同寻常的坚持，也在不断遇到难题、攻克难题的过程中享受成功带来的快乐。

那么，如何从优秀教师成长为教育家型卓越教师？

在更好地成就学生中再成长。教育家的目标是更好地成就学生，想大问题，做小事情，把崇高的教育理想落实到平凡的教育教学工作中。坚守正确的教育价值观，仰望星空又脚踏实地，逐渐形成独特的教学风格和教育思想，形成标志性的教育教学成果，在教育改革与发展中发挥示范引领作用，这样的教师才能被称为"教育家"。

在培养基地中实现再成长。良好的环境、志同道合的同伴有利于名师再成长，培养基地就是一个很好的平台。基地可以创建良好的教育生态，提供肥沃的土壤、充足的阳光和丰沛的养分，通过与同伴和导师的共同研究和实践，唤醒和激励他们主动发展和自我成长。在基地，未来教育家们携手前行，形成团队发展态势，也会带动更多的优秀教师逐渐成长为教育家型卓越教师，在教育改革中，领基础教育发展之航，领学科育人之航，领学生和同伴成长之航。

自 2018 年成为名师领航工程培养基地以来，海淀进校的干部和教研员，反复研讨，从培育模式、培育机制、研修课程、培训方式等多方面进行了探索和创新。构建了"基地—大学—中小学"个性化、立体式培养模式，形成"学员—导师共同成长"的新型关系：用高远目标引领，使教师成为有风格、有思想、有智慧，能够引领基础教育改革发展的教育家型卓越教师；用系列课程支持学员成长，"三年六单元、九大模块课程"使名师开阔了教育视野，提升了教育境界，发展了教育创新能力；有实践导师同行，名师和同学科高水平教师一起，聚焦学科核心素养发展，探索学习方式变革，上课、切磋、分享，在深度互动、深刻体验、共同创造中实现新的成长。

海淀进校能够通过申请、答辩和双选等环节成为名师领航工程培养基地，学员能够来到海淀，就是对海淀进校的充分信任。我们不能辜负学员的信任。为了给学员提供充分的接触国内知名学者和一线名师的机会，我们给每位学员配备了 5 名导师，有学科专业导师、学科教学导师、教育理论导师、教研导师和一线导师。有理论导师相伴，名师和专家一起，在课题研究和实践中，在一次次微论坛中，将自己的教学主张概念化、结构化，固化教育风格，凝练教育思想。同时基地开展教育援助，发挥辐射作用，从"一枝独秀"到"百花齐放"，学员教师通过名师工作室带领团队解决问题，在成就其他教师中成长。

通过名师领航工程的探索与实践，海淀进校以先进的教育理念、特色的课程供给、高端多元的导师团队、健全的服务机制为特色，构建名师成长的生态系统与示范基地，为全国教师研修机构提供了名师培育的成熟范式。

丛书立足海淀进校基地培养教育家型卓越教师的鲜活经验和理论探索，是学员理解学科本质、探索学科育人的成果凝练。丛书聚焦了当前学科教学和学科育人中的关键问题，书中既有学科教育和学生发展的理论，又有学科教学的方法，还有经过实践检验的教学案例和育人案例，对一线教师来说可学、可做、可模仿、可借鉴，是教师开展学科教学和班主任工作的重要参考。

　　丛书同时展现了名师成长的路径和教学主张、教育思想形成的过程。希望通过丛书的出版，让更多的教师、教研员、学者和教育行政管理者从教育家型卓越教师的成长中得到一些启示，也祝愿更多的老师从优秀走向卓越，成长为教育家型卓越教师！

罗　滨

北京市海淀区教师进修学校校长

序　三

XUSAN

努力做一名"真会"的教师

作为一名数学教师，在课堂上你通过数学知识要教什么呢？

众所周知，数学教学与其他学科的教学一样，都是以知识为载体的。但是，载体终归是载体，任何学科的教学都不能仅仅是进行知识本身的教学，也不是以学生掌握知识为教学的终极目标。教学活动的目的是引导学生通过数学知识的学习，体会数学知识所承载的学科的思维特征、掌握研究问题对象性质或关系的一般方法和解决数学具体问题的具体方法，能够运用数学学科的思想、观点从更深刻的角度理解并解决数学问题。如何才能做到这一点呢？东北师范大学数学系高夯教授曾向北京师范大学数学系的严士健教授请教：如何才能成为一名优秀的中学数学教师呢？严先生只回答了两句话：一是要真会；二是要有教的意识。高夯教授说，二十多年过去了，他记住了严先生的这两句话！严先生的话的确值得作为数学教师的我们深思。

什么叫真会？会不难，难的是"真"！"真"体现出来的是，作为数学教师是不是能够在自己的课堂教学实践中，真正把握数学学科的本质。如果要做到这一点，就不仅仅是把课上好那么简单了。他要具备研究数学教学的意识和能力；他要能够站在学科的制高点上来看待所教授的数学知识；他要对数学教学的价值及意义的理解有准确的阐述。

"真"会的数学教师不会在课堂教学中炫耀解题的技巧，也不会教给

1

学生非数学的知识或结论。也许他的课会平淡、不热闹，但是如果你能静下心来细细地品味，一定能够品出独特的味道！即使在"分数至上"的浮躁氛围下，"真"会的数学教师也能够保持从容、淡定！因为他坚信自己把握住了数学学科的本质，他教的数学是"真"的数学，是能够让学生受益终身的数学！

做教师如何做到具有专业性，把这个职业做成一种学问呢？这是值得广大教师深思的。我们也许会经常反问自己：我能不能把学生教会？如何教才能真的把学生教会呢？

孔冬青老师的新作《指向思维与方法的数学教学》从一个侧面回答了这个问题，我们能够从这本书的字里行间中读出她从一名普通的数学教师成长为数学教学研究者的心路历程，能够感受到她在课堂教学的实践研究中享受到了作为教学研究者的乐趣，为广大数学教师树立了不断追求数学学科的本质、探索基于逻辑的数学课堂教学的榜样。

我们常说教师要有自己的学术观点，如何才能做到这一点呢？孔冬青老师的这本书告诉我们：独立思考非常重要，要能静下心来思考教学中的问题，要能够提出自己的解决问题的方法，要能够表达出我们对教学研究的观点和立场。

在这本书中，思维与方法出现的频率是最高的。不论是"数与代数"的思维与方法，还是"图形与几何"的思维与方法、函数的思维与方法，可以看出在知识教学的思维与方法上，孔冬青老师有着自己深入的思考与研究。她在教学设计与实践中去探索教学的思维规律，提出了对思维与方法教学的观点与做法，为我们展现了一位数学教师在学术上的不懈追求。

在日常的课堂教学中，教师如何发现问题、研究问题呢？这应该是数学教师专业能力的表现，但也是目前教师在专业能力发展上有所缺陷的地方。为了帮助一线教师尽快提高这方面的能力，这本书没有使用过于学术化或专业化的术语，也尽量避免大段的理论化的解释或阐述，而是用了很大的篇幅、用教师熟悉的教学案例进行分析，帮助教师理解一些看似有点儿理论化的东西，向教师展示了如何使得课堂教学更接近学科本质。

阅读这本书，我们将会进一步明确：教师的专业性应该体现在课堂教学上，体现在研究教学规律上。具有专业性的教师一定会研究所教授知识的本质和内在的逻辑关系，研究师生之间思维活动的规律。如果一名教师不能从研究问题的角度认识自己的教学工作，把握不住教学中的思维规律，对教会学生没有信心，其专业性就很难说有多强。

孔冬青老师的教学实践给我们的启示是："教"更多的是聚焦在思维层面上，学生的会与不会，通过他们的操作结果（包括考试的成绩）在一定程度上是可以检验出来的。但是，作为教师，通过学生操作的结果去判断学生是"教"会的还是没"教"也会？不会的是自己没教还是学生没学？可能就不好下结论了。课堂上，不能像考试那样，通过最后的结果来判断学生的学习状态，而应该充分利用教学中师生之间的数学思维活动，去了解学生的思维水平，判断自己的教是否引发了学生的学并使学生最终学会了。

孔冬青老师的教学实践告诉我们：要敢于打破原有的束缚我们的观点和做法，做教学的创新实践者。这个创新不是在形式上做文章，而是要不断地探索课堂教学的本质。通过这样的创新，我们的教学才会越来越接近本质。

张　鹤

北京市海淀区教师进修学校特级教师、正高级教师

第一章

什么是"本质的数学教学"

中国数学课程经历了形式上由教学大纲到课程标准，教学理念上由以知识为本到以人为本，教学目标上由关注知识与技能的一维目标，到关注知识与技能、过程与方法、情感态度与价值观的三维目标，由原来的"双基"（基础知识、基本技能），到现在的"四基"（基础知识、基本技能、基本思想方法、基本活动经验），从培养分析问题和解决问题的能力的"两能"到培养发现问题和提出问题、分析问题和解决问题的"四能"，又到数学学科核心素养的提出。这体现了数学教学越来越突出学科本身的教育价值，越来越追求数学的本质；体现了新课程改革已经走向了内涵发展时期，其显著特征就是以学生的发展为本，注重学科育人，关注学生核心素养的培养。

史宁中教授在《核心问题——小学数学教学中的基本概念与运算法则》一书中写道："数学教育的终极目标是会用数学的眼光观察现实世界，会用数学的思维思考现实世界，会用数学的语言表达现实世界。"然而，目前我们的数学教学仍立足于学生的基础知识和基本技能的训练，大都采用短平快的方式，不探究知识的来龙去脉，不管知识之间的相互联系，教师结论化、标签化地讲概念和法则，或者让学生从书中找到概念和法则，加以记忆。教师针对一个知识点会找遍各种题型，还常常按照题型的外部结构特征，归类、整理，总结方法，教给学生解题套路。这种教学方式实质上是让学生通过大量反复的练习，达到记忆扎实、熟能生巧的目的。但是随着时间的推移，记忆会忘记，技能会生疏，这样的教学方式不是基于学生的理解展开，故不利于学生感悟数学思想，不利于学生积累思维的和实践的经验，更不利于培养学生的创新意识和创新思维。所以，在数学教学中，教师只有抓住数学教学的本质，立足于数学学科核心素养的培养，才能更好地实现数学教育的目标。

第一节　我对当前数学教学现状的思考

每年在评职称的时候，有一个现象引起了我的关注，那就是只要有老师争取到了指标，就会紧赶着把材料交上，接着就是夜以继日地备战讲课、答辩环节，可以说除了正常的教学工作，其他时间全部用来一节一节课设计、试讲。而这些教材内容都是大家讲过几遍的，为什么对临时抽一节课、不带任何参考资料的情况下准备15分钟时间讲一节微型课，大家都如此缺乏自信呢？当然，老师们怕紧张讲不好是一方面的原因，另一方面的原因是在只有教材内容没有参考资料的情况下，老师们担心自己不知如何引入新知，如何设计教学环节。就算有多年教龄的老师，当要讲公开课或参加优质课大赛的时候，也总是感觉不知道该如何讲才好。

这些问题的存在与我们对课堂教学的研究有很大关系。我们每年都在教着相同的教材，遇见不同的学生，但却很少认真思考，去年我在教这节课时存在什么问题？今年这一届学生和上一届学生有没有不同的学情，今年再来讲这节课时我应该有什么变化？我们甚至拿着去年的教案就直接上了讲台，因为我们认为知识没有变！所以，我们会发现，上一届学生在某个知识点上出现的错误，这一届学生照犯不误。正因为我们缺乏对课堂教学的研究，所以即使讲过很多遍，这节课在我们的头脑中也没有留下多少痕迹，因此，一些教师在参加优质课大赛的时候才要那么辛苦地一遍遍研究如何上好这节课。

这些问题的存在也与我们平时的教学积累有很大关系。我们经常发现学生自己不会做的题，等老师一讲，就感觉完全理解了，于是兴高采烈地按照老师的讲解整理到作业本上。但再遇见同样类型的题，甚至是原题，却又找不到解决问题的办法了。这说明学生顺着老师的思维走，觉得非常清晰，但这里缺少自己的思考：老师为什么要这样想？是怎样找到解决问题的突破口的？有的时候，学生明明自己把问题解决了，但当要讲给其他同学听的时候，却又发现找不到合适的办法了。出现这些问题的原因之一是老师的讲解不善于暴露思维过程，教的是怎样做（方法），缺少的是为什么要这样做（思维）。原因之二是学生的学习往往缺少一个很关键的环节，就是自我反思。无论是自己解决的还是在老师或他人的帮助下解决的，都需要一个反思、总结、提炼的过程，这个过程就是要深入思考：为什么要这样想？还有没有其他解决问题的办法？如何充分考虑题目中所给的条件以及条件中的相互关联？只有这样，不断进行自我反思，不断积累解决问题的经验，学生才能达到真正理解的目的，才能不断提高解决问题的能力。

我们的教学也一样。上课时有时候我们会有突如其来的灵感，或者上课时有非常精彩的生成资源，然后抓好生成资源，让它成为一节课的最大亮点。上课后或遗憾或激动，总有很多感慨。但因当时没有及时记录，所以这些精彩或者当时好的想法随着时间的推移就被渐渐淡忘了。当我们参加别人的观摩课的时候，看到人家课堂上的某些亮点，总是很惊叹，下决心也要在自己的课堂上试一试，回去后这节课已经上过了，又要忙着上其他课，等到来年，又忘却了当年的感动。于是年复一年，我们在重复着昨天的故事。这里的问题是，我们缺乏自己的思考和研究。和学生的学习一样，我们缺少一个反思、总结、提炼的环节。正因为我们的反思意识不够，所以我们的学生也就缺少反思意识。数学课程目标中的基本思想方法和基本活动经验的积累不仅仅靠学生的活动，更需要学生在活动中和活动后的反思、总结、提炼，如此，才能内化为学生的能力。

一个教师的主阵地在课堂，经营好课堂，在课堂中和学生一起成长，感觉到上课就是每天最幸福的时光，这应该是教师的永恒追求。

当前的初中数学课堂教学值得我们去思考和研究。

一、学生立场何以在教学中体现

课堂上要关注学生的学。但怎样关注，怎样才算真正的关注，我们却很少去研究。就像我们的课堂教学，我们更多地关注教师怎样把知识讲明白，却很少研究怎样让学生把知识学会，让学生把所学的知识说出来。如果我们给学生明确的任务：把自己对知识的理解讲给大家听。这个任务就一定会让学生增加一份责任感，从而对知识的学习会更加主动。也就是说，课堂教学中要真正突出学生的主体地位，教师必须转变教学观念，要有学生立场，要从学生的学考虑教师的教。

由自己的需求引发的主动学习才是有意义的、才是激发创造能力的学习，而我们的课堂却恰恰限制了学生自己探索的时间和空间。我们所认为的关注学生的学习，也是在老师讲明白之后，学生的模仿练习。我们没有真正激发学生自主学习的积极性，一旦让学生自己探索学习，他们的能力会超乎我们的想象。

另外，模式化教学扼杀了学生的个性。我们的教学功利性太强，在中考、高考的指挥棒下，让所有的学生按照考试的标准去练习，抹杀了学生的创造性，使学生养成了死记硬背的习惯，不善于思考，不善于创新，更不敢创新。

由学生发现问题，带着问题求学，他们才能真正去动脑思考，学习才会发生。比如，《论语》中孔子的学生都是自己带着问题去求教老师，老师从来不直接给出答案，而是通过问题巧妙点拨，学生在回答老师的问题、发表自己的观点的同时悟出道理，找到解决问题的办法，这才是真正意义的学习，这才能让学生感觉到学习的主体是自己而不是老师。而现在的课堂却是教师按照教材一点点教给学生，让学生处于被动接受知识的状态。

我们的教学以"学生的学会"为目标，所以采用最简洁的模仿学习，让学生很快"学会"，但这种学会往往停留在记忆的层面，知其然而不知其所以然。只有当学生把学习当成个人需求的时候，他才会去主动探索。学生一旦愿意主动探索知识，他的学习力会变得很强，这就要求教师认真反思自己的教育教学行为，把关注学生的学会转变为关注激发学生主动探究知识的愿望，让学习真正发生。

曾经听过一节研究课"一元一次不等式"，这节课的目标是课堂教学中基于学生的已有经验类比学习，体现学生思维的形成过程。但听完这节课总感觉有不太对劲的地方，即学生的思维是否真正得到了培养？学生的学习是否真正发生？

本节课的第一环节是情境引入，形成概念。教师列举了 5 个本校学生活动的实际问题，请学生只列式不计算。所列举的问题中的第 1，3 题列出来的是一元一次方程，第 2，4，5 题列出来的是一元一次不等式。其目的是让学生知道在实际生活中，不仅需要建立方程模型，有时候还需要建立不等式模型解决问题。同时，让学生通过比较，抽象出一元一次不等式的概念。但是，在所列问题中，第 2，4，5 题的难度偏大，很多学生列起来困难，尤其是对于"他至少答对多少道题""学校最多需要准备多少奖励基金""至少需要多少块这样的地砖"这样的问法，学生以前没有接触过，不知道如何设未知数。又因为这只是概念引入环节，不是本节课的重点，教师不想浪费那么多时间，就在少数学生回答正确答案后，匆匆结束。

课堂教学的每个环节，都应该让学生的思维得以发展。既然这样的问题设计，使学生的思维受阻，我们就应该让学生把问题弄清楚。所以，每个环节的设计必须考虑学生的已有经验，考虑本节课希望解决的问题是什么，只有这样才能有的放矢。不能把设计问题聚焦在为了推进教学，而是为了学生更好地理解。

接下来，教师让学生观察 5 个关系式，进行分类，又让学生回顾一元一次方程的概念，引导学生类比一元一次方程的概念说出一元一次不等式的概念。然后教师问学生，我们在研究一元一次方程的时候，研究了哪些内容？学生说出概念、解法、应用后，教师又说，那么我们研究一元一次不等式，也应该按照概念、解法、应用的顺序研究，认识了概念后，接下来该研究什么了？然后就进入下个环节，类比探究，获取新知。

从表面上看，我们是在让学生类比研究。其实，还是教师牵着学生走，能不能再放得更开一些呢？比如，当学生把 5 个关系式分类后，让学生说出第 1，3 是我们学习过的一元一次方程，那么剩下的三个关系式如果给一个名字，应该叫什么？为什么？我们会解一元一次方程，能不能根据自己的经验，研究找到一元一次不等式中未知数的值，请自己动手试试，并给大家讲讲你的研究思路。如果这样设计，会让学生更感觉有挑战性，更容易激发学生的学习兴趣，让他们有探索的欲望。而且在自己研究的基础上，学生会更深刻地理解类比迁移的研究方法，更清晰地对比一元一次方程和一元一次不等式的联系和区别。对于未知数系数是负数时的处理方法这个难点也会更容易被真正突破。这样的设计就不再是教师的一步步引导，而是在学生自己的探究中培养了学生思维的深刻性和缜密性。

当学生会解一元一次不等式并能总结一元一次不等式解的步骤后，教师又给出一道题，要求学生解不等式，并在数轴上表示。学生按照教师的要求完成任务，但为什么要在数轴上表示解集，学生应该不明白，这就是我们长期在教学中让学生养成的懒于思考的习惯。我们包办代替得太多，使学生没有养成深入研究、深入思考的习惯。即使我们想让学生学会类比迁移的研究路径，也是按照自己的思路，把问题分解得很细，引导着学生一步步往前走。学生的思维能力没有得到真正意义上的培养，数学学习就没有真正发生。即使看上去都是学生在活动，但都是在教师指令下进行的活动，学生的主体地位没有得到体现。

我还听过一位教学功底深厚的李老师的一节课，不禁为她精彩的课堂生成喝彩。

这节课讲的是一元二次方程的实际应用中的探究 1，有一个人患了流感，由于不注意隔离，经过两轮传染后共有 121 人患了流感，若每人每轮平均传给了 x 人，试求 x 的值。在授课过程中，李老师根据学生的认知规律，设置了一些分解问题，启发学生自己进行分析：(1)一轮传染后共有多少人患了流感？(2)第二轮又传染了多少人？(3)两轮传染后共有多少人患了流感？要求学生用含 x 的代数式进行表示。在学生自学自主探究 5 分钟后，李老师观察发现，有一半学生感到比较困惑。针对这种情况，李老师安排了小组合作，让几位同学在讲台上展示小组的研究结果，于是学生在互动中比较轻松地解决了这个问题：(1)$1+x$，(2)$x(1+x)$，(3)$1+x+x(1+x)$，由此得出方程 $1+x+x(1+x)=121$，从而轻松地解决了这个问题。

　　这个环节李老师设置了三个问题，相当于铺设了台阶，这是大多数教师常用的方法，因为他们怕学生没有思考的方向，不相信学生的能力。如果不设置这样的问题，先给学生几分钟时间，让学生独立思考，教师自然会研究解决问题的办法，这也正是教师发现学生思维的过程，但教师用自己设计的问题代替了学生的思考。作为教师，我们往往考虑的是怎样教，而很少考虑学生怎样学，如果学生能够自己探究解决问题的路径，必将提高他们分析问题、解决问题的能力。教师要做的只是在学生困惑时指点迷津。

　　就在李老师引导学生总结用一元二次方程解实际问题的一般步骤时，突然一位同学举手发言："老师，三轮过后又有多少人患流感呢？照这样的速度是不是很快？"李老师马上把这个问题抛给学生："是啊，三轮过后又有多少人患流感呢？请用代数式表示一下。"全班同学立即在纸上表达起来，也许因为这个问题是同伴提出来的，大家显得格外认真。等一部分同学有了自己的答案之后，一位同学走上讲台："老师，让我讲一下，我发现规律了，你们看，一轮为 $1+x$，二轮为 $1+x+x(1+x)=(1+x)^2$，三轮为 $(1+x)^2+x(1+x)^2=(1+x)^3$……也就是 n 轮传染后，患流感人数应是 $(1+x)^n$。"同学们的掌声自觉响起。"你真了不起！"李老师表扬了他，又问了一句："生活中这样的例子还有吗？"同学们立即议论开了。李老师干脆让同学们畅所欲言，最后总结了一下，同学们举出的例子共有以下几种。

　　(1)细胞分裂：如果一个细胞每次分裂成 2 个，那么 n 次就分裂成 2^n 个。

　　(2)单循环比赛的场次 $\frac{1}{2}n(n-1)$，相同类型的还有互通电话、互相握手、数线段个数、数角的个数等。

　　(3)双循环比赛的场次 $n(n-1)$，相同类型的有互送贺卡、互发短信等。

　　李老师又引导同学们把生活中的这类问题归为"生活中的组合计数

问题"。

下课铃声响了，同学们还意犹未尽。

看着同学们积极、兴奋的状态，我发现这样的课堂才是我们应该看到的课堂。也许这节课与当初李老师备的课相差甚远，也许她预设的练习还没有进行，但同学们对这种数字规律的问题进行了深入的研讨、交流、总结，他们收获了探索之后的成就感和幸福感。很感谢李老师在学生提出问题后，没有因为担心教学任务完不成而说这个问题你们下课之后再探讨。

反思这一节的教学，我有三点感受。

第一，学生是教师上课活动中不可忽视的教学资源。学生的想法、感受，以及他们在课堂上的发现，有些是教师可以预测的，但也有一些是不可预测的。作为一名教师，要想真正在教学中树立起学生的主体地位，让学习真正发生，就必须充分信任学生，平等地对待每一个学生，调动起他们参与课堂活动的积极性。注意发掘学生的非智力因素，比生搬硬套效果要好得多。"书本是死的，人是活的"，课前的准备再充分，不一定就适合每一节课。只要是能让学生主动探究知识，培养能力，提高学生数学素养的课就是好课。我们的数学课堂应该是开放的课堂、生动活泼的课堂、数学知识应用与生活问题解决的课堂，更应该是学生探究新知、经历过程、充满智慧的旅程。

第二，学以致用，数学教学中应注重数学的应用价值。把数学教学与生活实际结合起来，在课堂教学中多创设一些学生比较熟悉的生活情境，可以调动学生参与学习过程的积极性。只要把学生的兴趣培养起来，学生就不会再把学习当作一件苦差事儿了，教学的效果就会更加明显。如此一来，实现素质教育、培养创新型人才的目标才可能实现。

第三，教师不能为完成教学任务而完成教学任务，一定要以学生的发展为主题，根据学生的需要给学生提供有用的数学素材。所有的问题解决，都应该把学生推到前面，给学生充分的自主探究的时间和空间，不要总把问题分解得太细，看似引导学生的思维，其实是限制了学生的思维，让学生处于被动学习的状态，这样学到的知识没有自身的生长能力。

在听课过程中，我还发现在有的课堂上教师自认为设计得非常巧妙，问题设置得很好，学生活动得也很充分。但仔细想来，这些课堂大多还是立足于教师的教，问题的设置也往往是想当然的。教师感觉学生在某处理解起来困难，就直接为学生铺个台阶，全然不顾学生会有怎样的想法。也许在教师没有铺设这些台阶的时候，更能看出学生的思维起点，这样的课堂才会是精彩纷呈的，才是学生的学习真正发生的课堂，才是更有生命力的课堂。

因此，在课堂教学中，学生立场的体现应该是教师教学观念的改变。教学设计应该立足于学生怎么学，而不是教师怎么教。教师要给学生提供主动参与的时间和空间，给学生提供充分表达思想的机会，及时关注学生的思维起点和思维方法，根据学生的学习情况及时调整教学方案。

二、教师的教学应该着重关注什么

数学是思维的体操，学习数学的最大价值就在于提高学生的逻辑思维能力，学会用数学的思维思考现实世界。很多人感到学习数学在实际生活中没有多大用处，是因为在现实生活中不会让我们去证明一个几何问题，也很少去应用公式进行计算。从数学学习中所获得的数学思维方法、研究问题的方法、推理方法和看问题的着眼点等，却会在我们的生活中随时随地发挥作用，让我们受益终身。但是我们的数学教学很多还在执着地教着学生学习知识，从而丢掉了数学的美，丢掉了数学的本质。学生思维能力的培养成了我们说得最多又不注重落实的一句空话。

因此，教师的教学应关注学生思维能力的培养。

曾听过一名年轻教师讲九年级的一节数学习题课。这位教师前半节复习了一元二次方程根与系数的关系，用三道练习题进行强化，后半节讲评基础训练的一元二次方程解法中的因式分解法。这节课不仅在内容安排上有些随意，而且每一部分内容的教学都没有从学生思维发展的角度精心设计，基本模式是学生做，教师组织修改。教师没有对学生的思维能力进行训练、缺乏数学学科核心素养培养的意识。

这节课的前半节教师先和学生一起回顾一元二次方程根与系数的关系后，出示三道练习题。

1. $x^2-ax+2a=0$ 的两根的平方和是 5，求 a 的值。

2. $x^2+(k-2)x+k^2=0$ 的两根互为倒数，求 k 的值。

3. 若 $m^2-m=3$，$n^2-n=3$，且 $m\neq n$，求 $2n^2-mn+2m+2\,015$ 的值。

教师先让学生独立完成，然后开始点评。

第一道题先让一个学生说解法，教师板书。

$$\begin{cases} x_1+x_2=a, \\ x_1x_2=2a。 \end{cases}$$

$$x_1^2+x_2^2=(x_1+x_2)^2-2x_1x_2=a^2-4a，$$

$$a^2-4a=5，$$

所以 $a_1=5$，$a_2=-1$。

教师问其他同学有没有不同意见，没有人举手。

教师提醒学生把 $a_1=5$ 代入方程，检验一下 Δ，发现 $\Delta<0$，因此 $a_1=5$ 时方程没有实数根，即 $a_1=5$ 不符合要求。再把 $a_2=-1$ 代入方程，检验 $\Delta>0$，因此，最终结果确定为 $a=-1$。

需要教师反思的问题是：第一，学生为什么没有一个人想到检验 Δ？第二，教师告诉学生把所求的 a 值代回方程检验 Δ，有多少学生明白其中的道理？再遇见此类题目能完整作答的会有几人？第三，教师要靠什么让学生记住检验 Δ？

通过问题反思，应该明白学生不会完整作答的原因不在于学生，而在于教师的教出了问题。一元二次方程根与系数关系成立的前提条件是存在有两个根，因此，凡谈到根与系数的关系，必先保证一元二次方程有根。已知一元二次方程两根的关系式求字母取值时，考虑的条件是三个：①$\Delta\geq0$；②两根之和等于一次项系数与二次项系数的商的相反数；

③两根之积等于常数项与二次项系数的商。如果学生弄明白这个道理，理解这样的思维逻辑，就不会出现全班同学不检验 Δ 的现象。在设出方程两根之后，直接列出必须满足的所有条件，这样 $\Delta \geqslant 0$ 就成为首要条件，也就不存在忘记检验的问题了。

当学生出现问题时，一定要追究出错的原因，不能用"马虎"来回避真正的原因，当学生对知识点的学习有缜密的思维时，就不会出现"马虎"的毛病。

对于第二题，教师自己直接讲，再次强调要检验 Δ。

需要教师反思的问题是：第一，为什么不去了解学生的解法，而是自己直接讲解？第二，在第一题讲解的基础上，为什么不能让学生自己检查纠正第二题？第三，第二题的重复讲解对学生掌握此类知识点有多少作用？

通过认真反思，教师应该明白教学中的逻辑，就是第一、二题属于同一个类型，通过第一题让学生掌握解决问题的策略，学会如何思考，规范解题步骤；通过第二题让学生能够自我纠正，并进行展示和讲解，说清道理，讲明方法步骤，让学生在讲解的过程中理清思路，掌握方法。

对于第三题，多数学生都不会做，有一个学生做了讲解但表述不清。教师没有做任何评价，然后自己开始讲解，但在两个关键点上都没有讲清楚，学生仍然一脸茫然。

需要教师反思的问题是：第一，学生不会的原因是什么，思维受阻在哪里？第二，对于课堂上学生的回答应怎样评价？不做任何评价对学生的心理有什么样的影响？第三，教师的讲解怎样能让学生领会？是点拨式，还是全过程的讲解？

通过认真思考，教师应该明白，弄清学生思维受阻点是确定一道题应该讲什么，如何讲的关键。对于第三题，学生思维受阻点有两个：一是学生不好理解 m，n 可看作方程 $x^2 - x = 3$ 的两个根。二是当 m，n 是方程的两根时，应满足四个关系式，分别是 $m^2 - m = 3$，$n^2 - n = 3$，

$m+n=1$，$mn=-3$。那么教师的讲解就应该是点拨式讲解，重点点拨思维受阻点，厘清思考方向，确定解决策略，而不是把解题的全过程呈现给学生。

另外，对于课堂上学生回答问题，我认为教师应给予简单、中肯的评价，这是对学生的尊重。有的教师认为学生回答错了，不批评他，不做评价是给学生面子。其实，我们换位思考，就会明白教师的不评价在某种程度上伤害了学生的自尊心。当学生回答错误时，教师应该能够迅速分析他出错的原因，是思路不清，还是理解错误，或是某个知识点用法没有掌握等。不仅要肯定学生回答问题中的积极因素，比如思考方向正确，或者有思维的创新之处，或者态度端正、积极思考、回答问题积极、声音洪亮等，更要指出学生的问题所在，让他能有所提高。教师不做评价，可能会让有些学生感觉受到了教师的轻视，进而感觉自己的表现很失败，从而陷于深深的不安之中，严重影响后面的听课情绪。

每一节课我们都要有目标意识，都要进行精心设计。可以看出，本节课没有经过精心设计，主要表现在：第一，本节课没有明确的教学目标，教师对学生在这节课上能力的发展或者知识应用的拓展提高没有清醒的认识。第二，因为没有明确的教学目标，所以在内容的安排上随意性很大。教师只是安排了三道练习题，然后就是讲评基础训练的一元二次方程解法中的因式分解法。第三，教师在教学内容的处理上没有深度，没有对学生思维能力培养的意识，缺乏对学生学习经验积累的意识。在课堂的前半节，教师对三道练习题的处理只是就题论题，既没有思维能力的培养，又没有一类问题解题策略的提炼与总结，让学生练过之后的收获甚微。在学习方法上、思维能力上有哪些提高，教师一概不管。在后半节的讲评基础训练中，教师更是让学生对答案，对于有错误的题目，学生仍然不知错误原因，只是知道了正确答案。这样的教学有浪费学生的时间之感，让人心忧。

由此，我认识到一些教师对数学教学的理解还有欠缺，没有认识数学教学的本质，还在靠让学生经过大量的练习提高成绩。实际上，课堂上的教学效率不是看解决了多少道题，而是看学生的思维能力是否得以提升。

教师的教学还应关注数学思想方法的渗透。数学教学的一个重要目的就是教会学生以数学思想方法思考解决一些实际问题，培养学生自主探究学习能力。那么如何让学生掌握数学思想方法呢？数学思想方法不是教师直接告诉学生的，而是在每一节课中进行渗透，让学生在潜移默化中掌握并会应用数学思想方法解决问题。而我们的教学中往往忽略数学思想方法的渗透，所以，学生在数学学习中不会举一反三，不会总结、提炼，就难以形成数学素养。

听我校王老师讲"有理数的乘法"一节课时，我发现王老师按照教材的编排顺序，讲得很清晰，但是我一直感觉学生对于法则的得出过程仍然是糊里糊涂的，仅仅是记住而已。对于法则归纳的思想方法掌握不到位，会影响到学生后续的学习。"有理数的乘法"的难点在于两个负数相乘的情况，也就是对"负负得正"的合理性的解释，对有理数乘法法则合理性的解释。

本节课课前检测计算了两个有理数加法，让学生再次回顾有理数加法的步骤：一判类型，二定符号，三计算绝对值，为本节课学生类比说出有理数乘法步骤打下基础。紧接着教师出示：（1）$3+3+3+3=$ _____，$3\times4=$ _____；（2）$(-3)+(-3)+(-3)+(-3)=$ _____ $(-3)\times4=$ _____。计算后，教师说出乘法与加法的关系：乘法是几个相同加数的和的简便写法。然后类比有理数加法，教师和学生一起分析有理数乘法的类型，同时板书正×正、负×正、负×负、0×正、0×负。总结本节课重点，学习负×正、负×负两种类型，引入新课。

在小学学过的自然数乘法是加法的简便运算，而当数系扩充到有理数范围后，乘法就不再是加法的简便运算了。比如，对于$(-2)\times(-3)$就不能用加法解释，这里应该让学生明白引入负数后乘法的变化，由此也让学生增强对有理数乘法探索的兴趣。同时告诉学生正是因为有理数范围内乘法不再是加法的简便运算，所以，我们要重新来寻找验证有理数乘法法则的途径。这样引入新课更能激发学生学习的欲望，也能引起学生对有理数乘法中有因数是负数时的重视。

本节课教师采用的是人教版教材的验证方法，通过归纳推理验证有理数乘法法则的合理性。教师首先出示一组算式 $3\times3=9$，$3\times2=6$，$3\times1=3$，$3\times0=0$，让学生找出这组算式的规律。教师引导学生找到随着后一个乘数逐次递减 1，积逐次递减 3 的规律，接着提出，要使这个规律在引入负数后仍成立，那么应有 $3\times(-1)=$ _____，$3\times(-2)=$ _____，$3\times(-3)=$ _____。紧接着用相同的方法，按照相同的节奏处理教学设计中的思考 2 和思考 3。在归纳乘法法则时，学生的语言表达不到位，不知道要怎样总结。

实际上，学生在规律的得出上仍然糊里糊涂。教师按照课本一步步归纳，对于学生不会组织语言进行结论总结，不能简单地认为是学生语言能力差。学生语言能力差的背后可能是没有弄明白。为什么教师认为很清晰的结论而学生却弄不明白呢？学生在归纳乘法法则时，为什么仍感到困难呢？

教师在课堂上研究问题的时候，往往是自己心里很清楚："我的目标是什么"，但是却没有让学生也弄明白："我为什么要进行这样的操作，怎样就得出了这样的结论"。正是因为学生不知道自己在干什么，所以总是在教师的引导下一步步走，好像突然间就有一个定理或者法则出现了。尽管好像是学生发现的，但也很少能看见学生因为"自己的发现"而感到自信和自豪。如果我们能把要研究或要解决的问题给学生说明白，学生就会真正开动脑筋思考问题了。即使不能完全解决，学生有自己的思维过程，有自己的结论，就是学生学习知识最大的收获。也就是说，没有思维活动的操作不是学生的经历。在这样的操作过程中，从特殊到一般和类比的数学思想方法很难渗透到学生的自觉学习行为中。再遇见类似的探究，学生仍然要等教师的提示，而无法形成自己解决问题的能力。

　　上述规律的发现最重要，教师应放慢节奏，让学生理解合情推理的一般方法。首先告诉学生这节课将从小学学过的乘法运算中发现规律，并让这个规律适用于有负数的乘法，从而找到有理数乘法法则。这里，使"原有规律成立"是新运算的前提，其实质是使原有的算术运算律成立。然后出示第一列算式：$3\times3=9$，$3\times2=6$，$3\times1=3$，$3\times0=0$，提出问题：从这列算式中，你发现了什么规律？你是怎么找到的？为使这个规律在引入负数后仍成立，你能续写后面的算式吗？这样问题的思维含量就高了，能让学生知道对于算式找规律的方法是观察等号的左右两边，当学生发现左边第一个乘数完全相同，第二个乘数逐次递减1，就会想到观察右边的乘积会逐次减几，很快发现乘积逐次递减3。当学生自己找到规律后，后面的续写就可以顺利完成，从而为乘法法则的总结打下基础。

　　当学生明白通过这样的规律总结，可以发现正数与负数相乘的结果后，还可以大胆放手让学生去思考怎样类比，通过归纳规律的办法找到负数乘正数的结果。找到结果后，可以让学生观察两组算式，类比有理数加法法则，按照先定符号，再定绝对值的办法，总结有理数乘法法则中正数乘正数、正数乘负数、负数乘正数的法则，并在此基础上，类比寻找负数乘负数的结果，再让学生完整得出有理数乘法法则。

　　这样的设计过程不仅让学生真正参与，真正经历，从而充分理解引入负数后的乘法法则，而且让学生有高质量的思维活动，懂得如何研究有理数和有理数的运算。也就是有理数由符号和绝对值两部分组成。有理数的运算及运算结果也都是由符号和绝对值两部分组成的，同时让学生再次体会当数系扩充到有理数范围后，数的运算法则、运算律仍然适用。只有学生完全理解有理数运算法则，理解有理数的算理，才能把握运算教学的本质，为后续学习式的运算、实数的运算奠定坚实的基础，提高学生的运算能力，真正落实数学学科核心素养中最关键的核心能力。

　　当然这样的设计仍然是依据教材，从学生的学习角度进行深入思考

17

和精心设计，让学生明白每一步操作的目的是什么，从而体会数学思想方法，认识法则的合理性。根据学生的实际情况还可以放手让学生自己找方法。有的学生会根据有理数加法法则的验证经验，用实际问题去研究。比如，规定小明在某一点出发做直线运动，规定向右为正，向左为负，再规定这一时刻往后的时间为正，这一时刻往前的时间为负，这样就会出现正乘正、正乘负、负乘正、负乘负的情况。这种方法的难点在于，在有理数加法中，两个加数和它们的和，是同一单位的量，所以在有理数加法法则的解释中，只要确定一个因素，并约定相应的正负即可。而在乘法中，两个乘数所代表的量是两个不同单位的量，需要确定两个因素，并分别约定正负才行。由于涉及两个因素，这就增加了学生理解的困难。无论哪种方法，都是为了解释乘法法则的合理性，在这一解释的过程中让学生获得体验和理解，让学生深刻体会解决问题的策略，理解数学思想方法。

我们知道，思想方法是数学的灵魂。不管是数学概念的建立、数学规律的发现，还是数学问题的解决，核心在于数学思想方法的培养和建立。数学思想方法的建立靠的是在探究知识过程中的渗透和学生的感悟。因此在数学教学中，教师要关注数学思想方法的渗透，让学生积累经验，掌握解决问题的方法。

三、教学逻辑是什么

教学过程绝不是教师的独自表演，在这个过程中有教师教的过程，知识发生、发展的形成过程以及学生的思维过程。数学的教学过程不能看作机械的、操作性的活动，而应该看作认识数学知识本质的思维活动过程。为了让学生能够通过数学知识这一载体提高逻辑思维能力，增强理性精神，教师对知识教学的态度起着非常重要的作用。如果教师认为知识的学习是为了让学生尽快地掌握结论型的知识，并通过熟练运用知识取得好的成绩，在教学中强化数学的结论就成为必然。

数学教学应该有正确的教学逻辑。张鹤老师说过：课堂教学要讲"故事"。这里所说的故事不是我们通常所说的有人物、有情节的故事，而是指要能够把所要教授的知识讲出情节来，即能够讲出知识形成的过程，讲出知识之间的联系，讲出它们的逻辑！不要把数学课上成讲完概念就是应用，从例 1 讲到例 3 再穿插若干变式练习，最后小结这种模式化、套路化的课堂教学。这样的教学显得干巴，不漂亮，缺乏故事性。能不能把所选用的数学题改成需要探索的问题？并且问题之间是有联系的，是能够不断地深入研究的？在思维层面上，让研究的问题有同样的思维方式。如果能够把知识的教学讲出情节、讲出故事，那么课堂教学的味道也就有了。我认为，其实张鹤老师所说的讲故事就是教学逻辑。

　　要教给学生思维方法和逻辑，教师就必须了解学生的思维起点，理解知识本身承载的思维，从而确立自己的教学逻辑。这样的教学，才能真正让学生听得明白，想得明白，学得明白。而数学课堂教学中，还存在教师的教缺乏逻辑，不问知识的来龙去脉，不理解知识的逻辑，淡化知识的探究过程，学生靠死记法则、公式，重复练习提高成绩的现象。

　　"有理数的认识和运算"是初中学习的第一个内容，它起着承上启下的作用，为整个初中阶段数与代数的学习打下了坚实的基础。有理数的认识和运算要从本质上理解，而很多教师重视不够，总觉得很简单，不就是引入一个负数吗，只要把概念告诉学生，记住运算法就可以了。结果发现，学生对于相反数和绝对值的概念理解得含含糊糊，对于运算屡做屡错。教师想通过反复练习让学生记住法则，结果收效不大，关键原因是没有重视概念和法则背后的思维，没有确立正确的教学逻辑。

　　小学的时候所学的两个自然数或分数的加减乘除运算可以看成两个有理数运算的特殊情况，学生对这四种运算并不陌生。怎样把学生已有的运算经验迁移到有理数的运算中来，教师需要引起重视，要精心设计这部分的教学。两个有理数的加减法、乘法、除法等，如何运算暂且不谈，我们可以确定的是，运算的结果一定还是有理数。所谓有理数的运算法则就是明确两个有理数经过运算后得到的有理数是如何确定符号和绝对值的。

　　听过一位年轻老师的一节课"有理数的减法"，整节课教师没有抓住教学的重点，对法则的探究蜻蜓点水，只是让学生糊里糊涂地背记法则，套用法则。学生的思维水平没有得到发展，学生对研究数学问题的基本方法没有掌握。这就会造成学生计算能力差，为整个初中阶段的数学学习带来一定的困难。现把这节课的基本过程呈现出来。

环节一：课堂引入。

本节课的课前检测有三道题，分别是：

1. 同号两数相加_____，并把绝对值_____。

2. 绝对值不等的异号两数相加，取_____的符号，并用_____。

3. $9-8=$ _____，$9+(-8)=$ _____，$15-7=$ _____，$15+(-7)=$ _____。

处理完三道题，教师直接出示本节课的学习目标，让学生齐读。

课前检测中的前两道题是回顾有理数加法法则，这样的复习让学生满足于死记公式，不如对应做两道题，通过计算，让学生口述用到的依据（加法法则）。法则是计算的依据，是在理解的基础上应用而不是简单背记。第三道题显然是想以此引入本节课的学习内容，但教师只是让学生找到正确答案，说本节课我们学习有理数的减法，大家齐读学习目标。我经常在一些教师的课堂上，甚至是一些优质课大赛的课堂上，看到新课伊始，就让学生齐读学习目标的。我总是不明白，对数学课来说，让学生齐声朗读学习目标有多少作用？

如果教师能根据第三道题，让学生回顾小学我们还学习了减法运算，并思考：减法运算和加法运算有什么关系呢？有理数的减法与小学学过的减法运算有哪些不同呢？通过这道题，我们发现 $9-8=9+(-8)$，$15-7=15+(-7)$，这样的规律是不是对所有的有理数减法都成立呢？如果是，说明有理数的减法可以转化为学过的加法运算，这节课让我们一起来探究有理数减法法则。

这样引入，既激发了学生探究有理数减法法则的热情，又让学生以小学的减法运算为基础，为本节课探究有理数减法转化为加法运算奠定基础。在此基础上，可以让学生试着确定本节课的学习目标，而不是让学生不动脑子地齐读。

环节二：减法法则的探究。

教师出示探究问题：北京某天气温是 3 ℃，比 −3 ℃ 高多少度？

一个学生列出算式：$3−(−3)=6$。

教师追问，怎样理解 $3−(−3)=6$。

学生的回答含含糊糊，教师也没有做任何评价，紧接着抛出问题：想一想，$3+$ _____ $=6$。

学生回答 $3+3=6$，于是得到 $3−(−3)=3+3$。

教师进一步提问，对于其他的数，这个猜想还成立吗？将上式的 3 换成 0，−1，−5，用上面的方法考虑。

于是学生得到相关关系式，$0−(−3)=0+3$，$−1−(−3)=−1+3$，$−5−(−3)=−5+3$。

接着教师提出问题，观察上面的等式，你发现了什么规律，你能试着归纳有理数减法法则吗？

一个学生回答："减去一个负数等于加上这个数的绝对值。"

教师让学生找其他数试试他说得对不对。

另一个学生找到了 $2−3≠2+|3|$。

教师指出应该说相反数合适，于是总结文字语言"减去一个数等于加上这个数的相反数"并板书。

这个环节中，减法法则的得出让学生感到迷茫。很多学生不明白为什么教师就得出了这样的结论，为什么那个同学总结得不对。这种情况下，让学生去记住结论并应用结论进行计算，怎会让学生信服并熟练掌握呢？教师应该深刻反思，为什么学生会得出那样的结论？针对教师举的例子，学生的结论完全正确，更何况他说的是减去一个负数，这说明学生是经过认真思考的。但教师却给予了否定，我相信这个学生一定感觉很沮丧。错误不在学生，而在教师。要得出法则，教师举的例子就应该包含所有情况。这些情况，最关键的是减数，而教师举例的减数始终是 −3。这样的例子，一是不能包含所有情况；二是不能让学生学习探究数学问题的基本方法，体现数学思维的缜密性。

本环节教师如果能从小学已经认识的减法是加法的逆运算入手，再仿照讲加法法则时结合实例利用数轴来验证的办法容易让学生理解，法则的得出也让学生信服。讲解时教师可以将难点分散，先集中讲逆运算部分，然后再通过实例探究法则、总结法则，这样不仅能使难点分散易于接受，也能使学生感到法则的得出很自然及法则推导的必要性。

具体过程如下。按减数的性质分三类：第一类减数为正数；第二类减数为负数；第三类减数为0。每一类里的被减数又分正数、负数、0三种情况，这样的研究才是全面的。只有经过这样的探究，得出的法则才是正确的。

例如，第一类板书分三列，第一列出示加法的逆运算，$2+1=3$，$3-2=1$；$2+(-5)=-3$，$-3-2=-5$；$2+(-2)=0$，$0-2=-2$。第二列出示被减数加上什么数等于原等式中的差，$3+\underline{\qquad}=1$，并用数轴表示，$3+(-2)=1$，$-3+(-2)=-5$，$0+(-2)=-2$。第三列出示发现的规律，$3-2=3+(-2)$，$-3-2=-3+(-2)$，$0-2=0+(-2)$。照此接着研究减数为负数、0的规律，最后由学生观察归纳有理数减法法则。

在有理数运算的教学上，有些年轻教师往往忽略法则的探究，认为没有必要浪费那么多时间，只要让学生知道法则是成立的，然后进行大量的计算练习就可以了。在这些教师心目中，运算就是会背法则，套用法则。其实运算教学同样肩负着培养学生数学思维的重任，肩负着培养学生学会研究数学对象的基本方法的重任。如果不引起重视，学生的思维能力就不能在此关键阶段得以培养，学生对数学的学习就会变成简单的模仿，从而慢慢失去兴趣。

总的来说，当前初中数学教学中存在的核心问题就是缺乏对数学本质的理解，缺乏对教学逻辑的关注。虽然大多数教师已经有了课改的意识，改变了教学方式，但仍然重视知识的传授，忽略学生思维能力、探究能力等关键能力的培养。学生的学习还停留在简单模仿、重复练习的层面。解决这些问题，我们需要改变观念，真正为学生的可持续发展着想，立足学生的思维能力和方法，从学生的学习角度出发考虑教学策略。

第二节 我对"本质的数学教学"的认识

数学教学教什么？在很长一段时间，多数教师都认为数学教学就是教知识。课改以后，大家知道了数学教学不仅要教知识，还要教思想方法，还要让学生明白知识的形成过程，还要让学生体验在数学学习过程中的情感态度与价值观。随着课改的不断深入，我们知道数学教学要让学生具备学科核心素养，发展思维能力。

数学是思维的科学。依据数学课程基本理念和目标，"数学本质"就是隐藏于初中数学知识之后的数学观念、数学方法、数学思想和数学精神，其核心是发展学生数学化的思维与方法。基于初中数学教学现状和数学课程改革发展的认识，基于对数学学科核心素养在课堂教学中落实的思考，基于对"数学本质"的理解，我结合自己的教学实践，梳理自己的教学特色，确立自己的教学主张，即"本质的数学教学"——引导学生学会数学化的思维与方法。

一、"本质的数学教学"的内涵

"本质"是指事物本身所固有的决定事物性质面貌和发展的根本属性。"本质的数学"理解为数学学科的本质、数学教育的本质。"本质的数学教学"是指数学教学要关注核心知识背后蕴含的道理，关注学生的数学理解，关注学生的理性思维发展，从而实现数学本质、学生立场和教育本真的回归。

关注核心知识背后蕴含的道理，就是要研究知识承载的思维。关注学生的数学理解：一是要关注学生对数学知识内容、思想方法、技能策略的理解；二是要关注学生的数学化理解，就是要能够从数学的角度看待、处理和思考现实问题。关注学生的理性思维，就是培养学生的逻辑思维能力。也就是说，"本质的数学教学"立足学生学科素养的培养，力求让学生学会数学化的思维与方法，关注学生对数学学科的本质理解，关注数学学科的教育价值的发挥，关注学生数学学科核心素养在课堂教学中的落实。它研究数学知识承载的思维、学生学习的思维和教师基于思维培养的教学逻辑。

"数学化的思维与方法"指的是学生用最基本的概念、性质与关系去理解数学问题和思考数学问题，是针对研究对象反复尝试、探究，不断修正、改进、完善的过程，不断感悟抽象、推理、模型等数学思想。另外，在面临各种现实的问题情境时，能够从数学的角度去思考问题，也就是能够自觉应用数学的知识、方法、思想去发现其中所存在的数学现象和数学规律，并能够解决问题。

《数学课标(2022年版)》在课程理念中指出："有效的教学活动是学生学和教师教的统一，学生是学习的主体，教师是学习的组织者、引导者与合作者。"这里强调的学生学和教师教的统一，应该是在教学过程中，师生思维活动的融合，是教师教的思维和学生学的思维交融、碰撞的有效活动。教师的有效组织和引导，是教师在教学过程中揣摩、体会如何引导学生学会思考的活动，是教师引导学生理解操作背后的思维逻辑的活动。因此，在教学过程中，教师应该不仅让学生明白要做什么，还必须让学生明白为什么要这样做。在追问反思中，让学生积累数学思维活动的经验，学会数学的思考，不断感悟数学思想，主动建构数学知识体系，从而真正实现学生的主体地位。

《数学课标(2022年版)》在总课程目标中也提出：通过义务教育阶段的数学学习，学生逐步会用数学的眼光观察现实世界，会用数学的思维思考现实世界，会用数学的语言表达现实世界。学生能：获得适应未来生活和进一步发展所必需的数学基础知识、基本技能、基本思想、基本活动经验。体会数学知识之间、数学与其他学科之间、数学与生活之间的联系，在探索真实情境所蕴含的关系中，发现问题和提出问题，运用数学和其他学科的知识与方法分析问题和解决问题。对数学具有好奇心和求知欲，了解数学的价值，欣赏数学美，提高学习数学的兴趣，建立学好数学的信心。我认为学习知识的必要性在于解决问题的实际需要，在于研究问题的认知冲突。只有这个时候，学生才会自觉地投入学习，才会有数学学习的真正发生。学生学习经验的积累必须经过反思、总结、提炼等深层次的思维活动才能获得。

总之，数学课堂要注重学生学习兴趣的激发，注重"本质的数学教学"研究，让学生在教师的引导下学会数学化的思维与方法。

二、"本质的数学教学"的教学价值

"本质的数学教学"直抵数学学科的本质，从设计有思维含量的问题出发，逐步深化数学理解，培养学生的理性思维。

"本质的数学教学"以"数学化的思维与方法"贯穿整个教学活动始终。首先，揭示知识承载的思维，厘清知识结构体系，进行知识块备课。其次，确立教学逻辑，设计高质量的思维活动，教给学生数学化的思维与方法。因此，"本质的数学教学"的价值就在于以思维为核心，立足学生的能力发展，关注学生的学科素养的培养。

第一，揭示知识承载的思维，厘清知识结构体系，进行知识块备课。

思想是行动的指南。教师对教学内容有什么样的理解就会有什么样的课堂设计。数学学科核心素养是学生在学习的过程中悟出来的，而不是教师教出来的。核心素养的本质就是一个人看问题的习惯和做事的习惯，要靠日积月累养成。因此，用一两节课来培养学生的核心素养显然不现实。我们备课就要先进行知识块备课，然后用一节节课分步实施。

比如，人教版数学七年级第一章"有理数"，我们就要把它放在"数与代数"的整体知识结构中去分析、理解，要厘清整块知识的知识逻辑、研究方法、数学思想、思维规律等思维逻辑。

"数与代数"的主要内容有数的认识、数的表示、数的大小、数的运算、数量的估计，字母表示数、代数式及其运算、方程、方程组、不等式、函数等，可以分为三个知识块，分别是数与式、方程与不等式、函数。"有理数"属于第一块内容，它是在小学学习了自然数和正分数的基础上对数系进行的一次扩充。它的研究方法继承了小学认识的数的研究方法，所以要让学生弄清楚有理数包含已经学过的自然数和正分数，引入负数后自然数的范围扩充到了整数，分数扩充了负分数，要重新来认识它的分类。本章是整个初中阶段"数与代数"的基础，研究的是重要的数学思想方法，即分类讨论思想、数形结合思想以及转化思想，为后续实数的学习提供研究方法以及思维经验。有理数的运算在小学数的运算的基础上对算理、运算性质、运算律等进一步验证，理解有理数四则运算的结果仍是有理数，所以运算的实质就是要把握符号的确定和绝对值的运算，为后续实数的运算提供研究方法。同时为第二块和第三块知识掌握提供知识储备，积累思维经验和活动经验，通过用字母表示数，由数到式，再由式到方程，到函数的研究均由数量关系这根主线穿起来。

当教师明确了这样的知识逻辑，就明白了第一章教学的重要性，进而明白研究"数与代数"的思维逻辑，就是要研究研究对象的结构特征。有理数的结构特征就是符号与绝对值，所以整章的教学都紧紧抓住有理数的结构特征。在厘清知识逻辑和思维逻辑的基础上，弄清它的教学逻辑，那就是牢牢把握有理数的研究方法，重视数量关系的渗透，重视学生验证运算法则的思维规律，感悟研究过程中的数学思想方法，然后把确定的教学目标落实在每节课中。

按知识块备课、分步实施的办法，不仅有利于教师厘清知识的前后联系，弄清知识的发生、发展过程，研究知识承载的思维特征，掌握知识的本质，形成科学的教学逻辑，而且能在教师的正确引导下，让学生参与知识的探究过程，感悟数学思想方法，积累思维经验和活动经验，形成数学研究的思维习惯，落实数学抽象、运算能力等核心素养。

第二，确立教学逻辑，设计高质量的思维活动，教给学生数学化的思维与方法。

教学过程是师生间依据知识信息进行平等对话的过程，教师要引导学生开展观察、操作、比较、概括、猜想、推理、交流等多种形式的活动，使学生通过各种数学活动，掌握基本的数学知识和技能的同时，学会从数学的角度去观察事物和思考问题，产生学习数学的愿望和兴趣，能够主动把概念、定义、公式等纳入学生自己的认知结构中。因此教师要设计高质量的思维活动，让学生成为思维活动的主体。只有教师引导学生亲历数学问题的解决过程，才能让学生理解数学的本质，充分感悟数学思想方法，从而提高学生发现问题、分析问题、解决问题的能力。

比如，七年级上册的数学活动"图形中的规律"一节课，本节课通过三角形、正方形等图形摆成的图案，抽象出一列数，探索数列的规律。从知识承载的思维看，所谓数列的规律就是要找到数列的项与其项数的对应关系。数列的本质就是函数，数列中的数是关于项数 n 的函数。由于这是一节七年级的课，学生还不可能从函数的角度理解数列，那就要让学生通过观察分析探究第 n 项对应的数与序号 n 的关系。这就是本节课知识的思维主线。

但是学生会怎么思考问题？如何从学生的思维起点教学？如何让学生发现并掌握探寻规律的研究方法？这是教师应该考虑的问题，也就是教师要确立的教学逻辑。

课堂上可以先设计比较简单的问题，观察数列，感悟规律：(1)2，4，6，8，…，第 5 项为_____，第 n 项呢？(2)1，3，5，7，…，第 6 项为_____，第 n 项呢？解决这两道题，不仅是为了找到答案，而是找到学生的思维起点，让学生说出自己是怎么想的，找规律是要解决什么问题。我们知道，数列是有顺序的一列数。教师通过让学生思考和回答，理解定义中的"有顺序"，明白这类问题该怎么思考，理解第 n 项指的是第几项，从而让学生理解这里的顺序就是每一项的数值与对应的序号的关系。

在了解了学生的思维的基础上，出示本节课的探究问题。

如图 1-1 所示，用火柴棍拼成一段楼梯，如果图形中含有 1，2，3 或 4 个节，分别需要多少根火柴棍？如果图形中含有 n 个节，又需要多少根火柴棍？

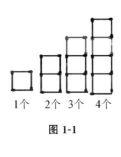

图 1-1

表 1-1

节数	总根数	理由
第 1 节		
第 2 节		
第 3 节		
第 4 节		
……		
第 n 节		

问题 1：这个题目与刚才的两道题有什么不同和联系？你想用什么办法研究这个问题？试着用数学符号将其表达出来。

给学生独立思考和解决问题的时间，自行完成表 1-1，然后在小组内交流。

问题 2：你们小组有几种解决问题的办法？你们认为这些办法有什么相同和不同的地方？给学生充分的交流时间和小组代表表达的时间。

在小组展示环节，教师关注学生每一种方法背后的思维，让学生表述思维过程，并适时地有意追问，让学生梳理由形到数的研究思路。学生在探究的过程中会从不同角度观察图形，会用不同的表达方式呈现规律，会从数和形两个方面进行探究。下面是学生探究的几种常见方法：第一，从第二个图形起，与前一图形比，每增加一个正方形，增加 3 根火柴棍，可得 4，4＋3，4＋3×2，4＋3×3，…，4＋3(n－1)；第二，每个正方形由 4 根火柴棍组成，从第一个图形起，火柴棍的根数等于所含正方形的个数乘 4 减去重合的根数，即 1×4，2×4－1，3×4－2，4×4－3，4n－(n－1)；第三，从第一个图形起，以一根火柴棍为基础，每增加一个正方形，增加 3 根火柴棍，可得 1＋3×1，1＋3×2，1＋3×3，…，1＋3n 等。教师引导学生分析每一种方法，可以归纳为：第一，通过研究项与项之间的关系探索项与其对应的序号 n 的关系；第二，通过研究项的数值的特征得到项与其对应的序号 n 的关系；第三，分析该数列与"特殊数列"之间的关系探索项与其对应的序号 n 的关系。

也就是说，学生可以研究每一项形的结构特征，项与项形的结构特征，再由形到数研究每一项自身的数值特征，研究项与项的数值关系等。通过上述过程，学生可以抓住解决问题的本质，感悟由特殊到一般的数学思维与方法，感悟归纳的数学思想。

三、"本质的数学教学"的教育价值

数学教育的根本目标是通过对学生进行一以贯之的逻辑思维训练，能够使学生学会数学的思考，让学生掌握数学研究的基本方法，培养学生发现问题和提出问题、分析问题和解决问题的能力。因此，不管怎样进行课程改革，数学教学都不能离开数学的本质，即为学生的终身发展服务，着眼于学生的长期利益，以培养学生的理性思维、发展学生的逻辑思维能力为核心。数学教学活动的目的是引导学生通过学科知识的学习，体会学科知识所承载的学科的思维、学科的观点，掌握解决学科问题的方法。教师要通过数学的教学，对学生的思维进行训练，让他们的思维更具有理性、更具有逻辑。数学学习，让学生感受数学文化，体悟数学精神，让学生发展核心素养在教育教学中得到落实。

反观当前我们的初中数学课堂，大都以传授知识为主，以让学生考出高分为目标，所以难免急功近利，背概念、记公式、教套路，课堂上和学生一起学习知识，然后就是大量地重复练习。本来学习活动应该是让学生在探索知识的本质的过程中享受思维活动带来的快乐的过程，但是这样纯粹为了考试分数进行的教学，不仅让多数学生错误地认为数学是枯燥的，没有实际价值的，感受不到学习的快乐，而且很难落实学科核心素养的培养，更无法为学生的终身发展奠定基础。

教师只有真正地把握教学的本质，明晰教学的逻辑，才可能在教学的实践中实现育人的目标。学生只有明确了学习目的，才能够通过教师的专业指导，懂得学习的价值和意义，才知道什么是真正的学习。

"本质的数学教学"就是充分考虑数学学科的教育价值，不仅关注学生数学思维的发展，更关注学生运用数学创造性解决问题等关键能力的培养，让学生具有严谨的科学态度，具备刻苦钻研、精益求精的数学精

神,学会数学的思考。

(一)"本质的数学教学"让学生学会数学的思考,培养学生的数学素养

张鹤老师在《数学教学的逻辑——基于数学本质的分析》中写道:数学素养是现代社会每一个公民应该具备的基本素养,数学教育的意义远远不只是知识的传授,而更为重要的应该是它对人的思维能力的影响。如果我们只看到了知识的传授,看不到数学对人的思维的影响,那就没有看到数学教育最根本的东西。因此,在我们的教学中,要能够通过知识这一载体,传达给学生一种学科的观点、学科的思想。他们从数学课上学到的数学抽象、逻辑推理、数学建模、运算能力、直观想象、数据分析,将伴随着他们今后的学习和工作。

《数学课标(2022 年版)》也对数学教学的价值给出解读:数学在形成人的理性思维、科学精神和促进个人智力发展中发挥着不可替代的作用。数学素养是现代社会每一个公民应当具备的基本素养。

我们的数学教学,往往追求结论性知识,而忽略研究问题的方法和路径,这样就难以让学生感受数学学习的乐趣,触摸不到数学研究的本质,难以形成能力。而"本质的数学教学"追求的是让学生深层次思考每一步的依据,不仅仅知道要做什么,而且知道为什么可以这样做,不仅仅知道怎么做,而且教会学生数学的思维方法。

曾听过一位老师讲"角的比较与计算"。第一环节是角的比较,教师提出怎样进行角的大小比较后,学生说出了观察法、度量法以及叠合法。教师接着让学生用手中的三角板操作,在学案上任意选择一个角,和三角板中的一个角进行比较。学生操作完后,教师让两名同学分别到台上演示,发现当两个角的一边重合时,另一边会落在角的内部(图 1-2),也会落在角的外部(图 1-3)。紧接着教师用动画演示射线 OC 绕着点 O 旋转,在旋转过程中,观察有哪些不变的量、哪些变的量?学生回答不变的是 $\angle AOB$ 的大小,变化的是 $\angle AOC$ 和 $\angle BOC$ 的大小。教师追问,大家看到了数量的大小,有没有位置的变化?学生回答 OC 可以在

∠AOB 内部和 ∠AOB 外部。教师又引导学生发现：当 OC 在 ∠AOB 内部时，∠AOB ＝ ∠AOC ＋ ∠BOC；当 OC 在 ∠AOB 外部时，∠AOC ＝ ∠AOB ＋ ∠BOC。教师再追问，这三个角还有怎样的位置关系呢？在教师的引导下，学生回答出有公共顶点，每两个角都有公共边。然后让学生试试用一副三角板可以画哪些度数的角，并说出一些角的画法。

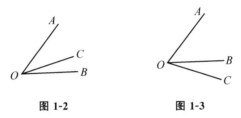

图 1-2　　　　　图 1-3

在此环节中，教师通过让学生说说比较角的大小的方法，促使学生自觉调动已有的学习经验，类比线段大小的比较方法，说出叠合法，并知道叠合法必须保证角的一边重合，另一边落在同侧。让学生利用三角板操作比较两个角的大小，感受比较角的大小时，另一个角可能出现的位置情况，让学生说出射线 OC 旋转过程中变化与不变的量，培养了学生观察问题、发现问题、解决问题的能力，提供了解决运动问题的一般研究方法。

但学生对角的比较的本质认识还不够。

本节课是人教版七年级上册第四章的内容，本章是学生学习平面几何的基础，教师要通过"多彩的几何图形""直线、射线、线段""角"的教学，引导学生进入欧氏几何演绎推理的思维空间。这一章的内容看似简单，但是这一章的教学在平面几何的教学中起着至关重要的作用。能不能通过本章的教学，把学生学习平面几何的思维引向学科的本质，关系到学生今后学习平面几何的效果。

角的比较与运算，表面上研究的是两个角的数量关系，但只要是平面几何的图形，就处处存在位置关系，所以第一环节的教学要让学生感悟到两个角的位置，当两个角的位置确定了，才能进行大小的比较。当学生根据已有经验说出可以用度量法和叠合法时，教师不能觉得学生会了，只有当学生理解了知识背后的思维时，才能确定学生会了。教师应该引导学生解释叠合法的含义，让学生用手中的一副三角板演示，或者按照本节课教师的设计，借助三角板和已有的角进行叠合比较，进而用语言表达出叠合法所表达出来的两个角的位置关系，即所谓"叠合法"就是把两个角的一条边叠合在一起（角的顶点重合），通过观察另一条边的位置（在叠合在一起的边的同侧）来比较两个角的大小。在学生说出可以用度量法比较的时候，不要认为这里不需要解释，因为这是最直观的比较大小的方法，就是小学认识的数字的比较大小，只不过这里的数字是自己度量出来的，而角的度量在小学已经学过。我们知道，小学学习角的度量时只让学生记住了度量的方法，就是量角器的中心要和角的顶点重合，量角器的0°线要和角的一边重合，度量方法背后的思维是什么？本节课就可以引导学生思考，让学生领悟量角器测量角本质上采用的就是叠合法，只不过一个角是在量角器上而且这个角的大小是有度数的，但这个角和要测量的角要符合叠合法对两个角位置关系的要求。同时，要让学生看到在两个角的位置关系确定后，又产生新的角，就要研究三个角的关系，于是，不仅研究角的大小关系，还可以研究角的和差关系。

其实，这里的让角的顶点和角的一边分别重合，就像代数里面的不同分母的两个分数比较大小要先通分，才能比较大小或进行计算。类似于今天的角的大小比较，会让学生感觉到知识之间的相通性。

我们在让学生学习知识的时候，多问为什么，就是问道理，道理越清楚，学生对数学学科本质的理解就会越透彻，会真正感觉到数学知识的无穷魅力，体会数学学习的意义和价值。

本环节教师还让学生用一副三角板拼出特殊度数的角。学生的拼接方法很多，得到了不少答案，但是，基于数学本质的教学要明确三角板的不同拼法实质上是确定两个角的位置关系，所以这个环节设计的落脚点不是能拼出多少个不同的角，而是在拼出一个角的基础上让学生去分析参与拼角的两个角之间的位置关系，让学生用自己的语言表达，在描述过程中培养学生缜密的思维。让学生表达的目的实际上就是让学生能够进行数学的思维活动，这样就保证了课堂教学的质量。

教师动画演示射线 OC 旋转时，也应该考虑射线 OC 与 OB 重合的情况。教师只让学生说出了 OC 在 $\angle AOB$ 内部和 $\angle AOB$ 外部的情况，而且两种情况都写成了和的形式。我认为应该研究 $\angle AOC$ 的大小，这样就会出现 $\angle AOC = \angle AOB - \angle BOC$ 和 $\angle AOC = \angle AOB + \angle BOC$，让学生更好地理解角的和差关系，甚至可以让学生说出角的和差的画法，为以后尺规作图画角的和差奠定基础。

第二环节是角平分线的认识及画法。教师追问学生，射线 OC 在旋转过程中，有没有特殊位置呢？学生说出了与 OB 重合，在 $\angle AOB$ 内部的正中间，在 $\angle AOB$ 外且让 OB 在 $\angle AOC$ 的正中间，在 OA 的反向延长线上等特殊情况。教师紧接着说这节课我们选取一种特殊的位置研究，即 OC 在 $\angle AOB$ 内部的正中间时，这时射线 OC 就是角平分线，那么什么是角平分线呢？让学生类比线段中点的定义试着给角平分线下定义。在学生用自己的语言描述的基础上，教师总结了角平分线的定义，然后写出了符号语言：∵ 射线 OC 是 $\angle AOB$ 的平分线，∴

$$\angle AOC = \angle BOC = \frac{1}{2}\angle AOB \text{ 或者 } \angle AOB = 2\angle AOC = 2\angle BOC。$$

本环节教师从让学生自己找射线 OC 的特殊位置出发，引出角平分线。其用意在让学生学会观察，善于在一般问题中抓住特殊位置、特殊情况去研究，也就是教给学生研究问题的方法。让学生类比线段中点的定义给角平分线下定义，让学生深度思考，抓住射线 OC 的基本特征，锻炼学生的总结提炼能力，体现了教师对学生的思维能力和语言表达能力的培养。在画角平分线时，教师开始没有规定工具，让学生选择了特殊角画平分线，通过画角平分线，进一步强化了学生对角平分线定义的理解。再限制工具，让学生说出对折的方法：一是类比线段中点画法；二是为以后学习角的对称性做铺垫。

如果再追根溯源，角平分线位置的确定实际上可以设计问题，让学生思考它的存在性。例如，可以让射线 OC 动起来，分析所分成的两个角的变化，如图 1-4 所示，得出结论。OC 从 OB 边出发在角的内部向 OA 边运动，让学生观察运动过程中角的大小的变化。学生容易得出，刚开始 $\angle BOC <$ $\angle COA$，随着 OC 的移动，发现 $\angle BOC$ 逐渐变大，$\angle COA$ 逐渐变小，又出现 $\angle BOC > \angle COA$，那么在此过程中，必然会有 $\angle BOC = \angle COA$ 的情况。因此一定

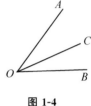

图 1-4

存在 OC 把 $\angle AOB$ 平分的情况。于是，这时的射线 OC 就富有特殊意义，从而得出角平分线的定义，让学生体会知识的产生过程。

另外，在这里，不能忽略符号语言的表达，要让学生能用符号语言表达角平分线，能根据符号语言说出角平分线。学生写符号语言，理解符号语言，都是数学的思维活动，所以，教师一般不要轻易代替，要给学生自我思考的时间和机会。符号语言就是数学语言，要学生自己会写，但前提是要能够把几何对象的关系想明白，这是思维。所以是先有思维活动，才有能力用数学语言表达出来。反过来，当看到符号语言的时候，学生要能够读懂，明白符号语言背后的数学思维。

第三环节是应用知识解决角的计算问题。教师首先设计了一个探究题：已知 $\angle AOB = 62°$，$\angle BOC = 31°$，OC 是 $\angle AOB$ 的角平分线吗？让学生独立解决，教师巡视，提示学生要说出理由，比比看谁写得最清楚明了。两个学生分别展示了两种情况的图形，但都是画出图形，直接说是角平分线或不是角平分线。教师进行了总结，强调了只知道角的数量关系还不能判断是不是角平分线，还要看位置关系。接着出示一道计算题，已知 $\angle AOB = 62°$，$\angle BOC = 31°$，如果加一条 $\angle AOB$ 的平分线 OD，说说能求出哪些角的度数。学生回答后，教师追问，如果再给一条 $\angle BOC$ 的平分线 OE，请你再求一个你认为最有意义的角。学生很快发现最有意义的是 $\angle DOE = \dfrac{1}{2} \angle AOC$。教师又把 OE 改成 $\angle AOC$ 的平

分线，让学生再次求∠DOE 的度数，因为时间不够，该题留作课下思考题，同时让学生思考在它的基础上，还能变出哪些与角平分线有关的计算题。

本环节第一个探究题设计得非常巧妙，让学生通过画图分类讨论，渗透了分类讨论思想，同时强化了角平分线的位置和角的数量关系。第二个探究题的设计让学生自己找角、求角，并把学习延伸到课外，让学生在解决问题的基础上再试着编出与角平分线有关的计算题。这样的设计培养了学生应用知识提出问题、分析问题、解决问题的能力和创新思维能力，而且让学生自己出题、自己探究，极大地激发了学生的学习热情。

由于课堂时间有限，教师对这一环节的处理显然不够精细。在第一个探究题的处理中，教师对分类讨论思想落实得还不够，为什么要分类，应该让学生讲一讲，让学生先从位置上分析几何图形的研究，再从数量上研究。对 OC 是角平分线的理由，也应让学生尽可能地用几何语言进行表达，让学生从学习图形与几何的起始阶段就养成良好的解决问题的习惯。

第二个探究题又加一条角平分线后，让学生求出一个自己认为最有意义的角，有学生很快说出∠DOE = $\frac{1}{2}$∠AOC，教师就直接进行变式训练，把 OE 改成∠AOC 的平分线。我认为这是本节课的一个难点，应该给学生充分的思考时间和表达的机会。也就是说，应该有追问，让学生明白为什么认为这个角有意义，这个角的度数为什么是∠AOC 的一半，如果改变∠AOB 和∠BOC 的大小，它们的关系会不会发生改变？让学生理解解决这类问题的一般方法，为后面变式问题的解决以及自己编题奠定基础。

实际上，教师设计的问题指向了几何图形研究的本质，关注了学生数学观点的培养。从表面看，本节课是研究两个角的大小比较，但本质上是研究两个角的位置与数量之间关系的确定。一种情况是位置关系确定，让学生表达数量关系和位置关系；另一种情况是数量关系确定，但位置关系不确定，引发学生思考。通过这样的问题设计，让学生体会到位置关系确定，则数量关系确定；但数量关系确定，位置关系不一定确定。在具体解决角的运算的过程中，由于仅是数量关系确定，因此需要讨论位置关系，这样的教学让学生真正理解知识背后的思维，对学生数学思维培养有较好的落实。

(二)"本质的数学教学"让学生学会有逻辑的思考，具备钻研精神和创新意识

目前，在课堂教学中，大多数教师都注意设计问题，力求让学生在回答问题时引发思考，但有些问题往往是没有思维含量的问题，这也正是学生上课心不在焉的一个原因。教师还会设计活动，力求让学生在活动过程中去感受和体会，从而积累经验，但有些问题只是在教师的指令下的机械操作，缺乏关注操作背后的思维。教师也常常设计小组合作学习，但有些问题的合作目标不明确，并且对学生的数学思想方法的渗透和情感、态度与价值观的渗透很少，学生数学学习经验的积累不够，能力得不到培养，核心素养无法落实。

"本质的数学教学"注重思维训练，渗透数学思想方法，教给学生数学语言系统，提供学生认识事物数量、数形关系及转换的不同路径和独特的视角，提供学生发现事物数量、数形关系及转换的方法和思维的策略，提供学生唯有在数学学科的学习中才有可能经历和体验并建立起来的独特的思维方式，从而使学生学会数学的思考。由此知道，在本质的数学教学过程中，学生会在有深度的问题情境中努力思考，自觉进行知识探究，逐渐养成善于思考、勤于钻研、勇于质疑、敢于表达等良好的学习习惯和意志品质，同时学会和同伴合作探究，培养合作学习意识和能力，促进核心素养的发展。

比如，研究全等三角形的判定定理，教材中不是按照人们发现判定定理的过程来叙述的，而是把发现的结果，按照一个课时教学一个定理、一个例题、一组练习的形式加以编排，并且以演绎的方式呈现在学生的面前。但是这样的呈现方式，容易导致学生死记硬背和机械练习。如果教师教学时不注重深入研究，挖掘思维规律，而是按照教材的编排进行教学，就会缺乏对学生学习需要的关注，缺乏对学生如何经历与体验全等三角形判定定理的发现过程的关注，缺乏对学生如何进行有意义的学习的关注，也就是缺乏对学生学习全等三角形判定定理的过程与价值的思考和研究，从而导致学生只会简单模仿，遇见复杂题目，缺乏理性思考和判断能力。

如何根据学生已有的知识储备和探究经验，从知识所承载的思维出发研究教学就显得非常重要了。第一课时着重让学生了解全等三角形判定定理的来龙去脉，可以把目标确定为三角形全等判定方法的探究。第一环节，理解三角形全等判定条件的由来。首先可以让学生回顾平行线的性质与判定：一是理解判定与性质的互逆关系；二是清楚判定两直线平行需要满足的条件。由此经验出发让学生想到两点：一是把性质的结论作为条件判断两个三角形的关系；二是研究两个三角形的关系应由组成三角形的基本元素的关系来判断。在此基础上，让学生清楚把性质的结论作为条件时，发现有些条件具有相关性。比如，在具备两组对应角相等的条件下，第三组对应角永远相等。也就是说，给出三对角都相等的条件时，第三对角相等的条件就不起作用了。由此引发学生思考，两个三角形的边和角具备几个特殊关系时可以判断两个三角形全等。

第二环节，探究两个三角形全等的判定方法。首先让学生理解研究两个三角形具备哪些元素相等可以判定两个三角形全等的思维，就是要研究在组成三角形的 6 个基本元素中，需要几个元素能唯一确定三角形的形状。接着让学生自己探究，发现三个条件可以唯一确定三角形的形状。那么在这 6 个元素中，确定哪三个元素能唯一确定三角形的形状。让学生列出所有的组合，再通过画三角形来判断能否画出唯一确定的三角形。研究出已知三条边、两条边和它们的夹角、两个角和它们的夹边大小确定时可以唯一确定三角形的形状，再根据三角形三个角的相关性，研究出已知两个角和其中一个角的对边同样可以唯一确定三角形的形状。由此让学生进一步研究两个三角形全等的四种判定方法，让学生经历发现、猜想、验证、归纳和概括等数学活动，体验三角形全等判定定理的形成过程，感受渗透其中的数学思想方法，感受从特殊到一般的归纳的思维方式。

第三环节，让学生总结归纳三角形全等判定的思维和研究路径，积累学习经验，形成能力。

第二课时着重让学生对判定条件进行快速判断，对判定定理进行灵活选择，掌握运用判定定理进行证明时的书写格式。这样对教材内容进行重组与加工，遵循了定理被发现、发展的过程，充分挖掘了知识承载的思维，符合学生的认知规律。

三角形全等判定定理的教学若放到整个初中几何的判定定理的知识结构中去，它的教学方式都能适用。只要抓好三角形全等判定定理的教学，就可以让学生进行主动的思考、猜想和发现。这样的教学不仅让学生整体感知和了解判定定理的来龙去脉，形成有意义的认识，而且让学生经历和体验判定定理的形成过程，感受数学思想方法，更为重要的是让学生掌握判定定理的知识结构和学习方法。在以后学习判定定理时，学生就有了主动的猜想和类比的可能，这对学生主动思维和形成主动的学习心态都是十分重要的。

作为数学教师，如果能够在教学过程中始终关注学生思维能力的发展，基于学科核心素养的培养，立足数学本质进行教学，学生就会养成追根溯源、认真钻研、深入思考的习惯，敢于质疑，大胆想象，具备批判精神和创新意识，为其一生的发展奠定良好的基础。

第三节　数学教学如何更接近本质

"本质的数学教学"立足学生思维能力的发展，关注学生的学习过程，落实学生数学素养的培养。它有以下三个特点：关注知识的生长过程，基于生活实际需要或者基于知识自然生长的需要，让学生知道为什么要学，激发起浓厚的学习兴趣，回归学生立场；关注知识的内在联系，让学生能够追根溯源，知行明理，掌握数学的研究方法，回归学科本质；关注学生的学习参与，在参与过程中学会数学思考，发展理性思维，回归教育本真。

它强调数学教学以兴趣为纽带，以思维为核心，以探究活动为载体，发展学生数学化的思维与方法。

一、揭示知识的内在联系——追根溯源

解决问题，追根溯源，抓住最本质的东西应该成为我们的教学习惯。只有这样，才能培养学生相应的习惯。比如，在一次公开课上，一位教师讲"实数"复习课，在练习环节有这样一道填空题：一个正数的平方根是 $2a-3$ 与 $5-a$，则 $a=$ _____。在教师和学生确认过答案后，一个学生提出疑问：我认为这道题是两个答案，为什么只有一个答案？教师愣了一秒，然后马上解释，这道题反过来问就是两个答案，这样问就是一个答案。学生仍然一脸疑惑地坐下了。一个很好的课堂生成资源被教师简单的一句回答给丢掉了。如果学生再追问为什么反过来问就是两个答案，这样问就是一个答案呢？它们的区别在哪里呢？不知道教师能不能做出合理解释。这说明教师没有养成追根溯源的习惯，如果能够马上回到平方根的定义去分析，学生就能够弄明白了。当然，如果对于学生提出的问题，教师一时间反应不过来，最好的处理办法是把问题交给学生。

在探究知识的过程中，学生的思维有时是无意识的、发散性的或者是杂乱的。在问题解决后，学生需要有一个反思追问的时间和机会，可以是学生自己的反思提炼，也可以是教师追问引导下的聚焦问题本质的思维过程。只有这样，才能让学生关注知识的内在联系，追问思维的核心，追问研究问题的路径策略。长期这样引导，学生会形成自我追问的习惯，提炼解决问题的本质，掌握方法，积累经验，形成能力。

比如，一位教师教学"有理数乘法"时，突出了乘法法则归纳的重点，没有急于引导学生说出法则，而是以学生的主动探究为主线，基于

学生的知识储备和学习经验，激发学生的思维，让学生在思考过程中，不断积累探究问题的经验，学会总结运算的规律，抓住运算的本质，归纳乘法运算法则。

上课开始，教师首先让学生自己举出一些乘法算式，要求类型不能重复，让学生在举例的过程中自觉类比有理数加法研究的分类方法。接着让学生验证有理数乘法法则，在自我探究过程中积累研究问题的一般方法。

在分出的类型中，让学生找到哪些是小学学过的，在小学没学过的三类中[$0×(-3)$，$1×(-2)$，$-2×(-3)$]，自己选一个，计算结果，并做出合理解释。这样的教学活动，完全把学习的主动权交给了学生。在对结果进行合理解释时，学生要进行深度思考，而且在解决问题的时候，他们的思维会处于紧张、兴奋的状态，思维会非常活跃。

课堂情境再现：

在解释 $0×(-3)=0$ 时，一个学生说因为小学学过 0 乘任何数都得 0，这说明学生知道学习有理数的运算可以追溯到小学，类比乘法的数的运算，在数系扩充后，数的运算仍成立。

在解释 $1×(-2)=-2$ 时，一个学生很好地运用了找规律法，他从 $1×10$，$1×9$ 一直推到 $1×(-2)$，其他同学自觉地响起掌声。教师马上引导学生说出这种研究问题的方法是找规律法，而且把新知的研究追溯到小学乘法运算。

另一个学生则解释 $1×(-2)$ 是 1 个 -2 相加，所以等于 -2，又解释 $3×(-2)$ 表示 3 个 -2 相加等于 -6。教师引导学生说出这种方法是根据小学学过的乘法是加法的简便运算，板书到黑板上。

在解释 $-2×(-3)=6$ 时，一个学生在刚刚研究 $3×(-2)$ 的基础上解释 $-3×(-2)=-[3×(-2)]=-(-6)=6$，即 3 个 -2 相加的相反数，把 -3 看成 3 的相反数。另一个学生仿照有理数加法用实际背景解释 $-3×(-2)$ 时没有说清楚，教师让大家分小组讨论。汇报结论时，一个学生用到了乘法分配律，把 -3 看成 $0-3$，$-2×(-3)=-2×(0-3)=$

$-2×0-3×(-2)=0-(-6)=6$，教师又引导学生-3可以转化成$1-4$，再一次验证。然后让学生总结这种解决问题的方法，即把未知算式转化成已知算式并板书。

我们应该思考的是：第一，在解释$3×(-2)$是3个-2相加时，教师引导学生运用乘法是特殊加法的简便运算的方法。如果能再进一步引导学生在研究$-3×(-2)$时用这种方法，就会让学生明白小学学过的运算律是数的运算的本质，在数的范围扩充后仍然适用，但有些规律，如乘法是特殊加法的简便运算是在特殊数的范围适用的，从而培养学生数学语言的严谨性。

第二，在解释$-2×(-3)$时，一个学生用实际意义解释，但表达得不是很清晰，教师不置可否，而是让学生讨论还可以用什么方法。如果教师能够抓住这个学生的生成资源，用实际意义进行解释，在数轴上，把行进的方向用正负来区分，把时间按几分钟前和几分钟后用正负来区分，也是一种很好的研究方法，且与有理数加法的研究方法一致，让学生学会用数学方法解释现实生活，进一步体会数形结合思想的作用。同时，对回答问题的学生也是极大的鼓励和肯定，增强学生的自信心，激发他们探究数学奥秘的兴趣。

第三，教师放手让学生自己研究解决问题的办法，充分调动学生学习的积极性，是本节课的亮点。但在通过学生分头回答，研究完三种类型后，教师若能再对照板书引导学生进行总结，就会帮助学生更好地理解每一种研究方法。比如，在用找规律的方法研究出$1×(-2)$后，能不能用此方法研究$2×(-3)$呢？在研究出$2×(-3)$后，能不能继续用找规律的方法解决$-2×(-3)$呢？可以让学生动手试试，这样不仅可以让学生真正掌握这种研究方法，还可以让学生养成善于思考的好习惯。

本节课的第三环节是有理数乘法法则的归纳。在探究完新的三类乘法后，教师把每一个乘法算式的结果写出来，引导学生观察计算结果，归纳有理数乘法法则。虽然学生的语言不够简练，但经过思考总结的一定是他自己理解的。这种方法远远好于教师引导着学生直接归纳出来，或者教师直接告诉法则，然后让学生齐读几遍，或者背记几遍。运算法则不是死记硬背，必须让学生理解，才能在应用时得心应手。

课堂中，第一个学生归纳，两个相同符号的数相乘等于正数，两个异号的数相乘等于负数，0 和任何数相乘都得 0。另一个学生进一步总结，两数相乘，同号得正，异号得负；任何数同 0 相乘都得 0。教师问，还有没有补充？一个学生还记得互为倒数的特殊乘积，又补充了两个倒数相乘得 1，教师记为第三条。还有没有？又一个学生提出如果多个数相乘呢？比如 3 个呢？4 个呢？又有一个学生马上站起来说我们研究问题要先从简单再到复杂。这个问题显然出乎教师的意料。教师说：说得很好，就像我们先学两个数相加，当学多个数相加时，我们先让两个相加，再与第三个相加，最后都变成两个数相加。在没有人把法则补充完整的情况下，教师说 $-2 \times 3 = -6$，同学们这才意识到法则里只有符号，缺少绝对值。补充完整法则后，教师强调有理数运算的结果是有理数，要考虑符号和绝对值。

这里，让学生用自己的语言总结归纳，使学生学会归类，学会抓住研究对象的本质特征。如果教师在学生回答问题后及时给予评价或引导，有些问题就可以避免。比如，第一个学生的回答不完整，教师如果先肯定这个同学能够抓住三种类型分别叙述，说明他考虑问题很有条理。然后再说他的回答还不够完整，如果不会计算有理数乘法，按照他提供的法则能不能准确运算呢？如果不能，还应该怎样修改，才能按照法则计算呢？让学生发表意见。也许这时候就不仅仅是第二个学生的由繁到简的修改，就应该有绝对值运算的补充了，因为教师说，按照法则能不能计算呢？学生自然会对应算式套用法则。若学生补充了绝对值相乘，就要强调有理数乘法的结果仍是有理数。

在学生补充互为倒数的两个数相乘得 1 时，教师应该让学生明白这不是法则包含的内容，它是由法则得到的两个特殊关系的有理数的乘积，还应该让学生理解法则中 0 乘任何数都得 0 与互为倒数的两个数相乘得 1 的本质区别。

在学生补充多个有理数相乘应定为法则内容时，教师还可以进一步引导学生根据法则自己探究多个有理数相乘法则，并在下节课汇报自己的研究成果。这样让学生对乘法的探究延伸到课外，激发学生的学习热情。

再如，一位教师讲"解一元一次方程——合并同类项、移项"一节课。课堂上，学生练习的时候，很多地方出错，显然掌握得不好。下课后，我连续问了5个学生："移项为什么要变号?"，竟然没有学生能回答出我的问题。一节以移项为基本方法的解一元一次方程的课，学生念叨了无数遍移项要变号，却不知道为什么移项要变号，是教师的问题还是学生的问题?

本节课开始，教师就出示了本课时的简要说明："本节课的主要内容是：形如 $ax+b=cx+d$ 的解法，用方程模型解决实际问题。移项是解方程的基本步骤之一，在后续学习其他方程、不等式、函数时经常用到"，让学生照着课件读一遍。我发现在数学课上，经常有教师上课伊始就出示学习目标等内容让学生齐读。教师的目的是让学生感知本节课要学的内容，做到目标明确，但我认为这种感知在学生还没有学习之前是无效的。

第一环节，教师出示问题1："把一些图书发给学生，每人3本，剩20本，每人4本，少25本，一共有多少学生?"教师领着学生找到关键语句，再找到等量关系，设出未知数，分别表达两种分法对应的总本数，建立方程 $3x+20=4x-25$，每一步都是教师提问，学生回答，教师板书。

这种解决问题的形式让学生处于被动接受的状态，失去了自我建构知识的过程。

因为在这之前的每一节课，都是用实际问题引入得到一元一次方程，然后研究概念、解法，所以学生已经有了用方程模型解决实际问题的经验，教师没有必要一步一步引导学生去解决，容易造成学生的思维懒惰。如果教师在问题出示后，留给学生独立解决问题的时间，然后让学生展示自己的审题、找等量关系、设未知数、建立方程的思维过程，会让学生在新课伊始就能主动投入，感受数学建模思想。

第二环节，教师出示问题2："该方程与上一节课学习的方程 $x+2x+4x=140$ 在结构上有什么不同？"学生说出上一节课学习的方程左边是含未知数的项，右边是常数项。今天学习的方程两边既有含未知数的项也有常数项。教师接着追问："怎样能将方程 $3x+20=4x-25$ 转化成 $ax=b$ 的形式呢？"教师和学生一起分析应该把含未知数的项都移到方程的左边，把不含未知数的项都移到方程的右边，变成上一节所学方程的类型。

接着出示练习题，用等式的性质解下列方程：$(1)3x-4=5$；$(2)3x=5+4x$。学生独立完成后，一个学生板演，教师纠错并板书 $3x-4=5\rightarrow3x=5+4$，$3x=5+4x\rightarrow3x-4x=5$，让学生观察原来等式两边的哪些数发生了变化？有学生回答：后两个数。教师又追问：发生了什么变化？为什么要这样变？教师引导学生说出位置变了，符号变了，然后告诉学生这就是移项，让学生体会移项。

接着出示例题，把下列各式移项：$(1)3x-4=5\rightarrow$；$(2)6x+3=2x-5\rightarrow$。结果出现了 $3x-4-5=0$；$6x-2x+3+5=0$ 或 $5+3=2x-6x$ 等情况。教师又回到前面的题讲解，强调移项的目标是要接近 $x=a$ 的形式，强调应该把含未知数的项移到方程的左边，把不含未知数的项移到方程的右边。在大家的努力下，终于得出了正确答案，教师总结移项的定义。接着出示练习题，把下列方程进行移项变换。该题以填空的形式出现，但几个学生仍然出现回答错误的现象。教师再次强调移项要变号，移项的目的是让它越来越接近 $x=a$ 的形式。最后又回到开篇所列的方程，和学生一起用移项的方法解方程，再让学生练习解方程。

本环节教师先让学生和上一节课学习的方程进行对比，让学生理解本节课学习的方程类型。紧接着选用两个简单方程，在学生出错时没有剖析原因，直接更正后，让学生比较方程结构发生的变化。当教师问学生哪些数发生了变化，学生回答后两个数时，没有引起教师的重视，这说明学生没有明白为什么要变位置，让哪些项变位置。也就是说，学生移项的思维活动没有引起教师关注，所以学生的思维只停留在操作层面，因此尽管教师无数次强调移项要变号，学生仍然记不住，尽管教师反复强调要把含未知数的项移到方程的左边，把不含未知数的项移到方程的右边，但学生仍然屡次出错。

在学生出问题时，我们一定要反思自己的教学。本节课的最大问题就是没有让学生追根溯源，抓住移项的本质。在学生不明白为什么要移项，为什么可以这样移项时，再多的记忆只是一时的模仿，终究不能内化为学生自己的知识。

在对比新方程和已经会解的方程后，让学生自己分析解决问题的办法，交流思想，达成共识。根据等式的性质，可以在方程 $3x + 20 = 4x - 25$ 两边同时减去 20，再根据等式的性质，在方程的两边同时减去 $4x$，即 $3x + 20 - 20 - 4x = 4x - 25 - 20 - 4x$，化简得 $3x - 4x = -25 - 20$，这时再让学生观察与原方程相比发生了什么变化，为什么会有这样的变化。但此时不应急于给出移项的概念，应让学生理解用等式性质 1，可以达到让方程的左边变成只含未知数的项，方程的右边变成只含常数项的形式。再让学生解一道类似的方程，移项变成加，再次观察方程结构的变化，感悟为什么会有这样的变化，提出问题，根据观察，你有没有更加简捷地解这类方程的办法？让学生发现规律，总结出移项的办法。并追问：什么是移项？移项的方法是怎么得来的？移项的依据是什么？移项为什么要变号？学生把这些问题都弄懂后，在练习时，就不会出现那么多错误了。

也就是说，移项以及移项需要变号并不是本节课的思维活动，而移项的方法的由来、移项的依据、移项为什么要变号才是学生的思维活动。如果我们只是停留在操作层面的告诉式教学，学生只靠简单模仿，不理解操作背后的思维，就不可能实现真正意义的掌握。这样也不利于学生思维能力的发展，不利于学生解决问题能力的提升，更不利于数学素养的形成。

再如，中国人民大学附属中学孙芳老师执教的"与圆有关的角"，非常注重解决问题的追根溯源，充分展示了数学教学中学生思维能力的培养。她的教学有两大特点值得我们借鉴学习。

一是从学生的思维起点入手，能够让学生充分思考。上课伊始，教师提出问题：如果圆和角在同一平面内，会有怎样的情形？请学生自己画与圆有关的角，并把自己画的角画到黑板上，且不能与前面的同学画的类型重复。结果有 12 个同学到黑板上画出了不同类型的角。

这样的教学设计，可以激发学生自主探究的意识，让学生上课伊始就可以集中精力思考问题。因为学生在画的时候一定是经过认真思考的，有的学生可能会自觉地进行分类，为后面的与圆有关的角的分类打下基础。而且，放手让学生自己画，也便于教师了解学生的思维过程。

在讲角的度量的时候，教师先让学生回忆已经学过的圆心角的大小与它所对的弧的关系。那么这些角的大小是不是都能与圆建立起关系呢？类比圆心角的研究，猜想圆周角、圆外角、圆内角的大小与哪些因素有关？研究两个问题：圆周角、圆心角有怎样的关系？圆内角、圆外角又怎样与圆周角、圆心角建立起关系，你是怎样想的？然后，让学生独立探究，并上台展示自己的研究成果。在学生讲解圆周角的探究过程时，一个学生只说了一种情况，当其他同学认为还有其他类型时，教师追问为什么要分类。

这样的教学设计，让学生自己找解决问题的办法，思考这个圆周角与哪个圆心角有关，怎样建立它们之间的关系。学生自己的探索过程就是他们形成解决问题的策略、积累学习经验的过程，尽管有时候他们不能完美地解决问题，但他们在思考问题甚至是碰壁的过程中所悟出的道理是教师的讲授所无法替代的。

二是能够通过不断追问和总结让学生追根溯源，积累解决问题的经验，感悟数学思想方法。在认识与圆有关的角时，当 12 个学生在黑板上画出不同的图形后，教师提出这些图形虽然多，但杂乱无章，能不能进行分类呢？你认为可以按什么标准进行分类呢？学生立刻想到按角的顶点的位置和边与圆的交点的个数进行分类。教师追问：为什么用这两个标准进行分类？这样的追问让学生进一步深入思考，不仅要知其然，而且要知其所以然。同时，学生在回答中，形成思维碰撞，了解到在研究两个图形时，首先要考虑的是它们的位置关系。圆把平面分成了三部分，而构成角的基本元素是顶点和边，顶点确定角的位置，两边的位置确定角的大小。如果把圆看成静止的，那么移动角的位置就会出现角在圆内（在圆心是特殊位置）、圆上、圆外三种情况。除此之外，还要研究角的两边与圆的交点的情况，从而让学生认识根据角与圆的位置关系确定圆内角（圆心角）、圆周角（弦切角）、圆外角。

看似不经意的一问，正是很多教师在教学中容易忽略的环节。只让学生知道是什么，不让学生追究为什么，学生就失去了真正意义的思考的机会。

本节课的第二环节是研究各类角的大小。教师首先提出问题：这些角的大小是不是都能与圆建立起关系呢？让学生类比圆心角定理的研究，猜想圆周角、圆外角、圆内角的大小与哪些因素有关。提出两个问题：(1)圆周角与圆心角有怎样的对应关系？(2)圆内角与圆外角又怎样与圆周角、圆心角建立起关系？你是怎样想到的？这两个问题的提出，不仅为学生指明了思考方向，让学生掌握从特殊到一般的研究方法，熟悉把一般转化为特殊的数学思想，而且让学生在自我探究的过程中掌握研究问题的策略。先研究相对特殊的圆周角，由前面经验的积累，学生能够自主根据角的两边与圆心的位置进行分类研究。教师又追问，这里为什么要分类，为什么一种情况不能代替其他两种情况？在一连串的追问中，让学生懂得分类研究的必要性，明白一个定理的成立必须考虑所有情况都适用。

在总结部分，教师又通过提问的方式引导学生理解本节课研究了角与圆的位置关系和数量关系，圆周角、圆内角、圆外角这些角都跟圆心角建立了联系，实际上都与弧建立了联系，主要用到的研究方法是数学的转化思想，同时体会了分类讨论思想。

在教学中，我们要让学生知道知识间都不是孤立存在的，它们之间都有一定的关系。因此，要让学生善于探究知识间的内在联系，学会追根溯源，理解问题的本质，找到解决问题的方法。要让学生养成反思和追问的习惯，在问题解决后，回过头来思考一下，这一步步是怎么走过来的，为什么要这样走，我们的依据是什么？在不断地反思和追问中，让学生深入思考，理解解决问题的关键步骤和核心思想，找到解决问题的基本概念、性质、定理等，学会数学的思考，形成自己的思维逻辑，提高数学素养，为今后的学习打下良好的基础。

二、引导学生的思维参与——学会思考

数学教学的本质就是引导学生学会数学的思考，这是一个长期的过程，应该落实在每一个知识点的探究过程中，让学生数学的思考成为一种习惯，形成学生的数学素养。课堂教学的主导是教师，教师对知识的理解和把握，对课堂教学活动的设计、问题的引导，对学生的思维习惯的培养起着关键的作用。

因此教师必须要理解并能很好地利用知识本身承载的思维，正确把握学生的思维方法，确立自己的教学逻辑，让学生在经历探索知识的过程中学会思考。

首先要进行知识块备课，研究知识承载的思维，厘清知识结构体系。只有这样，我们的教学才能站在一定的高度，才能自觉地把每一个知识点放到知识链中去思考它的来龙去脉，掌握它的发生、发展过程，了解它的相关知识，让学生既能看到树木，还能看到一片森林。

七年级有理数的运算，是初中的开篇。很多教师感觉没啥可教的，不就是引入负数参与运算吗，只要教会运算法则就行了，其他算理、运算律都不变。但实际情况是，学生掌握不好运算，屡做屡错。教师不厌其烦地教，让学生一道道练习，一组组练习，一堂堂练习，但是学生的出错率仍然很高。在一次次测验后，有些学生感觉初中数学太难学了，产生了畏难情绪；在一次次反复练习后，有些学生感觉数学太枯燥了，

产生了厌学情绪。教师埋怨学生笨、不用心，学生强调我已经会了，就是粗心出错了。其实，问题的关键在于我们被局限在教材知识点的框架内，按照一个知识点、一个例题的方式进行教学，使知识碎片化，割裂了数学知识整体之间的联系，割裂了数学知识与人的生活世界的联系，割裂了数学知识与人发现问题、解决问题、形成知识过程的联系。没弄清楚知识的来龙去脉，没弄清楚知识的内涵和外延，简单照搬，很难内化为自己的知识，很难真正掌握。我们要把有理数放在"数与代数"的数与式的知识模块中，厘清负数的由来，理解引入负数后数的结构和分类，弄清引入负数后算理和运算律的不变性，厘清引入负数后学生的认知冲突。研究"数与代数"的思维逻辑，就是研究数的结构特征。有理数的结构特征就是符号与绝对值，所以整章的教学都要紧紧抓住有理数的结构特征。

在厘清知识逻辑和思维逻辑的基础上，弄清有理数的教学逻辑，那就是牢牢把握有理数的研究方法。重视数量关系的渗透，重视学生验证运算法则的思维规律，感悟研究过程中的数学思想方法，然后把确定的教学目标落实在每节课中。

按知识块备课，分步实施的办法，不仅有利于教师厘清知识的前后联系，弄清知识的发生、发展过程，研究知识承载的思维特征，掌握知识的本质，形成科学的教学逻辑，而且能在教师的正确引导下，参与知识的探究过程，感悟数学思想方法，积累思维经验和活动经验，形成数学研究的思维习惯，落实数学抽象、运算能力等核心素养。

进行单元整体教学设计，有利于教师对知识内容的把握，有利于引导学生参与学习过程，理解知识的来龙去脉，前后联系。

例如，二元一次方程组的教学设计如下。

内容分析：人教版七年级下册"二元一次方程组"的主要内容有二元一次方程组及其相关概念，运用代入法和加减法解二元一次方程组，实际问题与二元一次方程组以及三元一次方程组的解法。教学参考书给出的本章教学约 12 课时，其中，二元一次方程组及其相关概念 1 课时；代入法解二元一次方程组 2 课时；加减法解二元一次方程组 2 课时；实际问题与二元一次方程组 3 课时；三元一次方程组的解法 2 课时，小结 2 课时。

《数学课标（2022 年版）》强调对学生进行多维评价，提出：评价过程中，在关注"四基""四能"达成的同时，特别关注核心素养的表现。不仅要关注学生知识技能的掌握，还要关注学生对基本思想的把握、基本活动经验的积累；不仅要关注学生分析问题、解决问题的能力，还要关注学生发现问题、提出问题的能力，全面考核和评价学生核心素养的形成和发展。因此，为了关注学生在本单元学习中对消元思想与方法的整体感悟和灵活把握，也为了关注学生在本单元学习过程中对学习方法的掌握与主动迁移，培养学生的核心素养，对教材进行适当重组加工。课时安排为：二元一次方程组及其相关概念 1 课时；消元思想解二元一次方程组的方法探究 1 课时；用二元一次方程组的解法的综合练习 2 课时；用三元一次方程组的解法 1 课时；二元一次方程组解决具有简单数量关系的实际问题 1 课时；二元一次方程组解决具有复杂数量关系的实际问题 2 课时；平面直角坐标系与二元一次方程组 1 课时；小结 2 课时，共 11 课时。

第一，这样的重组加工，避免了学生在每一节中围绕某种方法进行集中学习理解，从而导致他们的认识停留在单一记忆和机械模仿的水平，更好地培养了学生判断、选择与运用的能力。第二，"消元思想解二元一次方程组"这一课时是为三元一次方程组的解法构建教学结构设置探究路径。这样做是为了让学生在连续的教学设计的驱使下，逐渐建立探究意识，提升学生的探究能力。通过对本章内容的整体研究，能够明确探究二元一次方程组、三元一次方程组的路径、方法和结论形成的来龙去脉，发现知识之间的内在联系，从而形成完整的知识链结构。第三，坐标系与二元一次方程组的设计，旨在让学生从"形"的角度认识二元一次方程的解，使学生感悟代数与几何的和谐统一，感悟数形结合思想，懂得知识不是孤立存在的，而是与其他知识之间有内在联系的。让学生从整体上理解所学知识之间的联系，感悟建模、化归、数形结合等数学思想，逐渐养成深度思考的习惯。因教师教的思维改变，而让学生的学习思维发生改变。

美国心理学家斯腾伯格认为，成功智力包括分析性智力、创造性智力和实践性智力三个方面。分析性智力用来解决问题和判定思维成果的质量，创造性智力用来形成好的问题及想法，实践性智力以问题解决和决策能力为核心。基于这一理论，我们应在教学中采用不同的教学策略，发展学生的分析性、创造性和实践性能力。所以在本章的教学设计中，依据每课时的教学目标，精心设计综合性、变式性的例题，让学生在解决探究式问题的过程中把知识转化成技能，内化知识，纳入认知结构。在此基础上设计一些思维性强、富有创造性的探究活动，使知识结构向智能结构转化，强化优化知识，形成策略和方法，发展学生数学素养。

目标确立：第1课时二元一次方程组及相关概念，从大量的实际问题中抽象出二元一次方程组的概念，体会学习本章的必要性，体会和形成数学抽象能力，发展数学抽象、数学建模等数学素养。第2课时二元一次方程组的解法，经历解法探究的过程，体会二元一次方程组的解法与一元一次方程的解法的关系，感悟解二元一次方程组的消元思想和化归思想。掌握代入法和加减法解二元一次方程组的一般步骤，形成解方程组的基本技能。第3、4课时二元一次方程组的解法的综合练习，学会根据方程组的形式特点，选择较为简便的方法，通过对不同方法的比较鉴别，逐步积累经验，提高选择能力。能灵活运用解二元一次方程组的基本思想解决问题。第5课时三元一次方程组的解法，类比二元一次方程组的解法，会用消元思想解三元一次方程组。感悟类比的数学思想。第6、7、8课时用二元一次方程组解决实际问题，经历探究用二元一次方程组解决实际问题的过程，进一步提高分析问题中的数量关系、等量关系的能力。会分析并发现等量关系，依据实际问题列出方程组并解方程组。能用方程组的解来解释实际问题，体会建模的整个过程。第9课时平面直角坐标系与二元一次方程组，会从形的角度认识二元一次方程组，为今后学习一次函数奠定基础。体会从特殊到一般的认识方法。在有序实数对表示点→同一特征的点形成线→函数图像的认识过程中，体会平面直角坐标系是架起数与形之间的桥梁。

重难点分析：第1课时的重难点是从大量的实际问题中抽象并归纳出二元一次方程组的定义。第2课时的重难点是经历探究的过程，体会二元一次方程组的解法与一元一次方程的解法的关系，体会消元思想和化归思想。第3、4课时的重难点是让学生学会根据方程组的形式特点，选择较为简便的方法，通过对不同方法的鉴别选择，逐步积累经验，提高选择能力。第5课时的重难点是用消元思想解三元一次方程组时，消哪个元，如何消元。第6、7、8课时的重难点是学生能够准确分析数量关系，发现等量关系，依据实际问题列出方程组并解方程组。在此基础上，能用方程组的解来解释实际问题。第9课时的重难点是从图形角度认识二元一次方程组，为今后学习一次函数等埋下伏笔。在有序实数对表示点→同一特征的点形成线→函数图像的认识过程中，体会平面直角坐标系是架起数与形之间的桥梁。

教学整体构想：通过探究活动，让学生体会化归、建模思想，优化解题策略，学会深度思考，感悟数形结合思想，发展数学抽象、数学建模、逻辑推理等数学素养。

通过教学设计，首先我们能够从整体观念来思考一个章的教学，厘清知识间的逻辑关系，明晰教学目标，在具体的单节教学中，能够高站位思考教学过程的设计，能够立足学生对知识发生、发展的理解搭建自主探究的平台，能够立足学生思维能力的发展设计问题。

其次要确立教学逻辑，设计高质量的思维活动，引导学生学会数学化的思维与方法。教学过程是师生间依据知识信息进行平等对话的过程。教师要引导学生开展观察、操作、比较、概括、猜想、推理、交流等多种形式的活动，使学生通过各种数学活动，掌握基本的数学知识和技能的同时，学会从数学的角度去观察事物和思考问题，产生学习数学的愿望和兴趣，能够主动把概念、定义、公式等纳入自己的认知结构中。因此教师要设计高质量的思维活动，让学生成为思维活动的主体。在这个过程中，只有教师引导学生亲历数学问题的解决过程，才能让学生理解数学的本质，充分感悟数学思想方法，从而提高学生发现问题、分析问题、解决问题的能力。

数学活动不仅是学生主动参与的学习过程，更是学习创造的过程，因此学习活动必须是学生思维的深刻活动。比如，"筝形"一节课的教学，它是人教版八年级上册"全等三角形"数学活动的内容，是学习三角形全等知识的延伸，让学生充分利用所学的知识探究生活中的图形，提高对几何图形的探究能力，为后面继续研究平行四边形和特殊的平行四边形提供思路和方法。一般情况下，我们会在学生对筝形有感性认识的基础上，很快引导学生给出筝形的定义，然后研究它的性质。这样的教学往往不能让学生在探究过程中得到深层次参与，也不能凸显学生的主体地位。在听了成都金苹果锦城第一中学荣彬老师讲"筝形"一节课后，我眼前一亮，学生思维的深刻在学习活动中得到了充分展现。第一环节，让学生看风筝，感悟筝形，描述特征。第二环节，认识筝形。第一步，从风筝抽象出几何图形，再看筝形，说出筝形的特征。学生说出了它是四边形、对角线互相垂直、轴对称图形、分割出等腰三角形等。第二步，让学生摆筝形，做风筝。让学生用软磁条摆一个具有刚才研究的筝形特征的风筝。小组合作完成，让小组代表摆出来，并讲清楚是怎么做的（由内向外做，由外向内做）。第三步，让学生进一步研究筝形。让学生判断每一个小组摆的图形是否能保证是筝形，为什么。第四步，让学生在理解筝形的结构特征的基础上用尺规作图画筝形。第五步，让学生给筝形下一个数学定义。在学生尝试下定义的基础上，让学生知道给几何图形下定义的方法，要能够说出是具备什么特殊特征的什么图形。第三环节，研究筝形的性质与判定。让学生根据学习过的特殊三角形、全等三角形的研究路径，说出认识了筝形后，还需要研究它的性质与判定。第四环节，延伸拓展，让学生在小学认识的矩形、菱形、正方形的关系结构图上画出平行四边形和筝形的位置。本节课并没有急于给筝形下定义，而是在通过风筝抽象出筝形图形后，让学生看筝形，用自己的语言描述筝形的特征，关注组成它的基本元素（边和角）的关系和相关元素（对角线）的关系，以及图形的结构特征（轴对称性）。这里的结论是学生通过观察得到的，思维含量并不高。于是，教师再让学生摆筝形—说筝形—画筝形，每个环节，都需要缜密的思维，层层递进，让学生对筝形的特征有了非常清晰的认识。这时候，让学生总结筝形的定义是水到渠成，呼之欲出的。在此基础上研究筝形的性质与判定已经变得比较轻松。

这样的设计让学生在充分活动后获得的知识，是学生实践的体验，让学生实实在在地感觉到了数学的应用价值，体会到了知识的发生、发展过程，体现了数学活动课目标的设置与活动过程的一致性，体现了活动之间的层次性与衔接性。

计算教学同样有严密的思维活动，只有注重学生思维能力的培养，才能落实学生运算能力的数学学科核心素养。而我们的课堂教学中，往往就计算教计算，通过简单几个例子的呈现，就引导学生归纳结论，然后通过大量的练习进行巩固，不注重让学生通过大量的例子的感悟，通过多种角度的理解，让学生自然得出法则，让计算教学停留在机械记忆、简单模仿的层面。比如，有理数乘法运算法则的探究，可以让学生根据加法运算法则的学习经验、小学学过的正数和0的乘法运算的经验，自己尝试探究。这样，学生首先会根据已有经验，对有理数乘法进行分类研究。然后，在具体研究每类乘法运算时，学生可能会基于加法法则研究的经验在数轴上进行研究，给移动的方向规定正负，按照移动的距离确定结论。也可能根据引入负数后数的运算律、运算性质保持一致的特点，从小学已经学习的数的乘法入手，探究变化规律（教材中给出的方法）得出结论，从而归纳有理数乘法法则。这样研究，可以充分展示学生的思维规律。教师进行有效引导，结论的背后就是思维的体现，而不是简单的记忆。在有理数的混合运算中，要引导学生思维在先、运算在后。那就是看到一道运算题，首先要做的是分析算式的结构特征，包含哪些运算，分几个层级，运算顺序是什么，每一个层级的运算遵循的法则是什么，分析透彻，才能开始运算。养成良好的运算习惯，就是培养学生的推理能力，为后续学习式的运算奠定基础。

在概念教学中，一定要杜绝告知式的教学方法。要设计有思维含量的问题，让学生经过认真思考才能找到答案。而不是一堂课提出的问题不少，但所提出的问题不能引发学生的深入思考，不能让学生从真正意义上通过探究发现知识的本质。

我们工作室一位教师讲人教版七年级"绝对值"一节课，在开课引入环节，教师先用3道小题检测学生互为相反数的概念与意义，然后出示课题，让学生对比相反数的知识，说出本节课要学什么。部分学生能够说出学习绝对值的定义、表示法和意义。本环节说明教师能有意识地引导学生把相反数的学习方法迁移到绝对值上来，培养学生的知识迁移能力和类比学习能力，而当教师有教学目标的时候，他就会非常注重学习方法的总结、提炼，注重学生思维能力的培养。

学习了绝对值的定义后，在让学生练习说出一些数的绝对值时，教师没有满足于学生说出正确的答案，而是让学生说出其依据。这样牢牢抓住绝对值的定义，始终让学生用定义解释结果。既让学生巩固了绝对值的定义，也让学生体会到了数学思维的严密性和数学语言的精准性。

在研究绝对值的意义时，引导学生应该怎样进行研究，体现了教师关注学生数学知识思维，让学生能够按照有理数的分类去研究有理数的绝对值的意义。正是教师的这种思维能力的培养，让学生不仅能够研究出正数的绝对值是它本身，负数的绝对值是它的相反数，0的绝对值是0，而且研究出了非负数的绝对值是它本身，非正数的绝对值是它的相反数。然后，教师又引导学生用符号语言表示绝对值的几何意义。如果教师能让学生明白描述一个数学对象可以用三种语言，即文字语言、符号语言、图形语言，就能让学生养成一种自觉用不同的数学语言描述数学对象的习惯。

这节课关注了知识的研究途径和研究方法，但在培养学生思维能力方面还略显欠缺。其主要表现在：一是所提问题的思维含量不高，没有让学生关注知识的本质，在深入思考后方能回答问题。比如，本节课有一个问题是，互为相反数的两个数的绝对值是什么关系？若把这个问题改为：有没有两个不相等的数的绝对值相等？你是怎样发现的？这个问题可以让学生进行更加深入的思考，可以从绝对值的定义入手，结合数轴上到原点的距离相等的点有两个找到答案，也可以从绝对值的代数意义进行解释，让学生的思维更开阔。二是本节课缺乏引导学生进行多角度思考。比如，课堂提的问题："一个数的绝对值会是负数吗？为什么？"可以改成"你能找到绝对值是负数的数吗？为什么？"，还有"不论有理数 a 取何值，它的绝对值总是什么数？"可以改成"你能说出一个有理数的绝对值是什么样的数吗？你能否用一句话概括任意一个有理数的绝对值的特征？"对于这些问题的回答，教师的处理有些简单，应该让学生充分发表意见，然后引导学生总结、回顾思考问题的方向，让学生学会数学的思考，学会全面分析问题、解决问题。

听一位数学教师的"相反数"一节课时，感觉这位教师对教学逻辑的确立还存在一定的问题。

教学过程简述：该教师先画一条数轴，从一个问题入手，"A 在原点，沿数轴移动两个单位长度到点 B，B 表示什么数？"，让学生找到满足条件的两个数 2 和 −2，然后出示一组数，1 和 −1，3 和 −3，0，让学生分析这组数的特征。教师本想让学生总结只有符号不同，但学生回答的却是它们到原点的距离相等。然后教师自己说出只有符号不同，给出相反数的定义，然后又让学生总结互为相反数的两个数的几何意义。接着通过练习让学生理解相反数的概念。

对本节课的教学我有以下几个方面的思考。

第一，教师的教学逻辑问题。教师想按照研究数的逻辑"先研究数的代数特征，再研究数的几何意义"进行教学，但由于教师仿照教材的引入"在数轴上，与原点的距离是 2 的点有几个？这些点各表示哪个数"，改编的"数轴上的点移动两个单位长度后找到新位置对应的数"的问题直接引入，所以学生很自然地从几何意义上去回答。而教师又对学生的回答置之不理，自己直接说出相反数的代数特征"只有符号不同的两个数"。这里的教学存在逻辑不清的问题。

教师的教学逻辑一定要符合学生的思维逻辑。本节课正确的教学逻辑是，从一个有理数的认识，到两个有理数的关系的认识，再到两个有理数对应的几何意义认识它们的关系。既然要先认识相反数的代数特征，就要设计相应的问题，同时关注学生思维能力的培养。比如，可以设计下面这样的问题。问题 1，你是如何理解有理数的？这样的问题设计具有开放性，避免了让学生死背概念。学生可以从代数角度理解：整数和分数统称有理数，又从性质上分为正有理数、0 和负有理数。又可以从几何的角度去理解：任意一个有理数，在数轴上对应着一个点。问题 2，如何研究两个有理数？首先让学生明白两个有理数中，每一个有理数我们都认识，我们要研究的是两个有理数之间的关系。例如，−5 与 3 之间是什么关系？让学生从代数和几何两个角度分析。紧接着教师追问：还有没有关系更特殊的两个有理数呢？让学生思考后，接着问："2 与 −2，5 与 −5 这样的数是什么关系？"让学生先从代数特征上分析，发现只有符号不同的特征，再从几何特点分析，发现这样的两个数在数轴上对应的点到原点的距离相等。问题 3，数轴上到原点的距离是 2 的点为什么是两个？先让学生根据小学学过的圆的知识，理解到原点的距离等于 2 的点有无数个，而圆与数轴有两个交点，因此在数轴上到原点的距离等于 2 的点有两个。在此基础上，让学生解释数轴上到原点的距离是 a 的点为什么是两个？这样就让学生从代数意义和几何特征理解相反数的概念。

第二，对学生思维的深刻性培养不够。课堂上教师问"A 在原点，沿数轴移动两个单位长度到点 B，B 表示什么数？"在学生的互相补充下，知道点 B 表示的数有两个，这时候应该让学生回答与原点的距离是 2 的点有几个，为什么。通过探究让学生知道知识的本质，绝不仅仅是通过教师的演示，而让学生观察得出结论。

第三，在教学中要提出有思维含量的问题。本节课教学在得出相反数的定义后，教师让学生说出不同类型的 5 个数再让同桌说出相反数。这里的设计很好，不仅巩固了相反数的定义，而且让学生思考 5 个数怎样涵盖不同的有理数。但学生说过后，教师没有给予反馈，而是进行新的教学内容。如果这里让一个同学说说自己跟同桌出了哪些有理数，再让其他同学分析这 5 个有理数是否有代表性，为什么？这样就让学生的思维更加深刻，分类思想得到进一步渗透。

另外，在本节课的总结环节，教师提出这样的问题："正数的相反数是什么数？负数的相反数是什么数？0 的相反数是什么数？"学生齐声回答，教师很满意，夸奖学生掌握得很好。其实，这样的问题没有思维含量，学生回答正确并不能说明学生已经完全理解了。如果改成这样的问题："一个有理数的相反数是什么样的数？如何用数学符号来表示？"这样就给学生回答问题设置了思维空间，他们可以从相反数的代数特征来回答：这个有理数的相反数是与它只有符号不同的有理数，如 a 的相反数为 $-a$。还可以从相反数的几何特征来回答：一个有理数的相反数是在数轴上和它关于原点对称的那个数。也可以从有理数的分类来描述，分别说出正数、负数和 0 的相反数的特征。

本节课还存在一些教学中应关注的问题。一是要渗透数学语言的不同表达形式。教师在给出相反数的定义后，也有符号语言的总结，如 a 与 $-a$ 互为相反数。但是，没有明确指明数学语言的三种表达方式。在课堂教学中要让学生能够把文字语言和符号语言以及图形语言建立对应关系，让学生形成一定的思维逻辑，为学生形成良好的数学素养奠定基础。二是要培养学生清晰的思维逻辑。在本节课的课堂小结中，教师总结：其一，只有符号不同的两个数才互为相反数；其二，相反数成对出现，0 的相反数是 0；其三，数轴上表示相反数的两个对应点，分别位于原点两侧，它们到原点的距离相等。这样的总结不利于学生思维能力的培养，应该让学生自己总结本节课学到的知识。在学生总结的基础上，教师引导学生梳理，让学生从代数意义和几何意义两方面理解相反数的定义，让学生明白文字语言和符号语言的对应关系，让学生理解在研究有理数的关系时，一些特殊数要重点关注。这样的小结既有思维含量，又让学生掌握了研究问题的一般方法，从而为后面学习有理数的绝对值提供经验。

三、关注学科素养的培养——提升能力

"本质的数学教学"强调学生立场，关注探究学习。知识探索一定要追问它的由来，弄清楚为什么要学。只有当学生感到在实际生活或实践中需要掌握新知识，或者所需要的知识自己不知道、不理解，在解决问题时出现认知冲突、感到困惑时，才能有强烈的探究愿望，才能感受到数学学科的价值，才能主动投入到知识的探究中。在探究知识的过程中，让学生理解数学学习的基本方法，感悟数学思维的独特魅力，提升数学学习的能力。因此在实际教学时要注重设置问题情境，在情境中让学生发现问题、提出问题，感知探究知识的迫切需要，同时让学生感知数学在解决实际问题中的重要作用，这样主动学习才会发生。

比如，在研究解直角三角形时，可以提出生活中的问题：我们有没有办法在地面上就能轻松测量学校旗杆的高度？不上楼也可以测量学校

教学楼的高度？能不能不出校门测出学校外的一栋高楼的高度？在学生绞尽脑汁想办法后，告诉学生，其实这些问题用解直角三角形知识可以轻松解决，由此增加学生对探究新知识的兴趣。学生兴趣浓厚就可以保持探究热情，感受数学之美。

再比如，七年级研究有理数，这是数系的又一次扩充。数及其运算是小学数学课程的核心内容。学生在小学已经学习了自然数、正分数及其运算，还初步了解了负数的意义。本章作为初中的起始课，也是发展学生运算能力的载体，是落实学生数学学科核心素养的关键内容。如何让学生通过对有理数的认识感受到学习的价值，激发他们认识有理数并研究有理数运算的兴趣是学好这一章的前提。因此首先要列举生活中大量的相反意义的量，让学生理解引入负数是实际的需要，再通过解决实际问题，让学生明白学习负数也是学习后续内容，特别是"数与代数"内容的需要，让学生体会引入负数的必要性，激发学生研究新数及其引入新数后运算规则发生变化的兴趣，为学习这一章打下基础。

2019年7月，我有幸成为河南成长学院初中数学班的班长，我的导师是江苏省特级教师、"自觉数学"创始人潘建明老师。其间，我观摩了潘老师的几节现场教学。他非常注重新课的引入，在开课很短时间就能紧紧抓住学生，激发学生探究新知的欲望。他的每节课都引入得那样自然巧妙，或游戏，或问题，总能触动学生的思维。在学生进行深入思考的基础上分析数学发展的需要，针对学生差异，精心设计和组织数学学习活动，做到因材循导。每节课都能进行变式教学，突破学生认识上的封闭性，在多维互动和平等对话中，促进学生自觉体悟。

在游戏中引发自觉思考，直指学习的中心内容。在"函数"开课前，教师给每位学生发一张小纸条，第1组学生在纸上写上一个好朋友的名字，第2组学生写一个场所，第3组学生写一件事。教师把纸条分别装在三个盒子里。然后让一个学生分别从三个盒子里各抽取一张，把三张纸条上的内容连成一句话大声读出来，即某人在某地做某件事。学生读完总能引来一片笑声。但教师并不是让大家哈哈大笑就完事，而是要求每一次游戏结束，让学生学会说当××确定了，在什么地方干什么事与他对应。当学生连着说几遍后，对于"对应"这个本节课比较难理解的关键词就有了感性认识。

对于"圆"，学生在小学已经认识了它的图形，知道圆上各点与圆心的距离相等，会计算圆的周长和面积等。而在初中阶段，要进一步对圆的性质进行研究。好的教学设计应该能基于学生已有的知识经验。潘老师在"圆"这节课开课前，先让5个学生排成一排站在讲桌前，在讲桌上放一瓶矿泉水，让每一个学生轮流拿圆铁圈套这瓶水。一轮下来，教师问站在边上的一位同学，有什么感受，他说："这不公平，我和那边最边上同学站的位置最偏。"教师提出问题："你们能不能想个办法让游戏公平呢?"有同学立即想到让5个学生围成圆圈，将矿泉水瓶放在圆心的位置。教师追问"为什么这样就能保证游戏公平"，引发学生回顾圆的性质，圆上各点到圆心的距离相等，即半径相等。在游戏中不知不觉唤醒学生对圆知识的思考，同时又能让学生情绪高昂地进入到新课的学习中。

经验唤醒，找到认知冲突，带着问题自觉体悟。"圆"这节课，在游戏中让学生感受到进一步研究圆的必要性后，教师没有直接按照教材内容进行新知讲解，而是让学生自己举一些生活中关于圆的例子，回顾已经知道哪些有关圆的知识，还想知道圆的哪些知识。同时让学生在已有学习经验的基础上提出问题，学会理性思考，自觉探究问题，体悟新知。

再如，"一元二次方程"这节课，教师出示课题后，先问学生"你想研究什么"，立刻唤醒学生的知识和学习经验储备，他们纷纷发表自己的意见，"到底什么是一元二次方程""一元二次方程和一元一次方程有什么区别""怎么解一元二次方程""一元二次方程怎样应用"。

教师紧接着又提出问题："谁能把刚才同学们的问题按逻辑顺序排

序，先研究什么，再研究什么，最后研究什么"。让学生进一步深入思考，以前是从哪些方面研究学过的方程的，研究方程的一般路径是什么。在学生回答的基础上，确定本节课的研究内容和目标。

接下来，教师引领学生进行知识回顾，什么叫方程、什么叫一元一次方程、一元一次方程的一般形式是什么等，为类比学习一元二次方程的概念打下基础。然后从大量的实际问题中抽象出方程模型，但所列方程不属于已经学过的方程，出现认知冲突，让学生在大量的经验唤醒中，自觉类比，体悟新知的形成。

听过北京市海淀区教师进修学校附属实验学校蔡璐颖老师的一节"有理数的乘法"，突出了乘法法则的归纳重点，没有急于引导学生说出法则，而是以学生的主动探究为主线，基于学生的知识储备和学习经验，激发学生思维，让学生在思考过程中，不断积累探究问题的经验，学会总结运算的规律，抓住运算的本质，归纳乘法运算法则。

上课伊始，教师就让学生自己举出一些乘法算式，要求类型不能重复。所谓有思维含量的问题就在于其要求上，要求每一个学生要确保举出的算式和前一个学生的类型不同，这就要求学生要自觉地基于前面学习过的有理数加法的分类经验，思考如何进行乘法分类，分析每一个学生的算式是什么类型，还有哪些类型。

当学生举不出不同类型的算式后，教师让学生说出是怎样分类的，每一个类型的名称是什么，这让学生进一步强化了对有理数的认识和对有理数运算法则分类研究的认识。

在这个环节中，前面已有同学列出 2×3 的算式，又有一个同学站起来说出乘法算式 $2 \times \frac{1}{2}$，教师问这个同学写的和前面的类型怎么不一样，该同学回答，互为倒数的两个数乘积为 1，显然这个同学对于有理数运算的分类不清楚。教师问：同学们认为它应该归到哪儿？同学们把它归到了 2×3 这一类，原因是它们都是正数乘正数。这时候教师如果能及时对这个同学出现的问题进行点评，会产生更好的效果。首先，教师要和学生一起总结有理数运算的分类研究归纳法则的方法，依据有理数的性质分类，让学生清楚分类原则。其次，要鼓励学生能够想到互为倒数的两个数乘积是 1 的特殊关系的有理数的乘法，但要告诉学生它只是一种类型中的有特殊关系的有理数乘法，不能作为分类中的一个类型。同时可以引导学生在负数里有没有类似关系的有理数。

这样处理，不仅让每一个同学有独立思考的时间和机会，而且通过这样的课堂生成资源，引发学生的拓展思考。

再比如，一元一次方程的概念教学，是一元一次方程的第一节，应让学生明白为什么要学习方程，建立初步的建模思想，让学生感悟用方程解决实际问题的便利和如何通过设未知数建立方程，同时应注重调动七年级学生的学习积极性，给予学生足够的时间思考问题，能让学生思维活跃，善于表达。因此，在一元一次方程的定义学习中，应基于学生的思维，在小学已经认识方程的基础上，给出大量方程的例子：一是了解学生对方程概念的理解程度。二是可以让学生从大量的材料中研究方程的结构特征，对方程进行分类，抽取要研究的一元一次方程的结构，总结特点，让学生试着给这样的方程下定义，并解释定义中的关键词。这样就自然把学生推到台前，激发学生的思维，让学生在举例、研究方程结构特征的过程中，理解概念的内涵。三是再用不同的题型进行一元一次方程的辨析，就会让学生有更清晰的理解。

由以上这些例子可以看出，教学效果比较好的课例，都体现了基于学生的理解、基于学生的已有经验设置有思维含量的问题，激发学生主动探究问题的热情，培养学生的学习兴趣，形成学生的数学素养。

第二章

"数与代数"的
思维与方法

"数与代数"的内容在义务教育阶段的数学课程中占有重要地位，有着重要的教育价值。这部分知识包括数与式、数量关系和规律探索。它们都是研究数量关系和变化规律的数学模型。学生通过学习这些内容能够从数量关系的角度更准确、更清晰地认识、描述和把握现实世界。在教学中，我们要对每一个代数知识的价值，对代数各知识块之间的逻辑关系有所了解，要教给学生代数思维的基本方法，进一步提升学生的学科素养和发展学生的核心素养。

一、代数思维及初等代数研究的内容

在《数学辞海》中，代数是这样界定的：代数是研究数、数量、关系、结构与代数方程（组）的通用解法及其性质的数学分支。当算术里积累了大量的关于各种数量问题的解法后，为寻求更系统、更普遍的方法，以解决各种数量关系的问题，就产生了以解代数方程的原理为中心问题的初等代数。初等代数一般在中学时讲授，介绍代数的基本思想，研究数字和文字的代数运算的理论和方法，以及了解常量、变量的概念及其在中学数学教学中的运用等。

对于"数与代数"的内容，从数的扩充、式的扩展、方程的丰富，到变量与函数的引入，是一个从简单到复杂、从具体到抽象、从常量到变量的不断归纳提升的过程。在内容展开过程中，应充分重视归纳、类比等研究方法，使学生逐步领悟研究代数问题的基本方法。

代数思维是指向过程和结构的思维方式，它关注的是题目中的未知结果与其他已知信息之间存在的关系，以及如何把这种关系表征出来。也就是说，代数思维是把未知量放在数量关系中参与运算。教师在教学中要想做到胸怀全局，就要全面了解初等代数研究的内容。初等代数是研究实数和复数，以及以它们为系数的代数式的代数运算理论和方法的数学分支学科。初等代数的基本内容是数与式、数量关系和规律探索，可分为如下几个方面：三种数——有理数、无理数、虚数，三种式——整式、分式、根式（统称代数式），三类方程——整式方程、分式方程、无理方程（统称代数方程），以及由有限多个代数方程联立而成的代数方程组。

在代数问题的学习中，归纳法是一种常见且有用的基本方法（这与几何问题的研究从"几何直观"出发不同）。这里的归纳，既包括"归纳发现"，也包括"归纳证明"。对各种代数问题，我们总是从具体到抽象，从特殊到一般，归纳发现具有某种共有属性的事物，归纳定义这种事物，归纳证明上述归纳定义的事物具有这一属性。

二、纵向研究，构建完整的知识生长链条

从教材设置来说，目前的学科知识学习，是以课时为单位的，对于合理把握每一节课的教学活动进程、优化数学教学活动都具有重要意义。这样处理有利于每一课时的知识点的准确把握，但也存在不足之处：容易导致学生的知识链条割裂，不利于学生形成一个完整的知识链条和结构体系。因此，这种过多地关注数学知识与操作技能的教学安排方式，既不利于学生学科素养的发展，又容易使教师在教学过程中拘泥于具体内容就课论课，缺乏对教学的整体把握。从教师层面来说，要有对教材的研究能力，要关注学科的知识结构体系，弄清楚研究的内容和前后所学习内容之间的联系，弄清楚该章节知识的来龙去脉，弄清楚数学知识背后蕴含的逻辑关系，很好地把握知识承载的思维。

基于上述两点考虑，"本质的数学教学"主张教师在进行教学的时候要胸怀全局，做到瞻前顾后，既要了解我们当下的教学内容，又要了解它的先行组织者以及后继的研究对象到底是什么。

"数与代数"这部分知识包括数与式、数量关系和规律探索。其中，数与式按照数的认识、数的运算、式的认识、式的运算的顺序研究，数量关系按照算术应用、方程应用、不等式应用的顺序研究，同样，规律探索也按数的规律、数运算规律、式运算规律的顺序研究。每一部分内容都体现了知识从简单到复杂、从低级到高级、从具体到抽象的发展过程，体现了知识结构链纵向发展联系和变化发展的脉络。学生可以经历从问题情境抽象出数学概念和结论的过程，可以经历用符号抽象表达数量关系和变化规律的过程。

我们研究整式，不妨想一下，在整式乘法运算中，哪个知识点是最

重要的？也许我们会说乘法公式（平方差公式和完全平方公式），也许会说因式分解。然而我们还是应该站在全局的角度对这些知识进行梳理，去发现它们之间千丝万缕的联系以及什么是最重要的。因式分解是怎么来的？是平方差公式和完全平方公式的逆变形，那么平方差公式和完全平方公式又是怎么来的？是具有特殊结构的两个多项式的乘法。章建跃在《从数学整体观看"同底数幂的乘法"的教学》一文中写道：在数学中，研究特例具有特别的意义。一方面，一般性寓于特殊性之中，特例往往蕴含了数学对象的重要规律，对特例的研究是对数学对象性质的认识深化；另一方面，许多数学问题往往可以通过分类、特殊化等方法获得解决，而特例在其中扮演了分类标准、转化目标的作用。因此，特例往往成为重要的数学研究对象。

两个多项式相乘是怎么来的？对于两个多项式相乘，我们先用分配律把多项式转化为单项式的乘积来计算，所以，多项式乘法的基础是单项式乘法。如果不会单项式乘单项式怎么办？单项式乘单项式利用了什么？利用了同底数幂的乘法、幂的乘方、积的乘方和乘法的交换律、结合律来运算，单项式的乘法又以幂的运算性质为基础。那么同底数幂的乘法、幂的乘方、积的乘方哪个是最重要的？同底数幂的乘法是最重要的，因为幂的乘方、积的乘方都是由同底数幂的乘法推导而来的。比如，$(a^n)^m = a^n a^n a^n \cdots a^n$（$m$ 个 a^n 相乘）$= a^{n+n+n+\cdots+n} = a^{mn}$，$(ab)^n = (ab)(ab)\cdots(ab)$（$n$ 个 ab 相乘）$= aa\cdots abb\cdots b = a^n b^n$。那么同底数幂乘法的法则是怎么得出的？法则是根据乘方的意义，由数到式、由特殊到一般、由具体到抽象推导得到的，所以这些知识来自乘方。

我们研究分式，不能仅局限于某一课时的任务，而要站在章节的角度去理解分式。这样我们就会发现"分式"这一章是以情境为载体、以问题为主线，让学生经历分式概念、基本性质、运算的抽象过程，构建"分式"的整体研究思路，探寻研究方法。因此，教师在教学的时候要引导学生明确为什么要学习分式、如何去学分式，注重实现对"分式"整章的构建以及研究方法的渗透，同时也要注意搭建"分式"学习的框架：概念、性质、运算、方程等，如图 2-1 所示。

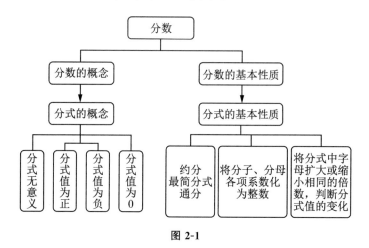

图 2-1

我们知道分式的加减乘除运算以分式的基本性质和整式的运算为基础，分式的约分需要因式分解。更重要的是由完全平方公式，可以延伸到高中的二项式定理。经过上面的分析，我们找到了这些知识的"根"，发现了相关知识的生长点，知道了知识的发生、发展过程，明确了知识的本质、逻辑关系。因此我们应该从数学知识发展的逻辑必然性中提出问题，探究知识从哪里来，到哪里去，思考知识的来龙去脉，这样可以更好地落实"发现问题和提出问题的能力、分析问题和解决问题的能力的培养"，更加符合数学法则产生的本来面目，体现了数学教学的整体观。

三、横向研究，注重方法的类比迁移

在研究知识的纵向发展的同时，我们还要关注知识的横向研究，注意各知识点之间的结构性联系和方法之间的类比迁移。"数与代数"这部分知识包括数与式、数量关系和规律探索，从纵向来看，是知识的自然生长过程；从横向来看，数与式是对基本概念和原理进行建构生成的问题，数量关系是对数与式的基本概念和原理进行灵活应用的问题，规律探索是对数与式的内部进行规律探究的问题。三部分内容既是相互联系

又是相对独立的，体现了各部分内容内在的关联性。

比如，七年级教材中的"有理数的减法"，从稍大视角来看属于"有理数的运算"，从更大视角来看属于"实数"运算。在后面的学习中，"式"的运算与"数"的运算是密不可分的。横向研究数与式，我们可以发现数与式在很多方面存在区别与联系。从运算对象来说，参与运算的元素不同，一个是数字，一个是表示数的代数式。代数式可以是整式、分式、根式，也可以是它们借助运算符号组成的新的表达式。然而，代数式是怎么来的？代数式是数字与表示数字的字母由加、减、乘、除、乘方、开方等运算符号连接而成的式子。它可以是一个整式，也可以是两个整式（分母中含有字母）相除得到的分式。从运算角度来说，数和代数式都是运算出来的量。所以，我们既要研究数和式的运算，也要研究数的运算规律和式的运算规律，还要研究数量关系的算术应用和数量关系的方程应用。

现实世界中量与量的关系，其实可以归结为不变关系和变化关系。从横向来看，各知识块之间是可以融通的，研究方法也是可以迁移转化的。

接下来，我们就以学习"一元一次不等式"为例，如图 2-2 所示。

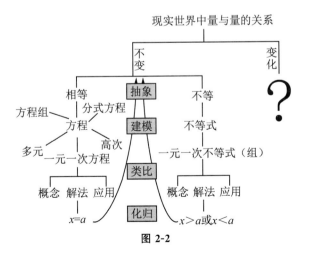

图 2-2

我们可以将它归结为不变关系中的不等关系，与之相对应的是不变关系中的相等关系。我们已经研究了很多相等关系，如方程组的概念、性质、解法及应用，那么类比研究相等关系的方法，进行迁移转化，自然而然得出一元一次不等式的研究思路、研究方法。除此之外，学生也会好奇，我们研究过量与量之间的变化关系吗？这个问题其实就是我们学习的函数。接下来研究一次函数时，学生就可以从当下的研究中借鉴学习的经验。

从运算法则和运算律来说，在学习有理数时，我们研究了有理数的加法法则、乘法法则、去括号法则；学习了五个基本运算律：加法交换律、加法结合律、乘法交换律、乘法结合律、乘法分配律；了解了有理数的运算顺序。在后续的研究过程中，学生会发现在实数运算、分式运算、根式运算中，这些运算法则仍然可以使用。

从基本性质来看，在中学阶段，我们学习了分式的基本性质"分式的分子和分母同乘或同除以同一个不为零的整式，分式的值不变"。这个基本性质的学习可以从类比小学学过的分数的基本性质的学习中来："分数的分子和分母同乘或同除以同一个不为零的数，分数的值不变"。从这个层面来看，学生也可以看出，相比小学，知识只是在慢慢发展着。同样的道理，小学解方程用到了两条等式的基本性质：等式两边同时加（或减）同一个数，等式仍成立；等式两边同时乘（除以）同一个不等于零的数，等式仍成立。在中学阶段，也可以类比整式背景下的两条等式的基本性质：等式两边同时加（或减）同一个整式，等式仍成立；等式两边同时乘（除以）同一个不为零的整式，等式仍成立。这样理解，学生也就更加认同等式基本性质由小学学习的"同时乘（除以）同一个不为零的数"变成初中学习的"同时乘（除以）同一个不为零的整式"。随着对学科认识的不断加深，学生就会渐渐认识到"数"与"式"的发展其实是一脉相承的。

在知识的教学过程中，我们要坚持纵向研究，构建知识链条和结构体系；坚持横向研究，注重知识的融通和方法的迁移转化。我们的学科教学以知识为载体，而提升学生的数学素养，发展学生的能力，靠的是知识承载的思维。在知识的学习过程中，我们要让学生体会到知识产生、发展的过程，感悟数学学习的本质，即知识背后的思维、知识背后的学科思想、知识背后的研究问题的方法。

四、整体研究，通盘梳理关系与模型

进入初中后，从算术到代数，解决问题的手段也在发生着变化。学生由算术通过算具体的数值解决问题，过渡到代数的解决一类问题，即通过用字母表示数或代数式解决问题。在这个过渡过程中，学生会有很多不适应，教师不要忽视枚举，要多举几个例子，通过枚举梳理出规律并用代数式表达出来，带领学生在算术处理到代数式处理的过程中体会蕴含的代数思想，逐渐习惯用代数式去表达元素，去建立关系式。

初中数学课程代数层面研究的关系，可以分为相等关系和不等关系。一元一次不等式、一元一次不等式组，是初中数学课程谈到的不等关系；一元一次方程、二元一次方程组、一元二次方程、一次函数、二次函数、反比例函数、直角三角形中涉及的三角函数，是初中数学课程中谈到的相等关系。常量的模型最重要的是方程和不等式。

比如，方程的学习。小学阶段学生接触过方程，比较容易理解常量的模型。理解一元一次方程后，我们就可以引导学生类比一元一次方程的相关概念和解决方法，解决初中阶段的一元二次方程和二元一次方程组。这里存在一个现象：单独看每一个模型对于学生来说，问题都不大，但是当学生在利用方程解决实际问题时，却经常会遇到最初没有思路，不知道怎么解决的问题。为什么会出现这种现象呢？因为学生在整章的学习过程中，面对的多是单一模型，而在解决问题时，首先需要解决的是分析判断该用哪一种模型的问题。因此，代数教学要教给学生学会选择合适的数学模型，帮助学生学会对模型进行分类、识别。在教学的过程中，教师要用自己对知识的理解、自己的数学思考，引领学生对代数有一个整体的理解，引领学生构建对"数与代数"的整体认识，引领学生体会其中蕴含的数学抽象、推理思想和模型思想。

第一节　由自然数到实数

我们知道，实数是初中代数教学的基础，它的运算法则、研究方法等都为后面研究代数式积累了经验。因为数系的不断扩充，往往使学生产生认知冲突，所以它又是教学的一个难点。教学的难点在于教师不知道该如何教会学生。在这部分内容的教学中，很多教师认为没啥可讲，于是告诉学生由于生活实际需要，又产生了一类新数，具备什么特征，数的名字是什么，有什么样的性质，加入到数的大家庭里，对数进行怎样的分类，如何参与计算。对于这些看上去没啥可讲的，学生听了就"明白"的，学生在应用时却总是错误百出。这说明教师没有理解知识的本质，而学生没有经历探究和深层次思考，也无法理解知识的本质。所以，教师应该立足知识的本质，探究研究问题的方法，培养学生的素养。

数的认识是数学学习的基础。自然数是根据人们在生产活动中不同的计数需要而产生的。比如，在餐桌上放着 6 个香蕉、6 个苹果、6 个梨……作为生活中物体个数的描述，"6 个"是它们的本质属性，于是自然数 6 就被抽象出来了，而香蕉、苹果、梨作为非本质属性被舍弃，这就是从具体的"量"发展为抽象的"数"的过程。实际上，为了更好地研究现实世界中量的关系，对数量进行更一般的抽象，抽象的结果就是自然数。在数量的抽象过程中，人们把数量关系也一并抽象出来，数量关系的本质是多与少，抽象成数的关系的本质就是大与小。因为不能平均分的问题，又认识了分数和小数，数系随之扩充到非负有理数。而分数的本质是真分数，这样的分数有两个现实背景：一是表达整体与等分的关系，把整体看作 1，如果把一个整体等分为 3 份，一份是 $\frac{1}{3}$，2 份就是 $\frac{2}{3}$，通过等分得到分数单位，这里的 $\frac{1}{3}$ 就是分数单位。二是比例关系，分数还可以表示两个事物之间的整数比，或者说，以一个事物的零为基准对另一个事物的量进行整数倍的度量。在小学高年级时，教材已初步涉及负数的相关内容，使学生对负数有了初步感知。在初中阶段，七年级上册开始研究负数，学习有理数，使数系再次得到了扩充。负数的本质也是对数量的抽象，所代表的意义与正数完全相反，因为负数与对应的正数在数量上相等，但表示的意义相反，所以它的表示方法就是在正数前面加上"－"。为了强调正数与负数在数量上相等，也为了更好地表达运算规则，人们发明了绝对值符号。

从小学学习的自然数、正分数到初中学习的实数，又经历了两次数系的扩展，即引入负数后，数的范围扩展到有理数，引入无理数后，数的范围又扩展到实数。到高中，引入虚数后，数的范围扩展到复数。那么，负数和无理数是怎么引入的？它们与已经学过的数有什么不同？它们有什么样的特征？了解这些对于学生理解知识、运用知识解决问题起着关键的作用。在《数学课标（2022年版）》第四学段（7～9年级）数与代数学业质量描述中指出，能从生活情境、数学情境中抽象概括出数与式、方程与不等式、函数的概念和规则，掌握相关的运算求解方法，合理解释运算结果，形成一定的运算能力、推理能力和抽象能力。可见，在数的认识和代数的学习中，情境创设的重要性不言而喻。

一、负数的引入

好的课堂导入可以架起新旧知识之间的桥梁，可以启迪学生的思维，唤起学生的情感，感受学习的快乐。大量教学实践证明：教学中必须注重激发学生的求知欲望和学习数学的热情，充分调动学生学习的积极性，才可能收到预期的教学效果。

"有理数"这节课是"有理数及其运算"这个章节的起始课，是学生在小学学习的基础上对数系的进一步扩展，那为什么要再对数系进行扩展？为了让学生感受到学习本节课的必要性，同时也让学生感受到负数就在我们的身边，因此在情境导入环节可以这样设计：首先从课题说起。先让学生回忆小学都学习了哪些数，再引导学生从分类的角度来说，为有理数的分类做铺垫。小学学习了自然数和正分数，还初步认识了负数，这一章的名字叫"有理数"，那什么是有理数呢？有理数的名字又是如何来的呢？教师可以从数学史说起，给学生讲讲有理数的名字的由来，让学生对数学充满好奇。不仅让学生知道有理数最早出现在欧几里得的《几何原本》，而且知道历史上数学家们对数学研究的执着和重大贡献，懂得有理数的真正含义是"能精确地表示为两个整数之比的数"。这样处理不仅培养了学生对数学学习的探究精神，同时为学生以后认识有理数和无理数的根本区别做好了铺垫。

然后设置情境，让学生理解负数引入的必要性。教师可以和学生一起回忆，最初学数数的时候，从 1，2，3，…开始学起，之后又认识了 0，这些数都是自然数；买东西的时候发现一个水杯 39.9 元……这些数都是小数。再后来，我们把一块蛋糕平均分成五份，每一份是 $\frac{1}{5}$；把黑板从中间平均分开，每一块占整体的 $\frac{1}{2}$……这些数都是分数。上面说的这些数其实都是正有理数和 0。在小学我们还认识了一类数，即负数，那么生活中什么时候会用到负数呢？请学生举出一些例子。在学生思考交流后，教师出示"章前图"中的全国城市天气预报、生活中常见的温度计、地理中的海拔高度高于海平面或低于海平面的图片，并插入学生最常见的微信支付后的图片和电梯按键上的地下层数的图片，让学生说说这些数表示的意义。由此，引导学生明白小学初步认识的负数，是在现实世界中以前学过的自然数和正分数不够用的情况下产生的，那么负数和以前学过的数有什么区别和联系呢？教师需要详细研究，引入负数后，数发生了怎样的变化。要让学生知道，负数产生的意义，体会数系的扩充，归纳出有理数的概念，进而给出有理数的分类方法；还要让学生知道，在以后的生活和学习中，有理数可能也不够用，数的范围还会继续扩充。

二、无理数的引入

数学教学的本质是思维的发展。作为教师，要深刻地理解知识，挖掘知识表层下的数学思想，让学生在数学思想的"浸润"中掌握数学知识，感受数学的魅力。

教师 A 在课例研究中执教北师大版八年级上册"实数"的第一节课"认识无理数"，他认真研究教材，精心进行教学设计，将教材安排的两个课时，进行了整合和再创造，让学生对无理数有了比较清晰的认识和理解。

上课伊始，教师提出问题："同学们，古希腊的毕达哥拉斯学派认为，所有的数量都可以用整数或是整数的比（分数）来表示，你觉得这个结论正确吗？"

多数学生有些困惑，小声猜测："应该可以吧！"

师：请同学们拿出事先准备好的两个边长为 1 的小正方形，小组四人合作，剪一剪、拼一拼，设法得到一个大正方形。

（学生积极参与小组合作，给出多种结果，并展示在黑板上，教师给予肯定和赞扬。）

师：同学们，这些不同的剪拼方法，得到的正方形的面积相同吗？

生：相同，因为它们都是两个正方形的面积和，是 2。

师：同学们认真思考，得到了正确的结论，真棒！哪位同学能算出这个新得到的大正方形的边长 a 吗？

学生陷入思考，教师鼓励学生继续小组讨论，交流。考虑到学生的思维水平和接受能力，教师应适时给予引导。

师：这个边长 a 可以是整数吗？可以是分数吗？为什么？

组 1 代表：不可以是整数。因为 $1^2 = 1$，$2^2 = 4$，$3^2 = 9$，…往后越来越大，而这个边长 a 是在 1 和 2 之间的，但它不可能是整数。

组 2 代表：也不可以是分数。因为 $\left(\dfrac{1}{2}\right)^2 = \dfrac{1}{4}$，$\left(\dfrac{2}{3}\right)^2 = \dfrac{4}{9}$，$\left(\dfrac{5}{6}\right)^2 = \dfrac{25}{36}$，…分数平方的结果都是分数，所以这个边长 a 不可能是分数。

师：说得太好了，同学们通过小组深入交流，得到了一致的结论，这个边长不可以是整数，也不可以是分数，那就不在我们所学的有理数的范畴了，但我们知道这个边长在 1 和 2 之间，确实是存在的，那它是什么数呢？它又等于多少呢？我们继续来研究！

通过同学们剪拼，我们能不能从图形的特征来思考一下，这个正方形的边长是什么呢？

生 1：这个正方形的边长 a 是直角边为 1 的等腰直角三角形的斜边，所以它大于任意一条直角边，小于两直角边的和，也就是这个边长应该就是在 1 和 2 之间。

师：真好啊！我们不仅从"数"的角度，还从"形"的角度，理解了这个边长不是有理数，还知道了这个边长的一个大致范围。同学们，你们一定特别想知道这个边长到底等于多少，是吗？（众生使劲点头）

师：虽然这个边长 a 很神秘，但刚刚我们已经得出这个 a 在 1 和 2 之间，已经初步确定了它的范围，你还能把它的范围再精确一下吗？

生 2：我觉得 $1.4 < a < 1.5$，因为 $1.4^2 = 1.96$，$1.5^2 = 2.25$。

师：太好了，你又从"数"的角度说明了 a 的范围，还可以再精确吗？

生 3：我们可以算算 1.45^2。

师：你为什么选 1.45^2？

生 3：1.45 是在 1.4 和 1.5 中间的数，如果算两头，不大明显。

师：1.45 是 1.4 和 1.5 正中间的一个数，它对 a 的范围的确定更具有"参照性"，这种数学方法叫"二分法"。咱们算算 1.45^2 吧。

生：$1.45^2 = 2.102\,5$。

生 4：我觉得这时候我们可以算一下 1.41^2 了，因为 1.45^2 大于 2，这个数一定在 1.4 与 1.45 之间，算一下 1.41^2，进一步缩小范围。

师：分析得真好，我们在计算过程中逐步接近那个数。

生 5：$1.41^2 = 1.988\,1$。

（学生对结果越来越接近 2 表现出兴奋）

师：接下来，我们可以算哪个数的平方？

生6：由二分法，可以算1.43^2。

生：$1.43^2＝2.0449$，再算1.42^2吧。（有的同学感觉到希望就在前方而更加兴奋）

生7：再算1.415^2！

生8：$1.415^2＝2.002225$，又近了一步！（学生显得很兴奋，还有同学说："再算1.414^2。"）

生9：$1.414^2＝1.999396$，比2小了一点，那这个数一定在1.414与1.415之间。（还有同学继续向下算着，由于时间原因，教师没有再让学生算下去）

师：同学们，其实对于这个边长a的探究，很多数学家都研究过，有的算到小数点后数十位，乃至上百位的，它与我们熟悉的圆周率π一样，是一个无限不循环小数。

师：我们知道，有理数包括整数和分数。接下来，我们来把下面的这几个分数表示成小数，你发现了什么？

$$\frac{4}{5}, \frac{5}{9}, \frac{2}{11}, \frac{8}{45}, -\frac{9}{17}。$$

学生迅速计算，得到结论：有限的小数或无限循环小数。

师：同学们算得非常迅速。事实上，有理数总可以用有限小数或无限循环小数表示。反过来，任何有限小数或无限循环小数也都是有理数。那么像π和这个边长a等这些无限不循环小数，我们称它们为什么呢？

生：无理数。

接下来，教师让学生根据无理数的定义，自己"造"无理数。

最后，教师向学生介绍了在数学发展的长河里，无理数得到人们的认可所经历的艰苦历程，让学生感受到数学家追求真理的精神，也让学生明白，要勇于探索，学会独立思考。

在教材上，无理数的概念只有一句话："无限不循环小数"，而让学生理解、感悟这句话，却并不容易。在本节课的教学中，教师通过"剪拼正方形"活动，不仅活跃了课堂气氛，激发了学生的学习兴趣，更重要的是让学生对边长不是有理数有了更加深刻的感受。通过实际背景让学生发现"不可比的数"（不再是有理数），制造神秘感，激发学生的兴趣，进而让学生在逼近思想、极限思想的"熏陶"下，运用"二分法"去探索这些数的小数表示。从"定性描述"到"定量研究"，引发学生的深层思考。

在探索过程中享受"就在眼前"恰恰"摸不到"的数学逼近与极限之奇妙。在与有理数的小数表示的对比中，体会到不可表示成整数比的数与无限不循环小数的等价性，明确无理数的定义，最后进行无理数的识别与寻找。通过"希伯斯为科学献身"的故事，从心底自然升起对数学前辈的崇敬之情，体会到其中蕴含的数学精神……所有这些都是"无限不循环小数"里包含的隐性价值，需要我们去挖掘，并融入课堂教学中。

如果按照教材的原有安排分为两个课时，第一课时为发现这个数是"不可比的数"，第二课时再来研究这个数的小数表示，这样安排会使学生思维的连贯性和学习热情受到影响，当然，这也要考虑学生的实际情况，根据不同学生的接受能力而定。而"剪拼正方形"活动得到这个边长 a 的平方等于 2，即 $a^2=2$，为下节学习"平方根"做了很好的铺垫。

数学教育心理学家弗里德曼认为："数学的逻辑结构的一个特殊的和最重要的就是数学思想，整个数学科学就是建立在这些思想的基础上，并按照这些思想发展起来的。"可见，数学思想方法是数学学科的骨架和灵魂，数学的概念、命题只是思想方法的载体。在概念、命题等数学知识的教学中，只有通过数学思想方法去"浸润"数学知识，才能让学生真正理解，也只有关注概念等知识的形成过程，才能让学生真正感悟博大精深的数学思想。

实数的学习根据现实需要和数学发展需要的背景引出对数的认识——定义、表示、分类，再到对数的性质的理解、数的运算、数的联系和应用的顺序展开，它是研究一个数学新对象的基本思路。

三、如何认识实数

(一)了解实数的历史

作为数学的最基本元素，数是从现实生活中经过多年实践而来的。我们看不见摸不着这些美丽的小精灵，但它超越了虚拟世界和物质世界的局限，拥有着无穷无尽的魅力。正如英国哲学家、数理逻辑学家罗素曾说："人类了解到两只羊中的 2 和两天中的 2 是同一个概念，竟花了几千年时间"，同样人类从认识自然数到有理数，再到实数也用了 2 000 多年的时间。

公元前 500 年左右，以毕达哥拉斯为首的古希腊数学家们认识到有理数在几何上不能满足需要，但毕达哥拉斯本身并不承认无理数的存在。直到 17 世纪，实数才在欧洲被广泛接受。18 世纪，微积分学在实数的基础上发展起来。1871 年，德国数学家康托尔第一次提出了实数的严格定义。

根据日常经验，有理数集在数轴上似乎是"稠密"的，于是人们一直认为用有理数即能满足测量上的实际需要。以边长为 1 cm 的正方形为例，其对角线有多长？在规定的精度下（如误差小于 0.001 cm），总可以用有理数来表示足够精确的测量结果（如 1.414 cm）。但是，古希腊毕达哥拉斯学派的数学家发现，只使用有理数无法完全精确地表示这个正方形对角线的长度，这彻底地打击了他们的数学理念。他们原以为：任何两条线段（长度）的比，都可以用自然数的比来表示。正因为如此，毕达哥拉斯本人甚至有"万物皆数"的信念，这里的数是指自然数（1，2，3，…），由自然数的比应该得到所有正有理数，而有理数集存在"缝隙"这一事实，对当时很多数学家来说可谓极大的打击（第一次数学危机）。从古希腊一直到 17 世纪，数学家们才慢慢接受无理数的存在，并把它和有理数平等地看作数。后来引入了虚数概念，为加以区别而称作"实数"，意即"实在的数"。在当时，尽管虚数已经出现并广为使用，但实数的严格定义却仍然是个难题，以致函数、极限和收敛性的概念都被定义之后，19世纪末才由戴德金、康托尔等人给出。

在数系的发展过程中，正整数与人的直觉一致，但是0、负整数、分数、无理数、复数取得"合法"地位，则经历了漫长曲折的过程。让学生经历这个过程，对他们理解数学的整体性、感受数学研究的魅力很有好处，这也是培养学生的数学素养，提高他们发现问题和提出问题、分析问题和解决问题的能力的极好途径。因此，在教学中，让学生了解实数的发展历史，不仅让学生明白实数的由来，更让学生从数学理性思维角度分析和认识历史文化过程，有助于学生理解数学的严谨性和严密性，既可提升学生的科学审美意识和审美能力，又能让学生感受数学家在追求科学真理道路上的执着精神，同时表明数学是一切科学的基础。

(二)理解实数的分类

我们要对所有概念的内涵和外延有清晰的认识。内涵是概念所反映的事物的本质属性的综合，就是要给出概念的定义。外延指概念的范围，就是要对概念进行分类，把新概念和原来已有概念进行比较和分析。对于概念的理解有三个层次：一是工具性理解，可以根据概念的内涵进行准确判断；二是关系性理解，能够用概念的内涵、外延和其他定义进行比较分析；三是结构化理解，就是能够建立结构体系。

分类思想是数学的重要思想方法，因为分类有助于人们认识事物的本质，这也是人们认识问题的传统思维模式。对于实数的理解就要通过分类来确定实数的范围，对实数有清晰的认识。我们发现学生在小学数学学习中没有掌握好数的分类。当问学生我们学过哪些数时，学生往往回答：自然数、整数、分数、小数、奇数、偶数，显然学生对数的分类了解得不清楚。所以学习有理数的分类前，有必要对数的分类方法再进行复习，让学生清楚数的发展过程。

分类的核心是构建一个标准，基于这个标准使所要研究的东西属于并且唯一属于某一个集合，保证不重不漏。因此，这里所说的标准实际上就是所要研究的重要性质。在小学，对自然数的分类法有两种：一种是奇数和偶数的分类，另一种是质数和合数的分类。两种分类法不能混用，且每一种分类法都保证了所有的数包含且不交叉。奇数和偶数的分类与人们在生活中用数解决问题的习惯密不可分，质数和合数的分类为了把合数分解质因数，为分数的化简做准备。引入分数后，小学学过的数分为自然数和分数。引入负数后，小学学习的正整数就有了对应的负整数，小学学过的正分数就有了对应的负分数。这样就有了有理数的第一种分类法，把有理数分为整数和分数，其中整数包含正整数、零（合称自然数）、负整数（新补充的），分数包含正分数（小学学过的）和负分数（新补充的）。这种分类法体现了数的发展过程，一般把这种分类法作为按有理数的定义分类。初中阶段应用比较多的是另一种分类法，按有理数的性质来分，把有理数分为正有理数、零和负有理数，正有理数包含正整数和正分数（小学学过的），负有理数包含负整数和负分数（新补充的）。这种分类法是初中阶段研究有理数用得最多的。比如，相反数的理解、绝对值的理解以及有理数的计算都要根据性质分类进行运算，包括以后研究的函数。所以，我们要让学生明白每一种分类的标准和它们之间的联系，而不是简单告诉学生，让学生反复记忆，直到能够默写下来。

在充分理解有理数的分类的基础上，对实数进行分类：一种按定义把新引入的无理数加上，实数分为有理数和无理数，有理数又包含整数和分数；另一种按性质分为正实数、零和负实数，正实数包含正有理数和正无理数，负实数包含负有理数和负无理数。

四、实数运算背后的道理

实数的学习包括数的认识、数的运算和数的应用。数的运算是培养学生运算能力的起点。有的教师错误地认为学生的运算能力就是能够计算出正确答案，运算没有思维含量，只要记住法则、运算律就可以了，所以往往在教学中淡化对法则的理解，强化对法则的记忆，让学生在记住法则的基础上套用法则。实际上，运算能力主要是指能够根据法则和运算律正确地进行运算的能力。培养运算能力有助于学生理解运算的算理，寻求合理简洁的运算途径解决问题。培养运算能力的关键是学生对运算法则的由来的正确认识，蕴含着逻辑思维能力的培养。

在小学，定义自然数的同时也就定义了加法运算。在加法的基础上，产生了减法、乘法和除法运算，通称为四则运算。随着数系的扩充，相应的运算范围也随之得到扩充。

在初中，一切运算包括实数运算的基础是有理数的运算。因此，有理数的运算教学有非常重要的作用。有理数四则运算法则掌握得不牢固，性质运用得不熟练常常给后续的学习带来困难。例如，学习有理式时，由于不能很好地借助有理数知识与有理数的相应问题做出正确对比，不能自然地引申到有理式，因而影响着有理式的掌握。在学习方程与方程组时，也由于有理数的运算法则掌握得不好，性质不熟练，以致推算烦琐，甚至产生运算上的错误。

第一，要注重培养学生的思维习惯。从小学关注"是什么"的结论性思维习惯，到中学关注"为什么是"的过程性、探究性思维习惯。课堂上经常设计"追根溯源"的问题，如 $2+3=$？$2-3=$？为什么减去一个数等于加上这个数的相反数？为什么两数相乘"负负得正"……在不断地追问过程中，让学生养成深入思考的习惯，养成反追过程的习惯。

第二，要注重有理数计算的思维逻辑。在学习有理数计算之前，已经构建了有理数的概念体系，认识了数轴，会从代数特征和几何特征两个方面认识有理数，还会认识有理数间的关系，从而认识了有理数的关系中有特殊关系的数即互为相反数，理解了有理数的绝对值的概念，并且知道有理数的思维逻辑就是研究研究对象的结构特征，而有理数的结构特征就是符号和绝对值。

由于有理数运算法则较多，学生理解起来比较困难，但是它们有着相同的思维逻辑，那就是要从有理数加法法则开始，让学生抓住最本质的东西，研究运算结果的符号和绝对值。研究有理数的运算要在小学研究非负有理数的基础上分析，引入负数后，先按照数的分类研究可能会出现的所有情况。比如，加法，有正加正、正加负、负加正、负加负、0加正、0加负、0加0的情况。小学阶段数学的一切概念和法则都是从现实世界中抽象出来的，在研究加法时也可沿用这样的研究习惯，通过现实情境，让学生找到每一种情况下的计算结果，再进一步对研究的结果进行分析，并归纳为三类，从而得出有理数加法法则：同号两数相加，取相同的符号，并把绝对值相加；异号两数相加，取绝对值较大的加数的符号，并用较大的绝对值减去较小的绝对值，互为相反的两数相加和为 0；一个数同 0 相加，仍得这个数。这个法则虽然是课堂上由教师设置教学情境，学生自己抽象出算式总结出来的，但离开现实情境，学生还是会感到复杂，不容易理解，我们要引导学生从有理数的本质去理解。分类研究两个加数的和的确定问题：一是符号；二是绝对值。同样，在有理数的乘法法则、乘方法则中，研究的都是如何从这两个方面去确定积、确定幂的问题。减法是加法的逆运算，除法是乘法的逆运算。

如此看来，"有理数"全章都是围绕同一个逻辑展开的，即在各种运算中，如何通过符号和绝对值去确定其运算结果。不难看出，"确定一个有理数：一是符号；二是绝对值"是全章知识的灵魂，是最本质的东西，是知识逻辑的主线。如果让学生能够抓住本质，把握知识发生、发展的逻辑脉络，就可以提纲挈领地把握各部分数学知识，把所学知识按一定的逻辑结构组织起来，形成一个整体，从而使学生对数学知识的认识得到进一步的深化。

第三，要注意思维的严谨性。继学习算术之后学生有了数初步扩充的经验，也知道各种运算及逆运算的意义、性质，但由于这些已有的概念，在把数扩充到有理数以后它们都具有自己新的意义，如一些运算法则不仅对于正整数、正分数成立，而且对于负整数、负分数也适用。反过来，这些概念在有理数范围内虽然具有了新含义，但是它们并不排斥算术中所得的结论，而是包括了以前所学过的结论。所以在有理数的教学中，首先要求学生搞清楚这些事实，如果不注意把这些事实阐述透彻，不仅不能收到良好的效果，甚至有的学生学过了有理数后连算术的加减法也感到茫然了。因此必须让学生认清概念推广的特点：在把旧的概念扩充到新的概念时，必须要指出新与旧的质的差异，明确区分新与旧的不同意义；待扩充完以后，又必须指出过去的旧有知识是新学知识的特例，它们并不互相排斥。

理解了有理数的运算，就可以在此基础上理解有理式的运算。在实数的运算中又可以有有理数的运算、有理式的运算，从而让学生弄懂法则。在讲法则和性质时，要有充足的具体材料，以便于更好地理解抽象式子的含义，从而防止对式子的片面认识。同时在建立了抽象的性质以后还应指出一些特殊情况，如讲加法时，要指出一对互为相反数相加的情况，在讲乘法时，指出乘数为0的情况等。在学生计算时要注意培养他们的书写规范和思维的缜密，每一步都按规矩来，还要思考每步的依据，形成良好的思维品质。

目前在运算教学中，由于教师偏重对学生正确迅速的运算技能的培养，所以运算教学对法则的由来探究不够，理解不透，大多数靠模仿式的强化训练，这样的教学使学生的运算能力无法形成。

对于数的运算，教师应当引导学生经历从整体上了解和把握运算的各种类型的认识过程，经历从特殊到一般发现和提炼运算法则的形成过程，掌握各种运算方法，形成相关的计算能力，还要让学生学会有序的和结构性的思考，养成有条理的思维习惯。拿到一个运算题目，不是拿来就算，而是观察结构特征，分析运算顺序、用到的法则和依据等，发现数学算式以及运算中的内在规律，提升学生的精准、灵活和敏捷的思维品质。在提炼运算法则时，要注重数学思想方法，注重对法则的本质的理解。

比如，在"二次根式的加减"教学设计中，要借助整式的加减运算教学，让学生经历二次根式加减运算的探索过程，通过大量的事实归纳概括，提炼形成运算法则，感受和体验代数验证、枚举归纳的思想，让学生真正理解法则，会用法则。

可以出示四道计算题，$\sqrt{2}+\sqrt{2}=2\sqrt{2}$，$\sqrt{2}+\sqrt{3}=\sqrt{5}$，$2+\sqrt{2}=2\sqrt{2}$，$5\sqrt{7}-2\sqrt{7}=3\sqrt{7}$，让学生判断结论是否正确。这样设计的目的：一是让学生自觉类比已经学过的多项式的加减，根据经验给出自我判

断。二是通过正误判断，让学生明白二次根式的加减要分为能直接相加减和不能直接相加减两个类型，从而类似于整式的同类项给出同类二次根式的概念，同时在过程中拓展，让学生探索 $\sqrt{2}+\sqrt{8}=$? 从而让学生明白应在二次根式化成最简二次根式的前提条件下，判断是否为同类二次根式。

为了让学生明白为什么同类二次根式可以合并，不是同类二次根式的不能相加减，教师可采用两种方法：一种是引导学生回到知识的本源，用无理数的近似数参与运算，从而清楚地看到可不可以直接相加减。

$\sqrt{2}+\sqrt{2}\approx1.414+1.414=2\times1.414=2\sqrt{2}$，$\sqrt{2}+\sqrt{3}\approx1.414+1.732\neq\sqrt{5}=2.236$，$2+\sqrt{2}\approx2+1.414\neq2\sqrt{2}$，$5\sqrt{7}-2\sqrt{7}=\sqrt{7}(5-2)=3\sqrt{7}$。

另一种从数的运算的基本原理去理解。

对于 $\sqrt{2}+\sqrt{3}=\sqrt{5}$，$2+\sqrt{2}=2\sqrt{2}$，常有学生判断正确，为什么会出现这样的问题呢？要让学生展示思维的过程。有学生根据 $\sqrt{a}\cdot\sqrt{b}=\sqrt{ab}(a\geqslant0，b\geqslant0)$，猜想 $\sqrt{a}+\sqrt{b}=\sqrt{a+b}(a\geqslant0，b\geqslant0)$；有学生根据 $2+\dfrac{1}{2}=2\dfrac{1}{2}$，猜想 $2+\sqrt{2}=2\sqrt{2}$。这说明学生错误地进行了类比，问题出在哪儿呢？问题就出在学生对于数的加减法的本质没有理解，没有弄清楚为什么 $2+3=5$。

教师提出问题：有的同学类比二次根式的乘法、整数与分数的加法得到的结论，我们发现是不成立的，到底是哪儿出了问题呢？

有的学生想到了数的加减法是基于同一单位的运算，如 $5+2$ 相当于 5 个 1 和 2 个 1 相加。异分母分数相加减必须化为同分母分数相加减，就是为了化成相同的单位，在合并同类项时，其实也是化成相同的单位，就像一个🍎和一个🍌加起来不可以是两个🍎或是两个🍌，那么，$a+b$ 就不可以再化简计算了，$2a^2b+b^2a$ 也不可以再计算了。这时候，再让学生理解刚才的四个运算式子，就可以清清楚楚了。同时，仿照多项式的同类项，把化简后被开方数相同的二次根式叫同类二次根式，二次根式的加减就是合并同类二次根式，不是同类二次根式的不可以合并。例如，在 $\sqrt{2}+\sqrt{3}$ 中，$\sqrt{2}$，$\sqrt{3}$ 不是同类二次根式，所以就不能再计算了。

在学生充分认识同类二次根式的概念，理解二次根式加减的实质就是合并同类二次根式，并且知道在同类二次根式可以合并的原理的基础上，再设计形式灵活的练习题目，让学生内化、强化。比如，可以让学生从 $\sqrt{8}$，$\sqrt{20}$，$\sqrt{45}$，$\sqrt{2}$ 中选取两个，设计一个二次根式的加减法题目。

解题教学不仅要教解题活动的结果（答案），而且要呈现解题活动的必要过程——暴露数学解题的思维活动。这里让学生自己设计运算题目更具有挑战性，也更容易引发学生积极思考，主动探究知识，体现思维过程，体验探究的快乐。

另外，在数的运算的教学中，要注重知识的"结合点"与"生长点"。在"有理数"这一章节中，教学设计应基于学生运算能力这一核心素养，要关注学生在不同学段运算能力的体现，在教学中，要根据学情设计活动，在原有知识的基础上生成新的知识。

例如，在小学学生对数已经有了初步的认识，能够进行正数和零的四则混合运算。有理数的运算是小学算术的延续和发展。数从自然数、正分数扩展到全体有理数后，数的运算从内涵到法则都发生了变化，必须在原有的基础上重新建立。这种数的运算法则的变化，主要原因是增加了负数的概念，从而实现运算的可逆性、封闭性。教师要引导学生结合生活经验探究有理数的运算法则，同时体会研究运算的一般方法，在后续的学习中，通过用字母表示数建立代数式，而代数式的运算完全以有理数的运算为基础，类比有理数的运算研究式的运算，使得在知识上具有可持续性，在研究方法上具有可迁移性。

代数运算具有一系列普遍成立的运算律，包括加法和乘法的交换律、结合律、分配律等，它们是在代数中广泛应用且简单有力的代数基本工具。运算律是整个代数学的基础。

五、实数教学有逻辑

实数的知识逻辑就是研究数量关系，数就是有理数和实数，量就是用字母表示数和用代数式表示数量关系，这里的关系就是对应。而思维逻辑就是研究对象的结构特征，对象的结构特征是以后研究数学问题的思维起点。数是由符号和绝对值构成的，因此，整个有理数的研究就围绕符号和绝对值展开。

实数的教学要有逻辑，要遵循教材内容编排的科学性、整体性、过程性、应用性，因此为了很好地体现实数的教学逻辑，就要研究课程标准，要建立知识之间的联系，要从符号和绝对值抽象概括数的特征，理解掌握数的运算规律，形成技能。

(一)在教学过程中应关注教材内容的科学性

数学是严谨的科学。实数内容在教材的安排上充分体现了科学性，体现了前后一致、逻辑连贯、螺旋上升的原则。我们在数学教学中重视揭示数学与客观事实的密切联系，揭示数学结论的真理性和真实性。

我们知道，在"有理数"的教学中，自始至终都是围绕"结果由符号和绝对值确定"这一逻辑主线展开的。例如，本章的概念教学"数轴"这一节课，就把这一逻辑体现得淋漓尽致。本节课的重点就是数 a 在数轴上该如何表示？当然首先需要知道它在原点的哪一侧，即数 a 的符号，然后需要确定它到原点的距离，即它的绝对值。

同样，"有理数的加法"这节课，也是围绕这一逻辑展开的。有理数的加法的重点就是该如何确定两个数的和，而和又是由符号和绝对值两部分组成的，因此怎么确定两个数的和的符号和绝对值就是本节课的难点。教材中通过现实情境，借助数轴和物体的运动来突破这一难点。在探究同号两数相加时，通过物体向同一方向运动，并且起点和数轴上的原点重合，进而得出同号两数相加的法则；再根据物体的反方向运动，起点和数轴上的原点重合，得出异号两数相加的法则。在教学实施中，要充分体现学生的主动探究精神，在给出同号两数相加的情境后，就应该放手让学生试着自己创造情境，来理解异号两数相加、特殊情况互为相反的两数相加、一个数和 0 相加的情境。这样让学生在亲身经历的过程中，融进了自己对知识的本质的思考，从情境中抽象出数学式子，再由数学式子回到现实情境。

再如，许多学生在练习 $\sqrt{a^2}$ 这一类题时经常出错。教师细细分析教学过程，就会找到问题的症结所在。教师在进行二次根式的教学时，往往会把二次根式的双重非负性着重地予以强调，再对 $\sqrt{a^2}$ 的结果进行分类。当 $a > 0$ 时，$\sqrt{a^2} = a$；当 $a = 0$ 时，$\sqrt{a^2} = 0$；当 $a < 0$ 时，$\sqrt{a^2} = -a$，而它的结果为什么会是这三种情形？其实从知识的生长点来看，被开方数 a^2，在小学就学过，表示两个数 a 相乘；七年级上册学过两数相乘的法则，同号得正，所以被开方数永远都大于或等于 0；七年级下册又学过 $\sqrt{a}$ 表示 a 的算术平方根，即可得出 $\sqrt{a^2}$ 表示 a^2 的算术平方根，于是三种情况就应运而生了。这样紧紧扣着相关的概念及知识的逻辑主线，这一难点就不再是难点，而变成水到渠成、顺理成章的事了。

(二)在教学过程中应注意知识的整体性

在教学过程中，整体设计要呈现知识之间的关联：一些数学知识之间存在逻辑顺序，要让学生感悟这种顺序；一些知识之间存在着实质性的联系，这种联系体现在相同的内容领域，也体现在不同的内容领域。

本节课是想让学生理解遇到以下几类题时该如何解决。

(1)$\sqrt{6} \times (\sqrt{3} + \sqrt{8})$；

(2)$(\sqrt{2} + 3) \times (\sqrt{2} - 5)$；

(3)$(\sqrt{5} + \sqrt{3}) \times (\sqrt{5} - \sqrt{3})$；

(4)$(\sqrt{3} + 2)^2$；

(5)$(2\sqrt{5} - \sqrt{2})^2$；

(6)$(4\sqrt{2} - 3\sqrt{6}) \div 2\sqrt{2}$。

我们把交换律和分配律称为乘法运算的算理，也就是乘法运算的本质，数系扩充后算理不变。第 1 题形式上类似于单项式乘多项式，用的就是分配律的算理。单项式乘多项式的符号语言为 $m(a+b+c)=ma+mb+mc$。在七年级上册，我们学过用字母表示数，知道字母可以表示任意数，当然字母也可以表示二次根式。所以把这个公式中的 a，b，c，m 都用二次根式代替，这道题就解决了。若把多项式乘多项式法则 $(m+n)(a+b)$ 中的 $(m+n)$ 看作一个整体，再利用单项式乘多项式法则，就顺利推导出了多项式乘多项式法则，再将公式中的字母换成二次根式，第 2 题就迎刃而解了。第 3，4，5 题都属于乘法公式，由多项式乘多项式推导得出，类比前面的解法，即可求解。第 6 题是类比多项式除以单项式法则进行，在推导多项式除以单项式法则时，用到了小学所学习的除法是乘法的逆运算及"有理数"章节所学的"除以一个数等于乘这个数的倒数"。

在学完二次根式的混合运算后，经常会碰到这样的问题。

$(10\sqrt{48}-6\sqrt{27}+4\sqrt{12})\div\sqrt{12}$。

对于这道题，是先算括号内的运算，还是先将括号内的每一个数都除以 $\sqrt{12}$，再运算？我们往往会回答："都可以！""为什么都可以呢?"如果再追问一句，我们该做何解释？要解决这一问题，我们不妨看一下小学数学书上的一道计算题：$(100+25)\times4$。这道题是先算括号内的运算呢，还是用每一个加数都乘 4，再把积相加？显然都可以。区别在于一种是常规做法，一种是使用了乘法分配律，使问题简化了。随着所学知识、方法、思想的日益增多，题目运算的灵活性也就越来越强。

例如，已知 $x=\sqrt{3}+1$，$y=\sqrt{3}-1$，求下列各式的值。

$(1)x^2+2xy+y^2$；$(2)x^2-y^2$。

做这两道题时，可以直接代入，也可以先因式分解，再代入。要让学生自己去体会这两种方法的思想，理解其本质，选择适合的、简单的方法。

以上所述，都直接体现出了实数知识内部之间及实数与代数式知识之间的关系。同时，实数的学习还为其他知识块的学习做好了铺垫，如勾股定理、一元二次方程、解直角三角形等。帮助学生理解数学知识之间的实质性联系，是数学教学的重要任务。为此，我们在日常教学内容的素材选取上、问题设计上、内容整合上等方面应体现这些实质性联系，展示数学知识的整体性。

(三)在教学过程中应注意知识的形成过程

教学过程不是单纯的知识介绍，学生学习也不是单纯地模仿、练习和记忆。因此，我们在日常教学中应选用合适的学习素材来介绍知识的背景，设计必要的数学活动，让学生通过观察、实验、猜测、推理、交流、反思等，感悟知识的形成和应用。

例如，在有理数的学习中，引入了负数、相反数和绝对值等几个非常重要的概念。对于这些概念的学习，我们不能简单地告诉学生定义，再让学生根据定义去判断、去计算，而是要让学生明白为什么要学习这些概念，它们的本质特征是什么。对于相反数，要弄清楚是什么样的两个有理数，是有什么特殊关系的两个有理数？首先从两个数的代数特征入手去研究，能够直指相反数的本质——只有符号不同的两个数。任何有理数都有几何特征相对应，即对应数轴上的一个点，从代数特征到几何特征应该是这一阶段教学的逻辑顺序。

人教版在研究相反数之前还没有学习绝对值的概念，为什么要学习绝对值这个概念呢？它是不得不讲、呼之欲出的一个数学概念。从有理数的几何特征看，其对应的点的位置相对于原点来说有两个指标：一是在数轴上位于原点的左侧还是右侧，对应的就是有理数的正负；二是在数轴上到原点的距离的大小。绝对值的概念涉及有理数的一个非常本质的代数特征。也就是说，一个有理数要看它的正负，才知道它在数轴上位于原点的哪一侧，还要知道它的绝对值的大小，才知道它在数轴上距原点的距离。有了绝对值的概念之后，也就可以明确地指出一个有理数的确定就是确定符号和绝对值。有了这个认识，学生所学到的知识才不再是孤立的，学生的数学活动也不再是盲目的。对于诸如"当 $a < 0$，

$|-a|=-a$，还是$|-a|=a$"的问题，学生也就会思考了。同样，后面学习有理数的运算，其结果仍然是有理数，运算法则就是从符号和绝对值两个方面确定的，学生理解起来就不太困难了。

又如，"有理数的减法"这节课，是通过计算北京某天温差引入有理数的减法的，体现了这一知识产生的必要性。

减法法则产生的合理性体现在教材中：减法是加法的逆运算，计算$3-(-3)$，就是要求出一个数x，使得x与(-3)相加得3，因为6与(-3)相加得3，所以x应该是6，即$3-(-3)=6$。另外，我们知道$3+(+3)=6$，因此得$3-(-3)=3+(+3)$。同时，又通过一组探究得出有理数的减法法则。

我们来看一个年轻教师对本节课的教学设计。

第一步，复习有理数加法。

(1)$4+16=$_____；

(2)$(-2)+(-27)=$_____；

在回答完这两道题之后，让学生把同号两数相加的法则，齐声背诵了一遍。

(3)$(-9)+10=$_____；

(4)$45+(-60)=$_____；

(5)$(-7)+7=$_____；

回答完这3道题，又提问了学生异号两数相加的法则，其中包括绝对值不等的异号两数相加及绝对值相等(互为相反数)的两个数相加的法则。

(6)$16+0=$_____；

(7)$0+(-8)=$_____。

这2道题解决后，又让学生回答了一个数同0相加的法则。以上复习的7道题类型全面，覆盖了有理数加法法则的所有内容。

第二步，出示实际问题。

某日某市的最高气温是22 ℃，最低气温是-3 ℃，这一天该市的温差是多少？

第三步，为解决实际问题引入其他式子进行探究。

探究一：$10-(+3)=$ _____ ，$10+(-3)=$ _____ 。

于是得到：$10-(+3)=10+(-3)$。

问题：观察等式的左右两边，你发现了什么？

生：减去一个正数等于加上这个数的相反数。

师：减去一个负数，结果又如何呢？引出探究二。

探究二：

(1) $(-10)+(-8)=$ _____ ；

(2) $(-10)-(-8)=$ _____ ；

(3) $(-10)+(+8)=$ _____ 。

在教师生硬的引导下，学生终于得出了这三个问题的答案，也总结出了法则：减去一个负数，等于加上这个负数的相反数。

实际上，从(1)到(2)是利用减法是加法的逆运算得出的，从(2)到(3)是类比探究一(减数是正数)的猜想。

接下来，教师又提问减数为 0 呢？又给出了一组式子。

$-3-0=$ _____ ，$-3+0=$ _____ 。

得出：减去 0 等于加上 0 的相反数。

师：你能否将这三句话总结到一起呢？

生：减去一个数，等于加上这个数的相反数。

最后，教师强调两个注意。

(1)注意减号要变加号。

(2)注意减数要变相反数。

第四步，课堂练习，并且在练习时教师要不断地提醒学生减号变加号、减数变相反数。至此，本节课的教学任务完成。

本节课完全可以从实际问题入手进行新知探究，因为实际问题中的数字并不大，虽然减数是负，但它也是有理数减法法则中所包含的一种情况。教师并没有按照预定轨道进行下去，而是引入了新的题目让学

生探究，使学生的思维再次跳转。在探究一中，教师直接让学生观察
$10-(+3)$ 与 $10+(-3)$ 的特点及结论，太急于求成，缺乏知识的生长
点，结论似乎是突然出现，没有从知识的逻辑出发(减法是加法的逆运
算)对学生给予引导。在探究二中，从 $(-10)+(-8)$ 到 $(-10)-(-8)$，
体现了减法是加法的逆运算这一知识逻辑，但教师并没有给予点拨，学
生对此也是一脸茫然。他们不明白为什么正在研究减法呢，前面突然蹦
出来一个加法，接着又比较 $(-10)-(-8)$ 与 $(-10)+(+8)$，进而得出
减法法则。

显然，这样的教学是在教师的指令下完成的。在探究过程中，学生
的思维得不到体现。缺乏知识逻辑的支撑，缺乏知识产生的背景，缺乏
科学的数学活动，于是学生的观察、猜测、推理、交流、反思就如同空
中楼阁，这样的探究就是无效的。

所以，教师的职责是要厘清探究问题的思维起点，让学生知道要探
究什么(减法法则)？之前的知识储备是什么(减法是加法的逆运算)？思
维起点是什么(从已经学习的加法的算式中得到相应的减法式子)？为了
探究适合所有有理数的法则，应该注意什么(按数的性质进行分类)？等
等。这样一步步引导，让学生知道自己在做什么，目标是什么，想通过
怎样的路径到达此目标，由此让学生学会有逻辑地思考问题。

在学生理解探究路径的基础上，可以设计以下探究环节。

$(+4)+(+3)=$ _____ ，$(+7)-(+3)=$ _____ ，$(+7)+$ _____ $=4$，

$(-4)+(+3)=$ _____ ，$(-1)-(+3)=$ _____ ，$(-1)+$ _____ $=-4$，

$(+4)+(-3)=$ _____ ，$(+1)-(-3)=$ _____ ，$(+1)+$ _____ $=4$，

$(-4)+(-3)=$ _____ ，$(-7)-(-3)=$ _____ ，$(-7)+$ _____ $=-4$，

$(+4)+0=$ _____ ，$(+4)-0=$ _____ ，$(+4)+$ _____ $=4$，

$(-4)+0=$ _____ ，$(-4)-0=$ _____ ，$(-4)+$ _____ $=-4$。

这里的三列探究题目不是直接呈现给学生的，而是在学生明确减法
是加法的逆运算后，理解探究的起点是从已学过的加法入手来逐步呈现
的。所以，第一列教师可以和学生一起完成。第二列由学生根据探究思

路，依据减法是加法的逆运算自己列出。第三列让学生根据第二列的计算结果写出。这样的设计能够使学生把前面所学的知识用于新知中，形成完整的知识链条，使知识的形成过程有据可依。

教师还要教会学生理解和把握数学知识的本质及各知识之间的逻辑关系，从整体上去理解和把握"是什么？从哪里来？到哪里去？"，并落实到每节课中去。

例如，"同底数幂的乘法"作为"幂的运算"的起始课，教师不妨问问学生：你对"幂"了解多少？你认为它有哪些基本要素？你觉得幂会有哪些基本运算？你是怎样想到这些的呢？你准备先研究幂的哪些运算？你选择研究幂这种运算的理由是什么？你准备怎样研究你选择的幂的运算？

这几个问题的设置，搭建了学生思维成长的脚手架，让学生通过参与这些思维活动，掌握分析和解决研究问题的思维路径。教师设置问题的目的和质量，决定着学生思维的方向性和层次性。幂有哪些基本要素呢？当然是底数和指数。因此学生思考研究幂的运算就要考虑它的基本要素的变化。幂有哪些基本运算呢？学生根据已有的实数的运算的经验，想到幂的运算就是要研究幂的加法、减法、乘法、除法、乘方和开方这六种运算。你准备先研究幂的哪些运算呢？有学生说先研究加减运算，有学生说先研究乘除运算，大家一致认为最后再研究乘方、开方运算。你选择研究幂的这种运算的理由是什么？学生仍然会从实数的运算的研究顺序出发考虑问题，但是却没有考虑幂的运算和实数的运算的区别。这时教师需要引导的是，幂的运算涉及两个基本因素，即底数和指数，如 a^m 表示 m 个 a 相乘。所以，对于幂的加减运算，实际上就是乘方和加减的混合运算。对于幂的乘除运算，当底数不同时没有特殊的研究价值，当底数相同时才有研究价值。由此，可以先研究同底数幂的乘除运算，再研究幂的乘方、开方运算。再追问学生，你准备怎样研究同底数幂的乘法运算呢？这个问题从"做什么"到"怎么做"，使学生可能一时感到困难，但有冲突的地方就是有研究价值的地方，鼓励学生自己尝试解决。在学生有了自己的思考后，教师可以建议学生在尝试的过程中，把握住基本要素，从特殊入手，找出一般规律。引导学生用控制变量法来研究同底数幂的乘法，如底数为相同数字、指数为不同数字，底数为相同数字、指数为不同的字母，底数为相同字母、指数为不同数字，底数为相同字母、指数为不同字母。这样，不仅探究了同底数幂的乘法运算，还知道了如何确定研究思路。

数学历史上每一个公式的得出都凝聚着数学前辈的智慧，然而其研究过程也未必就顺畅。将实数的运算迁移到幂的运算中来，将物理学科的控制变量法迁移到同底数幂的乘法中来，教师和学生一起埋下知识的种子、方法的种子，并给予它们生长的条件。正如有学者说的：数学的生长及学习如同大树的生长过程，种子发芽、生根、生长、再生根、再生长，循环往复，双向促进，最终根深叶茂，叶茂根深。尤为重要的是学生的探索精神、独立精神得到尊重和正强化，在探索的过程中生长品格。正如江苏省数学特级教师、正高级教师卜以楼老师说的：教育的出发点和落脚点就是让学生经历一种成长、见证一次成长。

（四）教学过程应能够从贴近学生现实的素材抽象出数学的本质，并能将之重新应用于现实生活。学生的现实包括生活现实、数学现实、其他学科现实

1. 生活现实

实数的许多知识都可以在学生的生活实际中找到背景。

例如，"平方根"这节课的引入是这样的：学校要举行美术作品比赛，小欧想裁出一块面积为 25 dm^2 的正方形画布，画上自己的得意之作参加比赛，这块正方形画布的边长应取多少？这一引例从生活实际和学生的已有知识经验出发（已知正方形的面积为 25 dm^2，求正方形的边长），这是学生在小学时已经学过的内容，但是和学生的已有经验——已知正方形的边长，求它的面积的过程互逆。在这里，只是让学生初步体会一下这种互逆的过程，也是本节课新知识的生长点，从中抽象出本节课的教学实质：第一，平方与开方是互逆的运算。第二，已知一个正方形的面积，求正方形的边长就是求一个数的算术平方根，进而得出算术平方根的特征：已知一个正数的平方，求这个正数的问题。这样借助生活现实，使学生理解算术平方根的意义，并将之重新应用于新知领域的拓展探究。

本节课的引例之下，又给出来一个表格（表 2-1）。

表 2-1

正方形的面积/dm²	1	9	16	36	$\dfrac{4}{25}$
正方形的边长/dm					

表 2-1 中给出的这些数的算术平方根都是有理数，若一个正数的算术平方根不是有理数，又会出现什么样的情形呢？

于是就出现"平方根"第二课时的探究栏目，它同样也是从生活现实入手，"能否用两个面积为 1 dm^2 的小正方形拼成一个面积为 2 dm^2 的大正方形？"它和引例有着相同的知识本质（已知正方形的面积，求正方形的边长），但引例所涉及的数都可以表示为有理数的平方，而该探究则不是。在第一课时引例后，已经给出算术平方根的定义：一般地，如果一个正数 x 的平方等于 a，即 $x^2 = a$，那么这个正数 x 叫作 a 的算术平方根。符号语言：a 的算术平方根记为 $\sqrt{a}$。这一符号语言的描述，为探究栏目问题的解决积累了知识经验。在探究栏目里，已知正方形的面积 a，求它的边长，即求它的算术平方根，根据上一节算术平方根的符号语言表述，即可表示为 $\sqrt{2}$。这是教材引进的第一个带开平方符号的无理数。讲这节课时，教师在探究新知部分是这样设计的。

第一步，复习算术平方根的双重非负性。

幻灯片上展示了两句话：

如果 $x^2 = a$，那么 $x = \sqrt{a}$；

如果 $x^2 = 3$，那么 $x = \sqrt{3}$。

得出结论：如果 $a \geqslant 0$，那么 $(\sqrt{a})^2 = a$。

这一环节的设计有以下几处漏洞。

首先，本节课是在学习了实数的起始章节"算术平方根"后学习的。本节课根本没有涉及算术平方根的双重非负性。算术平方根的有关性质，被教材归整到八年级下册"二次根式"这一章中，是为二次根式的运算做铺垫的。这样的设计不仅忽视了知识的呈现体系，也忽视了学生的认知体系。

其次，这样的设计，只注重概念的表现形式，忽略了概念的本质属性。算术平方根的概念：如果一个正数 x 的平方等于 a，即 $x^2 = a$，那么这个正数 x 叫作 a 的算术平方根。同时规定：0 的算术平方根为 0。从概念里可以清晰地读出一个数的算术平方根为非负数。这里没必要对结论所表现出的形式过度关注，而应深入挖掘概念本身。

幻灯片上展示的两句话同样犯了两个错误。第一，知识性错误，若 $x^2 = a$，则 $x = \pm\sqrt{a}$，第二个依然如此。第二，初中阶段的代数教学秉承的原则是从特殊到一般的数学思想。例如，"平方根"第一课时中，已知正方形的面积求边长，得出算术平方根的概念，二次根式的乘除法则都是通过一系列具体的等式得出的，几乎每一节代数课均如此，但这位教师的方法则反其道而行之。

最后，所得出的结论 $(\sqrt{a})^2 = a$ 对本节课所起的作用不大。因为本节课的重点在于让学生认识并感知 $\sqrt{2}$ 的大小，为无理数的引入做知识上的铺垫。

第二步，问题探究，学习新知。

出示探究栏目的问题：能否用两个面积为 $1\,\mathrm{dm}^2$ 的小正方形拼成一个面积为 $2\,\mathrm{dm}^2$ 的大正方形？

这一环节的设计存在的问题有以下几点。

第一，降低了学生的思维含量，学生则需要从能还是不能两方面予以考虑，能的话再思考该如何拼？

99

学生们经过共同努力，终于得出了教师想要的答案(图 2-3)。

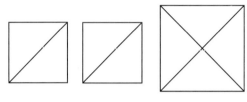

图 2-3

教师：大正方形的面积是 2 dm，那么大正方形的边长是多少呢？

教师继续引导：大正方形的边长实际上就是其中一个小等腰直角三角形的斜边长，而小等腰直角三角形的每条直角边长均为 1 dm，那么它的斜边长就是 $\sqrt{2}$ dm。这是我们以后要学习的勾股定理的有关内容，我在这里给大家补充一下。

第二，忽视了学生已有的知识经验(没有利用上一节算术平方根的概念来解决大正方形的边长的问题)，而对学生的思维进行揠苗助长，用勾股定理解决大正方形的边长问题，相当于知识的循环应用。归根结底，教师没有将从现实素材中抽象出的数学本质重新应用到现实生活中。

2. 数学现实

随着数学学习的深入，学生所积累的数学知识和方法就成为学生的数学现实，这些现实应当成为学生进一步学习数学的素材。选用这些素材，不仅有利于学生理解所学知识的内涵，还能够更好地揭示相关数学知识之间的内在关联，有利于学生从整体上理解数学，构建数学认知结构。

从上可以看出，若从学生的数学现实——算术平方根的概念出发，就可以自然地得出大正方形的边长，而不需要将勾股定理的知识生拉硬拽到这里，打乱学生逻辑思维。在这里，让学生理解 $\sqrt{2}$ 是直角边为 1 的等腰直角三角形的斜边，目的是让学生确立新的数学现实，为"实数与数轴上的点一一对应"这一知识埋下伏笔。

教材中开方开不尽的数在数轴上的表示是从 $\sqrt{2}$ 开始的，此时就需要借助前面学生的数学现实——$\sqrt{2}$是直角边为 1 的等腰直角三角形的斜边进行思考，借助这一数学现实，同时借助学生在小学已学习的圆的有关概念，在数轴上顺利表示出$\sqrt{2}$的点。这一关键问题解决完后，$\sqrt{3}$，$\sqrt{5}$，…在数轴上的表示便迎刃而解了，再利用代数中常用的从特殊到一般的思想方法，便能轻松地总结出实数与数轴上的点是一一对应的关系。

实数这一领域还有好多借助学生的数学现实确立新的知识模型的例子。

例如，立方根的概念及性质的得出完全是类比算术平方根的学习思路展开的。

引例：已知一个正方体的容积为 27 m³，那么这个正方体的棱长是多少？

从特殊的引例出发，再给出一般的概念，两者(算术平方根与立方根)定义的语言文字的描述方式都一样，最后归纳得出立方根的特征。研究思路的一致性，其实都是学生积累的数学现实的再应用。

再如，实数中加法与减法，乘法与除法，乘方与开方，这些运算的互逆性，也是根据学生的数学现实进行感知的。减法是知道和与加数，求另一个加数的运算，它借助的数学现实是加法运算；除法是知道因数与积，求另一个因数的运算，它借助的数学现实是乘法运算；开平方是知道一个数的平方，求这个数的运算，它借助的数学现实是平方运算等。

正是这一个个数学现实的点串成了一条知识的线，最终在学生头脑中形成了一张实数的知识网。

3. 其他学科现实

数学的许多内容与其他学科知识有着密切的联系，随着学生学习的深入，其他学科的知识也就成为学生的"现实"。

例如，在探究$\sqrt{2}$的大小时，采用的方法是夹逼法。随着小数点后数位越来越多，计算起来也就越来越麻烦，此时引入计算器，得出了$\sqrt{2}$是无限不循环小数，为无理数的引出做好铺垫。同时，借助计算器探究出来算术平方根与立方根的有关规律：被开方数的小数点向右或向左移动两位，则其算术平方根的小数点就向右或向左移动一位；被开方数的小数点向右或向左移动三位，则其立方根的小数点就向右或向左移动一位。最终所确立的这些数学规律，同样将被应用于以后知识的学习中。

教师在教学实数时，一般喜欢走两个极端：一是认为太好教了，不就那几个概念、几个结论、几个法则吗？让学生记住并会做题就行了。二是认为太难教了，知识点又碎又杂，感觉无从下手。实际上，前者是没有关注实数教学过程中的整体性，后者则是没有关注知识编排的前后一致、逻辑连贯的原则，也没有从实数知识的整体性入手进行教学。若关注教材内容编排的原则，深挖其实质，关注其科学性、整体性、应用性，教学思路就会逐渐明晰，学生的数学素养将会得以提升。

日本教育家米山国藏曾说："作为知识的数学出校门不到两年就忘了，唯有深深铭记在头脑中的数学的精神、数学的思想、研究的方法和着眼点等，这些随时随地地发生作用，使人终身受益。"

就实数来说，它的概念、法则等可能是抽象的，甚至是冰冷的，然而抽象、冰冷的数学知识通过我们的精心设计，通过"数学真理的绝对性，数学结论的可靠性，数学演算的精确性，数学思想的深刻性"所蕴含的"实事求是，言必有据，一丝不苟，严谨认真，崇尚科学"的理性精神，通过生动具体的教学过程，会点点滴滴地渗入学生的心田，对于培养学生"正直与诚实的品格、坚忍而执着的精神"，有潜移默化的作用，能为学生日后的人生历程打下亮丽的底色。这正是数学学科独特的育人价值，这才是完整意义上的数学教育。

第二节　由实数到代数式

"数与代数"的内容是研究数量关系和变化规律的数学模型。《数学课标（2022 年版）》对"代数式"的基本要求是：借助现实情境了解代数式，进一步理解用字母表示数的意义；能分析具体问题中的简单数量关系，并用代数式表示；能根据特定的问题查阅资料，找到所需的公式；会把具体数代入代数式进行计算；了解整数指数幂的意义和基本性质，会用科学计数法表示数；理解整式的概念，掌握合并同类项和去括号的法则；能进行简单的整式加减运算，能进行简单的整式乘法运算；理解乘法公式，了解公式的几何背景；能利用公式进行简单的计算和推理；能用提公因式法、公式法进行因式分解；了解分式和最简分式的概念，能利用分式的基本性质进行约分和通分，能对简单的分式进行加减乘除运算；了解代数推理。了解代数式的知识结构、逻辑体系，对于挖掘代数式知识背后的数学本质和数学思想方法，具有重要的指导意义。

我们知道，从数量到数是数学的第一次抽象。现实生活中还存在大量不确定的、不断变化的量，又该如何来表示呢？古代数学家发明了用字母表示数。用字母表示数是一个具体数量符号化的过程，实现了"用数字表示确定的数"向"用字母表示不确定的数"的转变，使它更具一般性。比如，教室内有 a 个书桌，书架上有 x 本书，铅笔盒中有 n 支笔……这里的 a，x，n 都表示物体的个数，它们表示的数量是不确定的。用字母表示数，深刻地揭示了存在于现实问题中一类问题的一般性和普遍性。

用字母表示数，实现了从具体的数到抽象的式的转变，"一般性"替代了"确定性"，是数学史上的一个大的转折点。《学生对字母的理解：历史相似性研究》一文中指出：符号数学的历史发展阶段为"修辞数学→缩略数学→符号代数"，而字母意义的历史演变过程为"记数→未知→一类"，这是一个漫长的历史演进过程，跨越了 2 000 多年的时间。公元250 年前后，丢番图在《算术》中第一次引入了表示未知数的概念，创立了未知数的符号表示。16 世纪，韦达在《分析术引论》中使用字母表示未知数以及已知数。17 世纪，笛卡儿在《方法论》进一步完善了这种符号代数。清代数学家华蘅芳认为"用字母表示数"的本质是"代数之法，无论何数，皆可以任何记号代之"。涂荣豹等人在《新编数学教学论》中指出：全部代数问题，就是字母代表未知量，字母参加运算；字母参加乘法、加法→整式；字母参加除法→分式；字母参加开方运算→根式……一旦认识清楚这个问题，初中数学的所有问题都清楚了。代数的本质是未知数参加运算，这就是大观点。

用字母表示数是对数量关系的一种概括性表述，可以表示现实问题、数学问题中的数量关系，用字母表示数是用代数方法解决数学问题的基础。比如，有一列数字：2，5，10，17，26，37，50，…，你能描述这些数字的特征吗？在这个问题中，如果用数字表示具有这种特征的数是写不尽的，如果用文字语言应该描述为"数字所在的序位数的平方加上 1 后得到的数字"，怎样更为便捷地表述这种关系呢？代数式的出现就水到渠成了。我们可以用一个式子 n^2+1 表示。再比如，一组有规律的图案（图 2-4），第 1 个图案由 4 个基础图形组成，第 2 个图案由 7 个基础图形组成……第 n 个图案中由多少个基础图形组成呢？找寻第 n 个图案的过程，就是要能够分析出适合于每一个序位上的数与序位数字的关系，也就是找到一个普遍适用的关系式。这里的序号 n 就可以代表 1，2，3，4 等具体数字，在引导学生通过多种不同方法分析研讨后用符号语言$(3n+1)$来表示这个规律，这显然比文字语言描述要方便得多。因为 n 具有一般性，所以无论采用哪种分析方法，解决这类问题的关键是利用几个具体的图案分析它们的共同特征。这也是解决用字母表示数的一般方法，由特例推广到一般，再用一般方法去解决特例。

（1）　　　（2）　　　（3）

图 2-4

从上可以看出，符号语言比文字语言更加简明、易懂。因此，初中数学中的运算定律、公式，都是用符号语言来表示的。字母、含有字母的式子不仅可以表示一个数，也可以表示一类数、一类量，还能够像具体的数一样参与数学运算。

一、代数式概念的辨析

用字母表示数意味着数学发展已从"数"的阶段进入"代数式"的阶段。代数式以字母表示数为基础，是刻画现实世界数量关系和变化规律的重要工具。代数式是学习方程、不等式和函数等内容的基础，也是发展学生数感和符号意识的重要载体。

（一）代数式的概念

史宁中教授在《核心问题——小学数学教学中的基本概念与运算法则》中提到：在教学活动中应当创造一些情境，让学生逐渐感悟符号表达的重要性以及符号表达的实质。北师大版七年级上册是用发生式定义来界定"代数式"的，"在上一节内容中出现过的式子，它们都是用运算符号把数和字母连接而成的，像这样的式子叫作代数式"。也就是说，代数式的本质就是数或表示数的字母经过有限次运算所形成的式子。字母与具体数、字母之间都可以进行代数运算。代数式本质上表示的是一个数，因此代数式中不能出现"＝""＞""＜"。代数式作为描述数量关系的重要工具，具有符号语言和文字语言两种形式。比如，两个数 a，b 的平方和可表示为 a^2+b^2；两个数 a，b 的和的平方可表示为 $(a+b)^2$。前半部分是代数式的文字语言，后半部分是代数式的符号语言。只有准确理解代数式的文字语言，才能规范写出代数式的符号语言。符号语言有规范的书写要求。比如，$2\frac{1}{3}x$ 书写是不准确的，应该写成 $\frac{7}{3}x$。为什么不对？因为带分数中整数部分和分数部分是相加的关系，即 $2\frac{1}{3}=2+\frac{1}{3}$，而 $2\frac{1}{3}$ 与 x 之间是乘法运算。为避免运算关系的混淆，就规定了带分数与字母相乘时，带分数必须写成假分数的形式。这样处理，既体现了数学表达的合理性，又强化了数学语言的严谨性、数学表达的简洁美。而这些，不能强制记忆，要在教学中让学生理解明白。

我们知道，实数是一个庞大的"家族"，它按照不同的"血缘"关系，可以分成不同的分支，如图 2-5 所示。代数式的研究是数的研究的延续和拓展，代数式也是一个庞大的"家族"，如图 2-6 所示。代数式与数之间不仅有着相类似的名称，也有着可类比的从属关系。我们类比实数的各种数系结构及从属关系，构建了代数式的概念体系，明确了代数式的各种式系结构及从属关系，这也是数学结构思想的渗透启蒙。

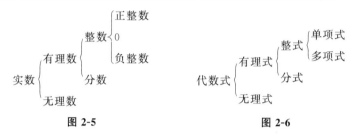

图 2-5   图 2-6

1. 整式的概念

代数式在"数与代数"领域中有着重要的地位。整式是代数式的基础，而因式分解、分式等概念都是在整式的概念的基础上建立起来的。整式的运算在"数与代数"运算中有着重要的地位，因式分解是以整式的乘法为依据的，分式的运算、二次根式的运算最终也都化归为整式的运算。

整式是学生继续学习数学的重要基础和工具。人教版数学七年级上册对"整式"是这样界定的：单项式和多项式统称整式。整式本质上也是一种表示数的方法。数不仅可以用一个字母表示，也可以用数字与一个字母的乘积来表示，还可以用几个不同的字母与数字的乘积来表示，这就产生了"单项式"的概念。比如，a，0，$3a^3b$，$-\frac{2}{7}a^3b^2$，$-\frac{3x}{\pi}$，…掌握概念就要掌握同类事物的本质属性。单项式的重要概念是它的系数和次数。我们应该从常量与变量的角度，来认识单项式的系数、次数的本质。在单项式中，不变的量是常量，是单项式的系数。单项式的次数取决于所有变量的个数。有几个变量，它的次数就是几。比如，在 $3a^2b^5$ 中，a^2 是幂的形式，表示有 2 个相同因式 a 相乘，b^5 表示有 5 个相同因式 b 相乘，这里存在 7 个变量，那么单项式的次数就是 7。理解了单项式的系数、次数的本质，就不会再出现认为单项式 $3^2x^3y^4$ 中次数为 $2+3+4=9$ 的错误了。

代数式的结构很重要。当几个单项式所表示的数的结构一样时，我们就称它们是同类项。比如，$3a^2b^5$，$\frac{2}{5}a^2b^5$，$-\frac{3a^2b^5}{8}$，…这三个单项式所含字母相同，并且相同字母的指数也相同。也就是说，它们都含有 2 个 a 和 5 个 b，那么它们就是同类项。如果不存在这种关系，就说明几个单项式所表示的数的结构是不同的。比如，$2a^5b^2$ 含有 5 个 a 和 2 个 b，显然结构不同，与前面的三个单项式就不属于同类项。

几个单项式的和就是一个多项式。多项式中的重要概念是项数和次数，构成多项式的每一个单项式，都是多项式的项。在多项式的项中，每一个单项式都有自己的次数，把次数最高的单项式的次数作为多项式的次数。比如，多项式 $3a^2b-2a^3b^2+4ab$ 中，次数最高次项 $-2a^3b^2$ 的次数是 5 次，那么多项式的次数就是 5 次。多项式的次数是化归到单项式的次数上来解决的。整式的次数越高，说明整式中存在的变量越多，在教学中也可以适当地进行单变量思维、复合变量思维的渗透。

2. 分式的概念

如果说从整数到分数是数的扩充，那么从整式到分式就是式的扩充。分式是研究函数、方程、不等式的重要载体。分式在概念、性质、运算法则上与分数的概念、性质、运算法则很类似；分式运算在化简、计算上又与整式运算的化简、计算很类似。

分数是人们随着生活的需要，在对实际物体进行均分和度量的基础上产生的。比如，要把一个生日蛋糕平均分给 4 个小朋友，每一个小朋友可以得到多少呢？分数 $\frac{1}{4}$ 被抽象出来了；若平均分给 5 个小朋友，每一个小朋友可以得到多少呢？分数 $\frac{1}{5}$ 被抽象出来了……对分数概念追本溯源，可知它本质上反映的就是部分与整体间的关系。我们进一步追问，

若把这个生日蛋糕平均分给 n 个小朋友，每一个小朋友可以得到多少呢？分数 $\dfrac{1}{n}$ 被抽象出来了。这里的 $\dfrac{1}{n}$ 不是确定的数，它是一个分式。分式的形式、性质与分数的形式、性质基本相同。分数可以写成 $\dfrac{a}{b}(b \neq 0)$ 的形式，其中 a，b 都是整数；分式可以写成 $\dfrac{A}{B}(B \neq 0)$ 的形式，其中 A，B 都是整式。分式的概念是分数的概念的进一步抽象，是在分数的概念基础上进行的更高层次的符号化、形式化，是分数的概念一般化的结果。分式是分数的一般形式，而分数是分式的特殊形式，与分数的分母不能为 0 相类似，分式的分母也不能是 0，这是分式概念的一个约束规则。比如，请写出下列分式有意义的条件：（1）$\dfrac{x}{x+3}$；（2）$\dfrac{x}{x^2-1}$；（3）$\dfrac{x+1}{|x|-2}$；（4）$\dfrac{x}{x^2+1}$。这些问题的解答是溯源到实数的运算中来解决的。有些按某些规律的数列，也需要借助分式的形式来表示。比如，在一组数列 $\dfrac{2}{3}$，$\dfrac{3}{4}$，$\dfrac{4}{5}$，$\dfrac{5}{6}$，$\dfrac{6}{7}$，…中，第 n 个式子，应该如何表示？我们很容易找到答案 $\dfrac{n+1}{n+2}$。其实，分式也是研究方程、不等式、函数的一个重要载体。在反比例函数的一般形式 $y = \dfrac{k}{x}(k \neq 0)$ 中，等号右侧就是一个分式的形式，反比例函数的自变量的取值范围 $x \neq 0$ 也是由分式的分母不是 0 所决定的。

  3. 二次根式的概念

  二次根式是初中阶段实数部分的最后一个知识点，也是对实数的一次总结性、综合性的学习。在人教版数学八年级上册来学习二次根式，学生对实数已有了一个整体的认识，通过整式认识和运算的学习，已明白整式的运算法则。学习二次根式，有助于学习进一步巩固"式运算"的相关法则，进一步渗透数学结构、化归等基本数学思想。

毕达哥拉斯学派认为"数是万物之源"，坚信所有的数都可以写成整数和整数的比。后来，该学派的希伯斯发现"两条直角边都为 1 的直角三角形的斜边的长无法用整数的比来表示"，即若 $x^2=2$，则 x 的值是多少呢？既不存在一个整数，也不存在一个分数，使 $x^2=2$ 成立，这是一个无法确定的数。为描述这种无法确定的数，数学家们引入了一个新的符号，那就是 $\sqrt{\quad}$，此时 $\pm\sqrt{2}$ 就是一个无理数。对于一个非负数 a 来说，若 $x^2=a$，则 $x=\pm\sqrt{a}$。形如 $\pm\sqrt{a}\,(a\geqslant0)$ 的式子，我们称为二次根式。二次根式的本质也是数的一种表示方式，这里强调被开方数不能是负数，因为没有任何一个实数的平方是负数。一个正数的平方是正数，一个负数的平方是正数，0 的平方是 0。比如，二次根式 $\sqrt{2x+1}$ 在实数范围内有意义，则 x 的取值范围是多少？把二次根式 $(x-1)\sqrt{\dfrac{1}{1-x}}$ 的根号外面的因式移到根号内后，结果是多少？这里考查的就是"被开方数一定是非负数"这个知识点。已知幂和指数，求底数的运算就是我们学习的开方运算。开方运算是幂运算的逆运算之一，幂运算的另外一种逆运算是求幂的指数的对数运算，我们将在高中学习。平方后等于负数的数，是一个虚数，也将在高中学习。

(二)用变量思维理解代数式的值

《数学课标(2022 年版)》中明确指出，初中阶段"数与代数"领域包括数与式、方程与不等式、函数三个部分，是学生理解数学符号，以及感悟用数学符号表达事物的性质、关系和规律的关键内容，是学生初步形成抽象能力和推理能力、感悟用数学的语言表达现实世界的重要载体。对于给定的一个用符号语言表示的代数式，用具体数代替代数式中的字母，就可以求出代数式的值。比如，在代数式 $6x-3$，$6(x-3)$ 中，当 $x=1$ 时，可求出代数式的值分别为 $6x-3=6\times1-3=3$，$6(x-3)=6\times(1-3)=-12$。反之，若已知两个代数式的值为 12，也可以通

过转化为方程 $6x-3=12$，$6(x-3)=12$，求出相对应的 x 的值。从中可以看出，求代数式的值的本质就是有理数的运算。这个过程也体现了"具体的数"与"抽象的式"之间的相互转换，这种相互转换为后面整式、方程、不等式的学习打下了坚实的基础。

用字母表示数，是初中阶段学生第一次接触到变量，这是对学生进行变量思维启蒙的起始阶段。代数思维是数学的核心思想之一，未知数、变量的知识是代数思维的基础知识。数学开始由常量数学转向变量数学，这是数学思想方法的一次变革。比如，在代数式 $3x$ 中，对于任意一个 x 的值，代数式的值都是唯一的。当 $x=1$ 时，代数式的值为 3；当 $x=2$ 时，代数式的值为 6……从中可以看到，代数式的值与所给定的一个 x 的值是对应的。这其实体现了中学数学中的对应思想。其实，代数式 $3x$ 的值与 x 具有的这种特殊关系就是正比例函数。同样，代数式 $\dfrac{3}{x}$ 的值与 x 具有的这种特殊关系是反比例函数；代数式 $3x+5$ 的值与 x 具有的这种特殊关系是一次函数；代数式 x^2-3x-4 的值与 x 具有的这种特殊关系是二次函数。因此，在教学中，我们对代数式的值与字母关系的理解不能简单停留在表示"数"这个水平上，要用变量思维的观点去理解代数式中的字母，去理解代数式所表示的"数"的实际意义。

二、代数式运算的理解

"数与代数"学习的起点是数及数的运算，继而就是式与式的运算。代数式运算是基于形式的符号操作，在"数与代数"领域中有着重要的地位。代数式既表示运算过程，也表示运算结果。比如，代数式 $6x-3$ 可以读作"6 乘 x 减 3"，表示一个运算过程；也可读作"x 的 6 倍与 3 的差"，表示一个运算结果。我们在学习数的概念的基础上，研讨过数的运算问题。式运算的学习同样如此，我们将在整式概念学习的基础上，研讨整式的运算问题；在分式概念学习的基础上，研讨分式的运算问题；在二次根式概念学习的基础上，研讨二次根式的运算问题。数与式在知识结构上也存在横向对比关系，如图 2-7 所示。

数→概念→运算→规律
↓　　　↓　　　↓　　　↓
式→概念→运算→规律

图 2-7

数的运算是一切运算的基础。代数式的运算除遵循各自的一些法则外，最后的运算往往都化归到数的运算之中。我们可以从数式通性和数的运算律的角度来进一步理解整式、分式和二次根式的运算法则。根据皮亚杰的认知发展理论，初中生正处于从具体运算阶段到形式运算阶段的过渡阶段，虽具有了抽象概念和多向思维，但还是需要具体事物的支撑，不能顺利地进行纯符号的运算。在小学阶段，学生对数的认识已习惯于具体思维，若抽象思维渗透不够，在面对以抽象思维为主的代数运算时就会出现很多问题。所以，代数式的运算是"数与代数"的难点。涂荣豹等人在《新编数学教学论》中指出，七年级学生学习代数，就是顺应学习的过程。七年级学生此前只学过算术，就不能单靠同化方式在原有的算术认知结构的基础上学习代数，而要改造算术认知结构。鲍建生、周超在《数学学习的心理基础与过程》中指出，学生在学习代数式时出现学习困难主要有四个原因：一是不适应代数式的抽象性；二是不能熟练地运用符号；三是难以理解代数式的结构性；四是不能顺利地从算术思维过渡到代数思维。为解决代数式教学中存在的学习困难，吴亚萍教授在《数学教学改革指导纲要》中指出，代数式的运算教学通过对大量的事实归纳概括，使学生经历运算法则的形成过程，经历用符号抽象表达数量关系和变化规律的过程，提炼和形成各自的运算法则；从问题情境抽象出数学模型，渗透在转换过程中的代数思维，帮助学生学会运用数学的符号、概念、公式去表示现实世界中所存在的数量关系和变化规律，提高学生运用代数知识解决实际问题的能力，提升学生的抽象思维的水平与能力。

学生以前习惯于掌握个别的、具体的结论，而不习惯于掌握一般的、抽象的结论。此外，由于经验不足，他们不善于从一系列具体的规律中抽象出适合于这些具体情况的一般规律。整式的学习是对学生代数思维的循序渐进的培养。符号是代数思维得以表达和实施的重要工具，它反映现象、事物的一般性规律和结构特征。从应用的本质上看，它是一种建模活动。代数思维的核心特征是一般化思想。教师应该对代数式所承载的代数思维、代数式运算的本质有清晰的认识，帮助学生更好地理解代数式，完成从算术思维到代数思维的过渡，为后续学习打好基础。

(一)整式运算

整式运算是代数式运算的基础，单项式运算又是整式运算的基础。整式的加减是由数的运算抽象到式的运算的起始课，它为以后研究整式的混合运算、分式的运算、二次根式的运算奠定了基础。整式的加减的本质就是合并同类项。教学中，很多教师只是告诉学生合并同类项的法则，让学生背会，反复练习。可是，怎样认识同类项，为什么有的项可以合并，也就是说合并同类项的本质是什么，如果不去探究这些问题，就会使学生的学习停留在记忆的层面。合并同类项的本质就是具有相同的基本单位的数的运算。因此，可以让学生回顾 $1+1=2$，$\cdots$，$\frac{1}{2}+\frac{1}{3}=\frac{3}{6}+\frac{2}{6}$，$\cdots$，理解它们能够相加的根本原因是有相同的基本单位。同理，在整式的加减运算中也要找到相同的基本单位。怎样找基本单位呢？可以让学生通过识别 ab^2，a^2b，ba^2，$\cdots$ 认识相同的基本单位。在充分认识同类项后，就可以类比数的运算理解合并同类项的法则的合理性。比如，化简 $2x^2y^3-7x^2y^3+3x^2y^3$ 时，我们可以把 x^2y^3 看成一个基本单位，则 $2x^2y^3$，$-7x^2y^3$，$3x^2y^3$ 都具有相同的基本单位，所以，它们就可以相加，即 $2x^2y^3-7x^2y^3+3x^2y^3=(2-7+3)x^2y^3=-2x^2y^3$。如此一来，学生就可以更清楚地了解合并同类项的法则的由来，进而进一步理解数式通性。在化简 $3(2xy+y)-8xy$ 时，通过去括号可以得到 $6xy-8xy+3y=-2xy+3y$；在化简 $(5x-3xy)-2(x-xy)$ 时，通过去括号可以得到 $5x-2x-3xy+2xy=-xy+3x$，最终也是化归到实数的加减运算上。这里让学生理解数的运算法则、运算律在整式运算中也同样适用。整式的加减最终都是化归到实数的加减运算，是中学数学中的化归思想。需要特别注意的是，第 2 个例子中的 $-2xy$, $3y$ 不能再进一步合并，因为它们不具有共同的结构形式。第 3 个例子中的二次项 xy 的系数分别是 -3, 2, 合并同类项时，可以用"+"号把各组同类项合并起来，写成形如"$+(-3+2)xy$"的形式，让学生进一步理解多项式中的每一项包含它前面的符号，以减少计算中出现的错误。

与整式的加减相类似，整式的乘除运算可以分为单项式乘（或除以）单项式、单项式乘多项式、多项式乘（或除以）单项式、多项式乘多项式四种类型。整式的乘除是以幂的相关运算为基础的。幂是几个相同因式的积。对于幂的定义，我们可以借助几何图形来说明它们的实际意义。比如，一条线段的长度为 a；当一个正方形的边长是 a 时，它的周长是 $4a$，面积是 a^2；当一个正方体的边长是 a 时，那么它的表面积是 $6a^2$，体积是 a^3。由此理解，$4a$ 表示 4 个 a 相加，a^2 表示 2 个 a 相乘，a^3 表示 3 个 a 相乘。整式的乘除运算最终是要转化为同底数幂的乘法 $a^m \cdot a^n = a^{m+n}$ 和同底数幂的除法 $a^m \div a^n = a^{m-n}(a \neq 0)$ 的。（这里的同底数幂的乘除同样可以看作有相同单位 a）。比如，计算 $-2a^2b^3 \cdot (-3a)$, $-\frac{3}{5}a^2b^3 \div 3a^2b$, 这是单项式与单项式的乘除运算，可以得到结论 $[(-2)\times(-3)] \cdot (a^2 \cdot a)b^3 = 6a^3b^3$, $\left(-\frac{3}{5} \div 3\right) \cdot (a^2 \div a^2) \cdot (b^3 \div b) = -\frac{1}{5}b^2$。整式的乘除的本质是具有幂形式的数的运算，最终可以化归到有理数的乘除法运算和同底数的幂乘除运算。计算 $\left(\frac{2}{3}ab^2 - 2ab^3\right) \cdot \frac{1}{2}ab$, $(9a^2b - 6ab^3) \div 3ab$ 时，这两个题目属于多项式与单项式的乘除运算，可以根据乘法分配律化归为单项式与单项式的乘除问题，再化归到有理数的运算和同底数幂的运算。多项式与多项式间的运算也要化归到有理数的运算和同底数幂的运算。比如，计算

$(x+y)(x^2-xy+y^2)$，很容易得到结果为 x^3+y^3。

乘法公式是整式的乘法的特殊形式，是具有某种结构的两个多项式相乘的特殊情况。乘法公式的结果也是具有一定特征的特殊形式。初中阶段的乘法公式有三个：平方差公式 $(a+b)(a-b)=a^2-b^2$，完全平方公式 $(a\pm b)^2=a^2\pm 2ab+b^2$，二次三项式公式 $(x+a)(x+b)=x^2+(a+b)x+ab$。数学家黎曼说过，每个数学公式的背后，都有一个反映其本质的几何模型。在教学中，我们不仅要枚举符合公式特征的具体例子归纳公式，还要利用图形面积关系来推导这几个公式，让学生尝试自己探索构图，经历从直观的几何图形到严谨的代数结论的过程。还要让学生明白乘法公式中的 a，b 既可以是一个数，也可以是一个单项式，还可以表示一个多项式。比如，计算 $(3x+4y)(3x-4y)$ 时，这里的 $3x$ 相当于公式中的 a，$4y$ 相当于公式中的 b，得到结论 $9x^2-16y^2$。同理，计算 $(3x-4y)^2$，可以得到结论 $9x^2-24xy+16y^2$。乘法公式的本质也是一种实数的运算和同底数幂的运算。乘法公式是整式运算中最容易出现错误的知识点。杨翠丽在《初中生代数学习的认知建构研究》一文中进行了"乘法公式错误个别干预实验"和"重构乘法公式教学设计实验"，指出错误的根源主要有两个：一是乘法公式的结构性错误，条件特征和结构特征不清晰；二是代数式的程序性错误，运算符号和性质符号混淆错误。她还提出了教学建议：要把平方差公式、完全平方公式放在一节课内进行教学，要引导学生通过观察、比较，归纳出两个公式的条件特征和结构特征，在已有的知识储备的基础上明晰公式的结构特征，并能正确加以应用。她提出这样的建议，其目的就是避免我们在教学中出现一种不良的倾向，即在得出一种模型后，让学生通过大量的练习巩固，来达到熟练掌握。因为这样的掌握更多地只是停留在记忆的层面，而我们需要从公式的结构特征、本质属性上去辨别理解。

乘法公式是代数式恒等变形，因式分解是乘法的逆变形。因式分解是把一个多项式转化成几个整式乘积的形式，因式分解的本质是降次，是研究多项式中部分和整体的关系。把一个多项式分解因式的过程和把一个整数分解质因数的本质是相同的。在小学时，为了进一步了解整数的性质，我们对一个整数进行分解质因数，通过分解质因数，可以找到它的因数之间、因数与整体之间的联系。同样，为进一步了解一个多项式的性质，我们也可以对一个整式进行因式分解，找出各部分之间的联系。分解质因数的结果，要求每一个因数必须是质数，即不能再分解，那么因式分解也要求每一个因式不能再分解。比如，分解因式 $3x^2-12x+12$，必须要分解到 $3(x-2)^2$ 才是最终结果。分解因式 $(3x+5y)^2-(5x-3y)^2$，必须要分解到 $4(4x+y)(4y-x)$ 才是最终结果。分解因式 x^4-2x^2+1，必须要分解到 $(x+1)^2(x-1)^2$ 才是最终结果。多项式因式分解可以实现把一个多项式降低次数的目的，所以为后面分式的约分以及高次方程降次做好了知识储备，而且因式分解之后，就能清楚地看出这个多项式是由哪几项组成的，组成多项式的各部分之间有哪些关系，有利于进行下一步运算。比如，用因式分解法可以解一元二次方程 $x^2+2x-15=0$，观察等式左边的形式，很难直接求出 x 的值，当我们利用因式分解法转化成 $(x+5)(x-3)=0$ 时，就能很容易地写出它的两个解了。利用因式分解法解其他高次方程的解法的原理也是一样的。

(二)分式的运算

我们知道，分数本质上反映的是部分与整体间的关系，分数运算要在同一个基本单位的条件下才能够进行。比如，计算 $\frac{1}{5}+\frac{2}{5}$，这是在同一个基本单位的条件下进行计算，属于同分母分数运算，很容易得出结论。如果要计算 $\frac{1}{2}+\frac{1}{3}$，两个分数的基本单位不同，就不能这样来计算了。那么又该如何来计算呢？我们必须要把它们转化成同一个基本单位。我们可以把分母都变成 6，相当于把同一个物体分成 6 份，单位就是 $\frac{1}{6}$，$\frac{1}{2}$ 占了整体的 3 份，为 $\frac{3}{6}$，$\frac{1}{3}$ 占了整体的 2 份，为 $\frac{2}{6}$，$\frac{1}{2}+\frac{1}{3}$ 就占了整体的 5 份，所以它们的和是 $\dfrac{5}{6}$。分式的运算与分数的运算之间有着清晰的逻辑关系，我们可以类比分数的运算性质，来理解分式的运算性质。分式加减法可以分为分式±分式、分式±整式、整式±分式三种类型。分式同分母加减法与分数同分母加减法是相同的，分母不变，分子相加减，最后化成最简分数（式）。比如，计算 $\dfrac{a+b}{ab} - \dfrac{a-b}{ab} = \dfrac{(a+b)-(a-b)}{ab} = \dfrac{2b}{ab} = \dfrac{2}{a}$ 的过程，其实就是把 $\dfrac{1}{ab}$ 作为同一个基本单位。异分母分式加减法与异分母分数加减法是相同的，先通分化为同分母分式，即化成相同单位再计算。比如，计算 $\dfrac{3}{a} + \dfrac{a-15}{5a} = \dfrac{15}{5a} + \dfrac{a-15}{5a} = \dfrac{a}{5a} = \dfrac{1}{5}$ 的过程，就是先找到最简公分母 $5a$，把分式统一成一个基本单位 $\dfrac{1}{5a}$。计算 $\dfrac{2a}{a^2-4} - \dfrac{1}{a-2}$ 时，需要借助因式分解，把 a^2-4 做降次处理得到 $(a+2)(a-2)$，找到最简公分母 $(a+2)(a-2)$，再把分式统一成同一个基本单位 $\dfrac{1}{(a+2)(a-2)}$。计算 $\dfrac{a^2}{a+1} - a + 1$ 时，需要把 $-a+1$ 化成 $\dfrac{-a+1}{1} = \dfrac{(-a+1)(a+1)}{a+1}$ 的形式，也是把分式统一成同一个基本单位。分式的乘除法同整式的乘除法本质上是相同的，都是具有幂形式的数的运算，最后都转化为 $a^m \cdot a^n = a^{m+n}$，$a^m \div a^n = a^{m-n}$。比如，计算 $\dfrac{3a}{4y} \cdot \dfrac{2y^2}{3a^2}$ 时，把分子相乘的积作为积的分子，把分母相乘的积作为积的分母，化简结果是 $\dfrac{y}{2a}$。在分式约分、通分中，可以用因式分解进行降次处理。比如，计算 $\dfrac{a^2+2a}{a^2-4} \cdot \dfrac{a-2}{a+2}$ 时，可以把 a^2+2a，a^2-4 降次变形为 $a(a+2)$，$(a+2)(a-2)$，再进行计算，化简结果是 $\dfrac{a}{a+2}$。

（三）二次根式的运算

二次根式的运算是初中阶段有关实数运算的一次总结性、综合性的学习。当被开方数是具体的数字时，我们在实数的思维中已有涉及。形如 $\sqrt{x}$，$\sqrt{3x}$，$\sqrt{\dfrac{2}{x}}$，$\sqrt{3x+2}$，…，被开方数中含有字母的二次根式的运算和数的运算、整式的运算、分式的运算的道理一样，二次根式的加减运算要找到相同的基本单位才能进行。因此，首先要让学生根据二次根式的性质化简得到最简二次根式，认识同类二次根式。二次根式加减法的实质就是合并同类二次根式，合并法则与整式加减法中的合并同类项法类似。比如，计算 $2\sqrt{2x}-7\sqrt{2x}+3\sqrt{2x}$ 时，把 $\sqrt{2x}$ 看成同一个基本单位，$2\sqrt{2x}$，$-7\sqrt{2x}$，$3\sqrt{2x}$ 都具有同一个基本单位，可化简为 $(2-7+3)\sqrt{2x}=-2\sqrt{2x}$。这样考虑的话，二次根式的加减运算就是一种合并同类项运算，最终也化归到实数的加减运算上。再比如，若 $1<x<3$，化简 $\sqrt{x^2-2x+1}+\sqrt{x^2-6x+9}$ 的结果是多少？可以利用 $\sqrt{a^2}=|a|$ 来化简，最后化归到绝对值的化简上。二次根式的乘除运算的本质也是具有幂的结构形式的数的运算。比如，计算 $\left(-\dfrac{2}{3}\sqrt{a^3b}\right)\div$ $\left(2\sqrt{\dfrac{b}{a}}\right)(a>0，b>0)$ 时，可以先化成最简二次根式，再化归到有理数的除法运算和同底数的幂乘除运算上，也可以直接按照规则进行计算，即 $\left[\left(-\dfrac{2}{3}\right)\div 2\right]\cdot\sqrt{a^3b\div\dfrac{b}{a}}=-\dfrac{1}{3}\sqrt{a^4}=-\dfrac{1}{3}a^2$。这是先转化到有理数除法和分式的乘除运算上，再进行下一步化简，本质上也是实数的运算和幂的运算。相对来说，二次根式的乘除让学生接受起来可能会更难一些，因为在方法的选择上有一定的难度。比如，上面的例子，既可以先各自化简成最简二次根式，再按照分式的运算方法约分，也可以按照二次根式的除法法则进行运算。教师要让学生理解每一种方法的本质，通

过比较它们的联系与区别，了解它们在不同情形下使用的优劣。

三、指向思维发展的代数式的教学方法

代数式的教学方法可以细化为"式"概念的教学方法、"式"性质和法则的教学方法、"式"运算的教学方法。

(一)"式"概念的教学方法

心理学认为，概念是人脑对客观事物本质的反映。这种反映是以词来标示和记载的。它是前人在长期的生命实践活动中，在对大量材料辨析比较和概括提炼的基础上，通过思维加工抽象命名而形成的。概念是思维活动的结果和产物，也是思维活动的依据。数学概念是人脑对现实对象的数量关系和空间形式的本质特征的一种反映形式，即一种数学的思维形式。厘清数学概念，是掌握数学基础知识和运算技能的必要准备，也是发展学生逻辑论证和空间想象能力的重要前提。

1. 注重数学概念的形成过程

《课程标准(2022 年版)》指出强化对数学本质的理解，关注数学概念的现实背景，引导学生从数学概念、原理及法则之间的联系出发，建立起有意义的知识结构。概念教学要以学生的认知为主题，根据学生需要给他们提供有用的数学素材。20 世纪 80 年代美国教育家杜宾斯基创立了数学概念学习的 APOS 理论，提出学生学习概念是一个心理建构的过程，要经历"操作或活动阶段—过程阶段—对象阶段—图式阶段"四个阶段。该理论关注学生在学习数学概念过程中的思维活动，强调学生需要亲身经历、体验数学概念的形成过程，引领学生用数学的方法来组织和建立数学概念。叶澜教授的"新基础教育"的教学理论进一步指出概念教学过程展开逻辑可以概括表达为"材料感知—辨析比较—归纳概括—抽象命名"的概念形成过程。这些理论为教师开展概念教学提供了理论依据。

比如，北师大版八年级下册第五章"分式与分式方程"的第 1 节"认识分式"的教学设计。

第一环节，自学指导。

请你在 5 分钟内独立完成下列 7 个问题。

1. 一个正方形的边长为 a，则它的周长可以表示为_____。

2. 若 3 和 a 分别表示一个两位数中的十位数字和个位数字，则这个两位数可以表示为_____。

3. 为帮助某名生病同学，某班师生积极捐款，捐款金额为 3 200 元，其中 10 名教师人均捐款 200 元，则该班学生共捐款_____元。

4. 张老师带领 x 个学生到某动物园参观，已知成人票每张 10 元，学生票每张 5 元，则门票的总费用为_____元。

5. 2010 年上海世博会吸引了成千上万的参观者，某一时段内的统计结果显示，前 a 天日均参观人数 35 万人，后 b 天日均参观人数 45 万人，这 $(a+b)$ 天日均参观人数为_____万人。

6. 文林书店有一批图书，其中某种图书的原价是每册 a 元，现每册降价 x 元销售，当这种图书全部售出时，其销售额为 b 元。降价销售开始时，该书店这种图书的库存量是_____万册。

7. 面对日益严重的土地沙化问题，某县决定在一定期限内固沙造林 2 400 hm^2，实际每月固沙造林的面积比原计划多 30 hm^2，结果提前完成原计划的任务。如果原计划每月固沙造林 x hm^2，那么(1)原计划完成造林任务需要_____个月；(2)实际完成造林任务用了_____个月。

第二环节，合作探究。

请观察上述问题得到的 8 个代数式，回答下列问题。独立思考 5 分钟，然后小组内讨论交流。

1. 这些式子中哪些是你熟悉的？你能将它们进行分类吗？

2. 除"整式"外，剩下的式子有什么共同特征？它们与整式有何不同？

3. 你能给它们命名吗？说一下自己这样命名的理由。

4. 你能类比分数的概念及表达形式，猜测出分式的概念及表达形式吗？

119

列代数式表达实际情境中的数量及数量关系是代数式教学的重要目的。这是一节分式概念课的课堂设计。这 7 个问题是对学生分析问题和解决问题能力的考评，凸显了"数与式"的工具作用。本节课既不直接揭示分式概念的本质属性，也不直接表述分式概念，而是引领学生经历分式概念的形成过程，利用类比的方法，总结出分式概念的本质，用自己的语言来表述分式的概念。根据 APOS 理论进一步分析可知，这 8 个代数式是分式的具体实例，这个阶段就是概念形成的"操作或活动阶段"；按照某种共同特征对这 8 个代数式进行分类，引导学生将头脑中的"想法"呈现出来，从具体事例中抽象出分式的本质属性，这个阶段就是概念形成的"过程阶段"；在头脑中对符合这一结构特点的代数式进行命名，在分数的基础上类比提出分式的概念，这个阶段就是概念形成的"对象阶段"；在经历实例感知、辨析比较、归纳概括、抽象命名等过程后，学生对分式的认识将会以一种完整的心理图式贮存于大脑中，类比分数 $\dfrac{a}{b}$ 的形式(其中 a，b 都是整数，且 $b \neq 0$)得到分式 $\dfrac{A}{B}$($B \neq 0$)的形式(其中 A，B 都是整式，且 $B \neq 0$)，这个阶段就是概念形成的"图式阶段"。

分式概念教学可以这样设计，其他数学概念的教学也可以这样设计。在概念教学中，首先就要明确数学概念的本质。比如，教学单项式的概念时，首先要明确"单项式是利用数字、字母或数字与字母的乘积形式来表示一个数"的数学本质；教学同类项的概念时，在明确"两个相同(所含字母相同且相同字母的指数相同)，两个无关(与系数无关且与所含字母的顺序无关)"的基础上，也要进一步明确"作为数与式运算的一种基本单位"的数学本质；教学二次根式的概念时，首先要明确二次根式是"已知幂和指数，求底数的运算；乘方的一种逆运算"的数学本质。在概念教学中，也要注重引领学生经历数学概念的形成过程，引导学生用自己的语言描述和概括数学概念的本质特征。这样设计概念课教学，才能真正让学生听得明白，想得明白，学得明白。

2. 注重数学概念的巩固应用

概念是客观物体的本质属性在人脑中的反映,它是思维的结果。在学生经历了数学概念的形成过程,明确了数学概念所反映的客观物体的本质后,教师也需要借助有序设计的一系列变式训练,让学生进一步理解这些数学概念的本质。为让学生准确理解某一个概念的本质,教师在教学时就需要提供一些对应重点、难点、易错点的问题,引领学生来进行精心辨析。

例如,北师大版七年级上册第三章"整式及其加减"的第 3 节"整式"的教学,在完成课后习题之后,可以再设计一组问题进行概念的辨析、巩固。

1. 下列代数式中哪些是单项式,哪些是多项式?

$\dfrac{2a}{\pi}$,$\dfrac{3b}{2}$,$\dfrac{3b}{2a}$,a^2+a,$a+\dfrac{1}{a}$,$2a+\dfrac{b}{3}$,$\dfrac{2a-b}{3}$

2. 请分别写出下列单项式的系数与次数。

-5,x,π,$-3a^4b^2c$,$3^3m^2n^3$,$-\dfrac{5x^3y^5}{6}$

3. 如果一个多项式的次数是 4,那么这个多项式任何一项的次数应( )。

A. 都小于 4　　B. 都不大于 4　　C. 都大于 4　　D. 无法确定

4. 如果多项式 $(a-2)x^4-\dfrac{1}{2}x^b+x^2-5$ 是关于 x 的三次多项式,那么( )。

A. $a=0$,$b=3$ 　　　　　　　　B. $a=1$,$b=3$

C. $a=2$,$b=3$ 　　　　　　　　D. $a=2$,$b=1$

准确理解概念是解决数学问题和实际问题的基础。在理解整式概念时,要提醒学生注意分母中含有字母的式子不是整式。比如,在问题 1 中,$a+\dfrac{1}{a}$,$\dfrac{3b}{2a}$ 就不是整式,其他都是整式。在单项式中,不变的数字因数是单项式的系数,它是一个常量;所有字母因数的指数和是单项式的次数，它可以理解为所有参与运算的变量的个数。在问题 2 中，6 个单项式的系数分别为 -5，1，π，-3，27，$-\dfrac{5}{6}$；次数分别为 0，1，0，7，5，8。特别要注意，在单项式 $3^3m^2n^3$ 中，系数不是 3，而是 3^3，次数不是 $3+3+2=8$，而是 $3+2=5$。多项式的次数是次数最高次项的单项式的次数。多项式的次数是次数最高次项的单项式的次数。在多项式 $3a^2b-2a^3b^2+4ab$ 中，次数最高次项 $-2a^3b^2$ 的次数是 5，那么多项式的次数就是 5 次，而不是 $3+5+2=10$ 次。多项式的次数是次数最高次项的单项式的次数。多项式的次数也是溯源到单项式的次数上来解决的。在问题 3 中，这个多项式任何一项的次数应都不会大于 4。在问题 4 中，多项式的次数是 3 次，说明四次项一定不存在，可以很容易得到结论 $a=2$，$b=3$。数学概念的巩固过程，也是加深理解与灵活运用数学概念的过程。只有抓住数学教学的本质，注重知识的形成过程与巩固过程，概念课教学设计才能有利于帮助学生真正理解数学概念的本质，才能更好地实现数学教学的目标。

3. 注重数学文化的适时渗透

《数学课标(2022 年版)》指出：数学承载着思想和文化，是人类文明的重要组成部分。数学教学在传播知识、推介方法、渗透思想的同时，也要挖掘教材中所隐含的数学史等内容，为学生们展现一个有趣、丰富、好玩的数学世界。数学概念的学习不仅要知道概念的产生由来，还要让学生了解无数伟大的数学家在数学探索过程中所付出的艰苦努力以及他们为数学发展献身的感人故事。比如，在"用字母表示数"的教学中，我们可以讲述古代数学家对用字母表示数的探索历程，向学生讲解古代数学家丢番图的"墓志铭"，向学生讲解"代数学之父"韦达用统一的字母来表示已知量、未知量及其运算，向学生讲解"解析几何之父"笛卡儿对这种符号代数的进一步完善。在"代数式概念"的教学中，可以给学生讲解阿拉伯数字与未知数的完美结合等。在"完全平方公式"的教学时，可以适当给学生讲述杨辉三角、牛顿二项式定理等相关数学史内容。在"认识分式"的教学中，需要用到类比的数学思想，可以在引导语中加入数学文化。例如，法国数学家拉普拉斯说，即使在数学里，发现真理的主要工具也是归纳和类比。德国天文学家开普勒曾说过，我们珍视类比胜于任何别的东西，它是我最可信赖的老师等。让数学文化渗透在数学概念的学习中，让学生更加热爱数学，激发他们对数学学习精益求精、执着钻研的精神。

(二)"式"性质和法则的教学方法

深度学习强调转变学生学习方式，倡导学生的自主学习，注重学生思维训练和能力培养。在教学中，对代数式性质和法则的教学要力争做到有利于学生的深度学习。性质和法则的课堂设计不仅要做好知识学习的"记忆、理解、应用"，更要做好知识在"分析、评价、创造"等层面的深度设计。只有基于数学本质进行深度学习设计，才可能进一步引领学生理解相关概念、掌握相关技能，并会运用这些知识来解决与之相关的数学问题和实际问题。

例如，北师大版八年级下册第五章"分式与分式方程"的第 1 节"认识分式"中，在学完分式概念后，对分式有意义的条件、分式的值为 0 进行进一步探索。

首先，进行自学指导。请同学们独立思考后，尝试解答下面 4 个问题。

1. 请用自己的话来解释一下分式的意义，并举出一个前面没有举过的分式的例子。

2. 分式比分数更具有一般性。是否所有的数都能代入分式中进行求值？为什么？

3. 是否存在这样的分式，不论分母中的字母取何值，分式都有意义？若有，请你举出例子。若没有，请说明理由。

4. 请写出一个分式的分子为 0、分母不是 0 的例子。

……

其次，进行知识巩固。请同学们在 10 分钟内，完成下面 3 个问题。

1. 请分别写出下列分式有意义的条件。

(1) $\dfrac{3}{2a+1}$；　　　　(2) $\dfrac{2a}{|a|-1}$；　　　　(3) $\dfrac{a+2}{a^2-4}$；

(4) $\dfrac{3a}{a^2+1}$；　　　　(5) $\dfrac{3a-1}{(a+1)(a-2)}$；　　　　(6) $\dfrac{a-1}{a+1} \div \dfrac{a-2}{a+2}$。

2. 请分别写出下列分式的值为 0 的条件。

(1) 若分式 $\dfrac{x-1}{x+2}$ 的值为 0，则 x 的值是_____。

(2) 若分式 $\dfrac{x^2-9}{2(x+3)}$ 的值为 0，则 x 的值是_____。

(3) 若分式 $\dfrac{|x|-2}{x^2-x-2}$ 的值为 0，则 x 的值是_____。

3. (1) 对于任意实数，分式 $\dfrac{x}{(x-1)^2+m}$ 均有意义，求 m 的取值范围。

(2) 变式：对于任意实数，分式 $\dfrac{x}{x^2-2x+m}$ 均有意义，求 m 的取值范围。

我们强调课堂教学要善于提出有价值的引导问题，引发学生思考，让学生不断理解知识的本质方法，不断领悟问题的解决策略，不断感悟数学思想方法。自学指导是对"分式有意义、分式的值为 0"的进一步探索。从"利用分式求值，思索分式有无意义、值为 0 的条件"到"根据分式有无意义、值为 0 的某些条件，写出符合条件的分式形式"，这是对学生进行正向思维与逆向思维的双重训练。前 4 个问题的设计，已超越了对数学知识的"记忆、理解、应用"等层面的浅层设计，而是属于"分析、评价、创造"等层面的深度设计，在课堂上让学生去分析，去点评，去创造。在前 4 个问题的基础上，又设计了 3 个具体问题。问题 1 中，结果分别是 $a \neq -\dfrac{1}{2}$，$a \neq \pm 1$，$a \neq \pm 2$，全体实数，$a \neq -1$ 且 $a \neq 2$，$a \neq -1$ 且 $a \neq \pm 2$，让学生认识到要使分式有意义，要保证所有的分母不为 0，与分子无关。问题 2 中，x 的取值分别是 1，3，-2，让学生认识到分式的值由分子和分母共同决定，既要保证分子为 0，还要保证分母不为 0(分式有意义)。问题 3 中，x 的取值分别是 $m>0$，$m>1$，让学生在理解分母不为 0 的同时，理解完全平方的意义。这样处理，更有助于学生把握分式本身的逻辑内在联系，更有助于引领学生思维发展和素养提升。

再如，北师大版八年级下册第五章"分式与分式方程"的第 1 节"认识分式"中，分式的基本性质的知识的巩固。

1. 使等式 $\dfrac{7}{x+2}=\dfrac{7x}{x^2+2x}$ 自左到右变形成立的条件是 ＿＿＿＿＿＿＿＿

＿＿＿＿＿＿＿。

2. 下列等式中成立的是( )。

A. $\dfrac{a}{b}=\dfrac{ac}{bc}$ B. $\dfrac{a}{b}=\dfrac{a+m}{b+m}$ C. $\dfrac{a}{b}=\dfrac{a^2}{b^2}$ D. $\dfrac{ac}{bc}=\dfrac{a}{b}$

3.(1)填空：若 $\dfrac{a-b}{ab^2}=\dfrac{b}{a^2b^3}$，则 $b=$ ＿＿＿＿＿＿＿。

(2)填空：$\dfrac{(\underline{\quad})}{x^2-1}=\dfrac{x+1}{x-1}$。

4. 下列运算正确的是( )。

A. $\dfrac{y}{-x-y}=-\dfrac{y}{x-y}$ B. $\dfrac{-x+y}{x-y}=-1$

C. $-\dfrac{x+1}{x-y}=\dfrac{x-1}{x-y}$ D. $\dfrac{a+b}{a-b}=\dfrac{a-b}{a+b}$

5. 把分式 $\dfrac{xy}{x+y}(x+y\neq0)$ 中的 x，y 都扩大 3 倍，那么分式的值( )。

A. 扩大为原来的 3 倍   B. 缩小为原来的 $\dfrac{1}{3}$

C. 扩大为原来的 9 倍   D. 不变

6. 不改变分式的值，把下列分式的分子、分母中各项的系数化为

125

整数。

$(1)\dfrac{\dfrac{1}{2}a-\dfrac{1}{3}b}{a+\dfrac{1}{4}b};$ $(2)\dfrac{0.25a-\dfrac{1}{5}b}{0.1a+0.3b}\text{。}$

7. 不改变分式的值，把分式 $\dfrac{1-2x-x^2}{2-3x}$ 的分子、分母中 x 的最高次项的系数化成正数。

课堂教学设计中，在明确数学知识本质的基础上，要以引领学生的思维发展为主线设计好引导问题。在上述案例中，7 个问题都属于"分式的基本性质"的多角度的变通应用。问题 1、2、3 是分式性质的基本应用；问题 4 考查的是分式的变号法则；问题 5 考查的是分式中特征量都扩大（或缩小）相同倍数，分式值的变化；问题 6、7 考查的是分式的分子、分母中各项系数的变化情况。这 7 个问题的顺利解答，有助于学生准确理解分式的基本性质，有助于学生在头脑中构建一个知识图式。在教学中，要对"分式的基本性质"做进一步分析。分式的基本性质是进行分式加减乘除运算的重要基础，$\dfrac{A}{B}=\dfrac{A\times M}{B\times M}(M\neq 0)$ 是分式通分、分式加减法运算的重要依据；$\dfrac{A}{B}=\dfrac{A\div M}{B\div M}(M\neq 0)$ 是分式约分、分式乘除法运算的重要依据。

（三）"式"运算的教学方法

代数式的运算基本上都是字母与符号之间的抽象运算。我们已经在学习数的概念的基础上，研讨了数的运算问题。在教材中，代数式的学习是沿着整式、分式，再到根式来进行扩展的。代数式的运算也是按照这样的顺序来展开的。我们已分析过，整式的加减乘除运算、分式的加减乘除运算、二次根式的加减乘除运算虽各有自己独特的运算规则，归根结底都可以溯源为实数的运算，这是"式"运算的本质。

1. 注重从整体上把握一类运算的整体框架

代数式的运算教学首先要让学生从整体上把握该部分运算的整体框架。比如，学习"整式的加减"时，起始课就要让学生明白，由于整式可以分为单项式和多项式，所以整式的加减运算可以分为四种类型：单项式±单项式，单项式±多项式，多项式±单项式，多项式±多项式。学习"整式的乘除"时，起始课就要让学生明白，整式的乘除运算可以分为四种类型：单项式×（÷）单项式，单项式×（÷）多项式，多项式×（÷）单项式，多项式×（÷）多项式。

例如，"分式的加减法"的教学设计。

教师可以先引导学生回顾小学学过的分数运算，让学生从运算类型上自觉类比，对分式运算有整体系统的认识。然后再按照从简单到复杂的顺序分类研究，在每一类法则的研究上同样类比分数运算法则，让学生从本质上理解分式运算原则。

师：同学们，我们在小学已学习过分数。分数的加减运算有哪些类型呢？你能分别举出一个具体的例子吗？

生1：有两种类型。一类是同分母分数相加减，如 $\frac{3}{5}+\frac{1}{5}$，$\frac{3}{5}-\frac{1}{5}$。还有一类是异分母分数相加减，如 $\frac{1}{3}+\frac{2}{5}$，$\frac{2}{3}-\frac{1}{5}$。

师：很好。其实还有一种类型：整数与分数相加减。当然，它可以看作异分母分数相加减，如 $2+\frac{2}{3}$，$2-\frac{2}{3}$。

师：根据你的经验，你认为分式的加减运算又可以分成哪些类型？请分别举出一个具体的例子，写在自己的练习本上。

生1：跟分数类似，分式的加减运算可以分为同分母分式相加减、异分母分式相加减。我写的是 $2+\frac{2}{3}$，$\frac{3}{x}-\frac{1}{x}$，$\frac{3}{x}+\frac{1}{2x}$，$\frac{3}{x}-\frac{1}{2x}$。

师：很好。这位同学写的几个式子中，分母是含一个字母的单项式。还有没有不同的例子。

生 2：我写的是 $\frac{1}{xy}+\frac{1}{xy}$，$\frac{2}{xy}+\frac{1}{2xy}$。

生 3：我写的是 $\frac{1}{a+b}+\frac{2}{a+b}$，$\frac{1}{ab}+\frac{1}{2bc}$，$\frac{1}{a+b}+\frac{1}{a-b}$。

师：还有没有补充的？

生 4：分数与整数可以进行加减，那么整式与分式也应该可以进行加减。我写的是 $a-2+\frac{1}{a+2}$。

师：通过类比分数的加减运算，同学们互相补充，得到了分式的加减运算的三种类型。同分母分式相加减、异分母分式相加减、整式与分式相加减。今天我们就来学习同分母分式相加减。

……

有的教师可能认为这是画蛇添足，浪费课堂时间。一上课就应该直接出示同分母分式相加减的例子，让学生对比同分母分数相加减，总结法则，然后强化练习，让学生在练习中了解分式相加减的类型。然而，先知道类型再一类一类研究，与先一类一类研究再总结类型，有完全不同的意义。让学生先从整体上对一类运算整体架构有系统的了解，有助于学生对知识之间联系的理解，也有助于学生对知识的整体把握。

2. 注重让学生经历运算法则的形成过程

数学教学过程是教师思维呈现的过程，是学生思维提升的过程，也是展现数学知识的发生、发展过程。同概念教学一样，代数式的运算教学也要注重让学生经历代数式运算法则的形成过程。学生只有亲历了运算法则的形成过程，才能真正理解数学运算的本质，才能进一步感悟思想方法，提高发现问题、分析问题、解决问题的能力。

例如，学习二次根式的运算法则 $\sqrt{a}\cdot\sqrt{b}=\sqrt{ab}$（$a\geqslant0$，$b\geqslant0$）时，可以先由 $\sqrt{4}\times\sqrt{9}=2\times3=6$，$\sqrt{4\times9}=\sqrt{36}=6$ 让学生猜想 $\sqrt{a}\cdot\sqrt{b}=\sqrt{ab}$（$a\geqslant0$，$b\geqslant0$）。由一个特例就得出一般的法则，显然不合适，那么如何来说明二次根式的运算法则呢？首先，让学生自己想办法，并分享

自己的方法。其中，有学生提出可以找更多的数代入进行验证，然后归纳总结。具体找什么数，让学生动脑思考，并让学生明白这些数的代表性要广而全，理解归纳法的内涵。

其次，在交流环节，不仅让学生展示自己举的例子，还要让学生说出为什么要选这些数，为什么用这些数验证就可以归纳法则。这样的追问，不仅有利于学生懂得通过特殊归纳一般时，要具有包含性，更有助于学生通过追溯有理数运算法则进而归纳出适合所有数的运算法则。

这个例子中的运算法则的思考过程，对于学生的思维训练具有很高的提升价值。数学概念具有双重性质，既可以表现为一种活动过程，又可以表现为一种对象结构。对代数式概念的清晰认识，对于学习代数式的运算具有重要的意义。在代数式部分，说明一个等式成立时，也可以利用概念来进行解答。在本例中，证明 $\sqrt{a} \cdot \sqrt{b} = \sqrt{ab}$ 时，我们可以利用概念来进行推导。当 $a \geqslant 0$，$b \geqslant 0$ 时，$(\sqrt{ab})^2 = ab$，根据算术平方根的定义，可以判断 $\sqrt{ab}$ 是 ab 的算术平方根。又因为 $(\sqrt{a} \cdot \sqrt{b})^2 = ab$，根据算术平方根的定义，可以判断 $\sqrt{a} \cdot \sqrt{b}$ 也是 ab 的算术平方根。它们都是 ab 的算术平方根，ab 的算术平方根只能有一个，于是得到 $\sqrt{a} \cdot \sqrt{b} = \sqrt{ab}$。在这里，还可以启发同学们思考 $\dfrac{\sqrt{a}}{\sqrt{b}} = \sqrt{\dfrac{a}{b}}$ 是否也可以这样来说明，这也是一种抽象、推理思想的渗透。代数式教学的目的之一是在明确概念、性质与关系的基础上，引领学生不断感悟其中蕴含的抽象、推理、模型等数学思想。

3. 注重代数式运算法则的准确应用

代数式的基本运算是初中数学知识体系中最重要的内容之一。准确掌握代数式的运算法则及变形技能是学习代数式的重要目的，也是提高数学运算能力的重要基础。在代数式部分，由于七年级学生抽象思维能力不足，"数感和符号感"有待进一步加强，所以很多知识内容要完全准确掌握是有一定难度的。因此，在代数式的教学中，要把学生推到前面，要给学生充分的自主探究的时间和空间，引领学生透彻理解数学知识的本质，帮助学生明白每个知识点的内涵，然后再进一步向学生提出规范运算、变形练习的具体要求。

例如，"数值转换机"等程序性问题的解答。

这类问题考查的是先列出代数式，再进行代数式求值的问题。

1. 根据如图 2-8 所示的程序计算，若输入 x 的值为 1，则输出的结果为_____。

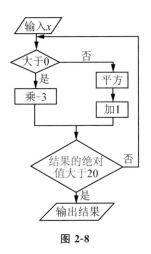

图 2-8

2. 一组"数值转换机"按如图 2-9 所示的程序计算，如果输入的数是 36，则输出的结果为 106，要使输出的结果为 127，则输入的最小正整数是_____。

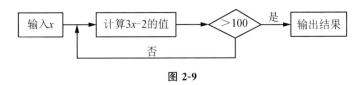

图 2-9

此类问题的关键是弄清楚题干中所给出的计算程序。问题 1 可以转化为两个代数式 $x^2+1(x<0)$，$-3x(x>0)$；问题 2 可以转化为代数式 $3x-2$。只要抓住了这类问题的本质，根据图示的程序进行计算就很

130

容易解决了。此类问题不仅有利于学生进行一般的列式与计算能力的训练，也有利于学生进行程序化数学、逻辑思维能力的训练。

又如，"整式的加减"的应用。

1. 化简：$2(a^2-2a-1)-4(3-4a+2a^2)$。

2. 已知多项式 $2y+5x^2-9xy^2+3x+3nxy^2-my+7$，合并后，不含有 y 的项，求 $2m+n$ 的值。

3. 化简：$2(x-2y)^2-4(x-2y)+(x-2y)^2-3(x-2y)$，其中 $x=-1$，$y=\dfrac{1}{2}$。

4. 有一道题：当 $a=2\,009$，$b=-2\,010$ 时，求多项式 $7a^3-6a^3b+3a^2b+3a^3+6a^3b-3a^2b-10a^3+2\,010$ 的值。小明说："本题中 $a=2\,009$，$b=-2\,010$ 是多余的条件"；小强马上反对说："这不可能，多项式中含有 a 和 b，不给出 a，b 的值，怎么能求出多项式的值呢?"你同意哪名同学的观点? 请说明理由。

整式的加减的本质就是合并同类项。合并同类项法则是这样的，"合并同类项时，把同类项的系数相加，字母与字母的指数不变。"在整式的加减运算部分，主要有两个错误点：一是去括号忘记变号；二是合并同类项时系数错误。比如，对于问题 1，我们给出如下解答，就可以规避这两个错误点。

解：原式 $=(2a^2-4a-2)-(12-16a+8a^2)$
$=2a^2-4a-2-12+16a-8a^2$
$=2a^2-8a^2-4a+16a-2-12$
$=[2+(-8)]a^2+[(-4)+16]a-2-12$
$=-6a^2+12a-14$。

在教学中，第一步单独进行倍数运算，把括号前的倍数乘到括号里面去，第四步按照法则"把同类项的系数相加"，再把各组同类项之间用加号连接起来，就可以避免出现上述提到的两个错误点了。在这里，我们把 a^2，a 分别看成一个基本单位，再把含有这样基本单位的量合并在一起。问题 2 考查的是合并同类项后，不存在的项的系数为 0 的情况。问题 3 考查的是整体运算，可以对学生进行整体思维训练，也可以进行换元思想渗透。问题 4 考查的是多项式的化简结果是一个常数，与两个变量 a，b 的值无关。我们引领学生认识了整式的加减运算的本质就是合并同类项，最终化归为数的加减运算的本质后，就可以使学生明白要做什么，为什么要这样做，有利于提高学生运算能力，并进一步提升数学运算的准确性。

再如，"乘法公式"的教学设计。

探究下面的问题。

1. 如图 2-10 所示，利用图形的面积，可以容易地说明乘法公式中的_____公式。

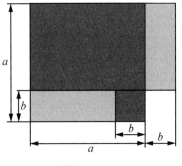

图 2-10

2. 如图 2-11 所示，是一个长为 $4a$、宽为 b 的长方形，沿图中虚线用剪刀平均分成 4 块小长方形，然后用 4 块小长方形拼成一个"回形"正方形（图 2-12）。

(1)图 2-12 中阴影部分的面积为_____；

(2)观察图 2-12，请你写出 $(a+b)^2$，$(a-b)^2$，ab 之间的等量关系_____；

(3)根据(2)中的结论，若 $x+y=7$，$xy=\dfrac{45}{4}$，则 $x-y=$_____；

(4)实际上通过计算图形的面积可以探求相应的等式。根据图 2-13，写出一个因式分解的等式_____ 。

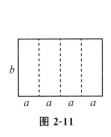

图 2-11

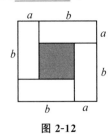

图 2-12

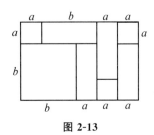

图 2-13

乘法公式是整式的乘除运算中非常重要的知识点，主要有：平方差公式$(a+b)(a-b)=a^2-b^2$、完全平方公式$(a\pm b)^2=a^2\pm 2ab+b^2$。乘法公式是代数式运算部分的重点、难点、易错点。很多学生因不能理解乘法公式的结构特征，出现了诸如$(a+b)^2=a^2+b^2$，$(2x+3y)(-2x+3y)=4x^2-9y^2$ 等错误。在乘法公式教学时，我们要引导学生做到以下几点：第一，要明白它们表达的实际意义不同。a^2+b^2 表示两个数 a，b 的平方和；$(a+b)^2$ 表示两个数 a，b 的和的平方。第二，可以利用一些数据来验证平方差公式、完全平方公式是成立的，也可以通过一些数据来说明诸如$(a+b)^2=a^2+b^2$ 等的错误结论是不成立的。比如，当 $a=1$，$b=2$ 时，$(a+b)^2=(1+2)^2=9$，$a^2+b^2=1^2+2^2=5$，很明显 $(a+b)^2=a^2+b^2$ 是不成立的。教学时，教师要提醒学生取值验证时，要充分考虑到多种情况。第三，可以借助几何图形的面积来说明平方差公式、完全平方公式是成立的。这个验证过程，就是让学生经历从几何直观到严谨的代数结论的推导过程。问题1就是平方差公式的几何证明方法，巧妙地运用几何直观表现了代数形式的数量关系。问题2进一步探索了平方差公式与完全平方公式之间的转换关系，将图形与代数式相结合，对学生进行数形结合的思考能力的训练。

比如，"二次根式"的教学设计。

1. 要使代数式 $\sqrt{3-x}+\dfrac{1}{\sqrt{2x-1}}$ 有意义，则 x 应满足 _____。

2. 已知 $ab<0$，则 $\sqrt{a^2 b}$ 化简后为（　　）。

A. $a\sqrt{b}$ 　　　　 B. $-a\sqrt{b}$ 　　　　 C. $a\sqrt{-b}$ 　　　　 D. $-a\sqrt{-b}$

3. 当 $1<x<4$ 时，$|x-4|+\sqrt{x^2-2x+1}=$ _____。

4. 化简：$(1)\dfrac{1}{3}\sqrt{27a^3}-a^2\sqrt{\dfrac{3}{a}}-\dfrac{a}{4}\sqrt{108a}$；

$(2)4\sqrt{8a^2}\div 2\sqrt{\dfrac{a}{2}}\times\left(-\dfrac{2}{3}\sqrt{\dfrac{2}{a}}\right)$。

二次根式的运算本质上是数的运算。问题1考查的是使二次根式有意义的条件，转化为不等式求解即可；问题 2 考查的是被开方数是单项式时二次根式的化简问题，转化为一个负数的绝对值变形问题即可；问题 3 考查的是被开方数是多项式时二次根式的化简问题，转化为多项式的相反数就可解决；问题 4 考查的是二次根式的加减运算、乘除运算，需要先化成最简二次根式，再化归数的运算上解决。需要说明的是，对于二次根式的乘除运算，也可以直接利用二次根式的运算法则来进行计算。这样做，问题解决的成功率更高，如：

$$4\sqrt{8a^2} \div 2\sqrt{\frac{a}{2}} \times \left(-\frac{2}{3}\sqrt{\frac{2}{a}}\right)$$

$$= \left[4 \div 2 \times \left(-\frac{2}{3}\right)\right] \times \sqrt{8a^2 \div \frac{a}{2} \times \frac{2}{a}}$$

$$= -\frac{4}{3}\sqrt{32}$$

$$= -\frac{16}{3}\sqrt{2}。$$

从前面几个例子中可以看出，二次根式的运算往往需要用到绝对值、因式分解，需要联系到整式运算、分式运算，是对学生进行数学综合训练的很好的知识载体。在二次根式的学习中，教师要有意识地引导学生学会思考，引领学生对解题过程进行追根溯源，找到解决问题所依托的基本概念、性质、定理等。因此，二次根式是初中阶段有关实数运算的一次总结性、综合性的学习。

4. 情境设置立足学生的思维发展

在利用教材提供的情境或自己设置教学情境时，教师不仅要关注现实生活中的实际背景，更要体现知识承载的方法，体现研究问题的路径，体现教学逻辑和思维的生长。

例如，人教版八年级下册第十六章第一节"二次根式"，教材上是通过设置三个思考题目的情境引入的。

用带有根号的式子填空，看看写出的结果有什么特点。

（1）面积为 3 的正方形的边长为 _____，面积为 s 的正方形的边长为 _____。

（2）一个长方形的围栏，长是宽的 2 倍，面积为 $130~\mathrm{m}^2$，则它的宽为 _____ m。

（3）一个物体从高处自由落下，落到地面所用的时间 t（单位：s）与开始落下时离地面的高度 h（单位：m）满足关系 $h = 5t^2$。如果用含有 h 的式子表示 t，那么 t 为 _____。

这三个问题的设计站位于学生已有的知识水平，立足于学生的思维发展，着眼于知识的后续升华。

教材中在引入无理数概念时让学生接触的第一个无理数是 $\sqrt{2}$。教材中是通过求面积为 2 的正方形的边长，引入了 $\sqrt{2}$。而二次根式的起始章节思考中的第一个问题，正是在学生已经具备这一经验的基础之上，提出了面积为 3 的正方形的边长为多少的问题，给学生以似曾相识的感觉，让学生不会因学习新知而感到畏惧。紧接着后面又提出了一个问题：面积为 s 的正方形的边长是多少？这一问题是对前一问题的升华，不仅复习了算术平方根的概念，还复习了用字母表示数等知识，从数的算术平方根到用含有字母的式子表示算术平方根的抽象，体现了从特殊到一般的思想。

第二个问题提出了与长方形有关的问题，解决这一问题需要列方程，体现了方程模型思想等。

第三个问题提出了物理学中的自由落体运动，这里所体现的是数学的应用价值。数学的作用体现在方方面面。我们在具体的教学过程中可适当再举一些其他方面的例子，让学生细细体会数学作为基础学科的强大的应用功能。在设计这一问题的教学时，我们还可以将字母 h 换作不同的数值，让学生发现结果会随着代入数值的不同而发生变化，这又是在唤醒和激发学生的思维，在他们的头脑中无意识地植入"变化"的概念，这其实就是函数的雏形。

将这三个问题的结果罗列出来，为学生抽象概括、形成概念提供了思维的土壤，采用从具体到抽象的方式归纳出二次根式的概念。

对于教材中这样的问题情境，我们不能把目标定位在解决每一个问题上，而是要在解决问题的过程中，理解这样设置的目的，如何体现概念的生成过程，如何体现研究问题的策略等。教师在教学过程中，要能根据学生现有的认知水平，适时点拨引导，让学生学会深层次思考问题，让所设计的教学情境成为学生理性思维的生长点。

代数式的本质是用来表示事物和过程中的数量和数量关系的。教师对教学内容有什么样的理解就会有什么样的课堂设计。在代数式教学中，教师要注重引导学生理解代数式的相关概念、掌握相关技能，并会运用这些知识解决与之相关的数学问题和实际问题。在此基础上，要注重挖掘数学知识所承载的思维，培养和发展学生的数感和符号感，进一步培养学生的数学思维与方法，进一步优化数学教学的逻辑，为学习方程、不等式和函数奠定良好的学习基础。

第三节　由用字母表示数到方程

方程是数学学习中重要的知识点之一，它的起始是用字母表示数，它的本质是描述现实世界中的等量关系。方程是学生用代数思维分析现实生活中的数量关系的重要载体，是数学后续学习的重要基础。方程思想是一种重要的数学思想，其本质是从分析问题的数量关系入手，用方程将等价关系表达出来，然后通过解方程使问题达到解决的思维方式。其核心成分是建模思想和化归思想，蕴含着分析归纳、演绎推理、抽象概括的良好的数学思维品质。学习方程是学生从算术学习转向代数学习的重要转折点，这在思维方式上是一个飞跃。

在编排体系上，方程的知识安排也随着学生不同阶段的心理特点和思维能力逐步扩展。小学生初步接触简易方程及简单的一元一次方程：了解了什么是方程的解，什么是解方程，初步掌握解方程的依据和方法，能求出简单的方程的解。初中则系统学习方程的有关知识，如一元一次方程、二元一次方程(组)、三元一次方程组、分式方程、一元二次方程,当然一元一次不等式、一元一次不等式组等也属于方程的范畴。通过学习,学生不仅能够明白"方程就是含有未知数的等式",还能够根据等式的基本性质去解方程,学会消元、降次解方程的基本思路与技巧,同时能够分析实际问题中的数量关系,构建方程模型去解决实际问题。在这一学段,学生还通过学习函数,明确了方程与函数的关系,建立起代数知识之间的横向联系。

在整个方程教学中,教师应注意引导学生仔细分析题意,借助适当的直观工具,如画图、列表等,找出问题中的关键词,并由此确定等量关系,进而建立方程模型;要培养学生良好的解题习惯,包括借助直观方法分析题意,检验所得方程及其根的实际意义,找出符合实际的答案。

学生学习方程的意义在于:一是学习从生活中错综复杂的事情中,将最本质的东西抽象出来,这个过程非常难,也很有训练的价值。也就是说,学习方程就要能够用代数思维表达现实生活中的等量关系。二是学习在运算中遵循最佳的途径,将复杂的问题简单化,这种优化思想对于人的思维习惯的影响是深远的。三是建模思想的构建,为学生学会用数学的思维思考现实世界的问题奠定了坚实的基础。

我们知道,一元一次方程的重点就是让学生掌握建模思想,学会化归方法。其中,前者是列一元一次方程的重点,后者是解一元一次方程的重点。

在解决问题过程中,方程相对于小学的四则运算进步了许多。小学的四则运算仅仅提供了一种算法,而方程则比较全面地展示了建模思想——用等号将等价的两件事情联立起来。至于这种关系是用语言表述的,还是用数学符号表述的,都不太重要。重要的是,等号左右两边的两件事情在数学上是等价的,这就是数学建模的本质属性。

对二元一次方程来说,也有类似的解释。不同的是,在用等号联立两件相互等价的事情时,涉及两个未知量。对二元一次方程组来说,有两个等价关系，每个等价关系涉及两件相互等价的事情，而这两个等价关系依靠相同的未知数关联在一起。从表面上看，这里似乎出现了两件事情，事实上却是同一件事情，即在同一个描述过程中，对同一组事物从不同角度、不同方面进行刻画。这也正是我们前面提到的，在解二元一次方程组时，只要把未知数看成已知数，将其中的一个未知数用另一个替代，转化为一元一次方程就可以了。所以，解二元一次方程组的关键在于：通过替代等手段，将二元一次方程组转化为一元一次方程。

方程建模就是对现实问题的抽象过程。其抽象在于：围绕着既定的目标（解决给定的问题）进行有效的抽象，而不是进行漫无边际的抽象。例如，小民的爸爸现有 10 万元钱，可以买公债，可以买储蓄，也可以买股票。请你帮他设计一下，如何投资，才能保值、增值？在抽象时，要紧紧围绕"保值、增值投资方案的设计"这个目标，开展建模过程，列出方程。方程的学习有两点特别重要：一是抽象、概括；二是做事情的运筹和逻辑的条理。就像做一件事情，要始终有一个比较清晰的思路、计划，解方程也要思考通过什么方法实现 $x=a$。

一、方程概念与解法承载的思维逻辑

笛卡儿说："一切问题都可以转化为数学问题，一切数学问题都可以转化为代数问题，而一切代数问题又都可以转化为方程。因此，一旦解决了方程问题，一切问题都将迎刃而解！"可见方程学习的重要性，方程思想对解决问题所起的关键作用。方程这部分内容承载着方程建模思想、化归思想、类比思想、分类思想等多种重要的数学思想，它们是数学学习的灵魂。数学学习的基本方法也蕴含其中，对其他数学知识的学习起着至关重要的作用。但是在方程教学中仅仅让学生知道它的相关概念、会解方程、能解应用题这些基本知识和技能是远远不够的，教师有必要调整对方程的教学策略和教学方法，为学生长远的学习奠定基础。方程的教学，能使学生充分体会和应用其中蕴含的数学思想方法，为以后的数学学习积累探究的经验和方法，这也正是我们在方程教学过程中所追求的目标。

　　因为方程内容的学习有其内在的逻辑连贯性，所以方程教学的总体思路为：概念—解法—应用。概念总是在实际背景中列出方程，总结归纳共同特征得出的。所有的方程最终都要化为 $x=a$ 的形式，最后又利用方程模型解决实际问题。这是教学中所遵循的原则方法。

　　方程的概念教学，要遵循从上位到下位的认识原则。学生在小学已对方程的概念有了初步的认识和了解，知道了"含有未知数的等式叫作方程"。进入中学以后，学生不仅要学会根据未知数的位置、个数和次数来认识方程的各种类型，还要体会知识发展的逻辑关系。例如，学生学习了有理数，再学用字母表示数，就得出了更具有一般性的结果，即式子。然后再研究用两个式子表示两个量之间的关系，即相等或不等。最后分别延伸下去，相等关系中的特殊情形为方程，不等关系中的特殊情形为不等式。因此在方程教学时可以先提供给学生大量的事实材料，其中有等式，也有方程；有整式方程，也有分式方程；有一次方程，也有二次方程、三次方程，甚至高次方程；有一个未知数的方程，也有两个、三个未知数的方程，甚至是多个未知数的方程。引导学生对这些材料进行逐级分类，通过辨析比较，提炼抽象出方程概念的本质特征，并根据未知数的位置、个数和次数对各种类型的方程进行命名。这样使学生学会透过表面现象发现事物的本质，提升学生的辨析比较和归纳概括的能力，也使得学生体会学习数学同一领域里相关知识的研究路径，激发学生探究的欲望。

　　例如，人教版七年级上册"一元一次方程"一节可以这样设计。

　　(一)实例引入，体验方程思想的必要性

　　1. 列式表示。

　　(1)王华家到学校的距离是 x m，她步行的速度是 80 m/min，她步行到学校所用的时间为_____ min。

　　(2)王华家到学校的距离是 x m，她骑车和步行的速度分别为 240 m/min，80 m/min，她骑车到学校比步行到学校少用_____ min。

　　(3)王华家到学校的距离是 x m，她骑车和步行的速度分别为

240 m/min，80 m/min，她骑车到学校比步行到学校少用10 min。列等式为_____。

学生通过列式，既复习了整式中用列式来表示数量关系，又引出了要学习的方程，用等号把等价关系表达出来，起到承上启下的作用。

2. 问题情境。

一辆客车和一辆卡车同时从 A 地出发沿同一公路同方向行驶，客车的行驶速度是 70 km/h，卡车的行驶速度是 60 km/h，客车比卡车早 1 h 经过 B 地。A，B 两地间的路程是多少？

学生通过回忆小学解应用题的常用方法步骤——算术法和方程法，并经过独立思考和小组交流，尝试解决这个问题。学生会出现以下情况：①只有极少数学生通过算术方法解决。虽然学生在小学已经习惯算术思维，但是用算术方法解决此题难度较大，即使有学生能做出来，对其算理也不甚清楚。②有一部分学生用列方程的方法解决。这得益于在小学阶段对方程思想的领悟。③还有一部分学生对这两种方法都没弄清楚。这也使学生体会到学习方程的必要性。通过这一层次的思维训练：一是让学生体会把实际问题抽象成数学中的方程模型；二是让学生感受到方程是比算术更有力的工具；三是渗透列方程解应用题的关键——找相等关系。

(二)材料感知，逐级分类分析

1. 根据题意列方程。

(1)边长为 x cm 的正方形的面积为 16 cm^2。

(2)边长为 x cm 的正方形的周长为 20 cm。

(3)买每支 0.3 元的铅笔和每支 3 元的钢笔共 20 支，共需 9 元，问铅笔、钢笔各买了多少支？

(4)甲、乙二人做某种零件，甲每小时比乙多做 6 个，甲做 90 个与乙做 60 个所用的时间相等，求乙每小时做多少个零件？

教师板书学生所列方程：(1)$x^2=16$；(2)$4x=20$；(3)方法 1：设铅笔买了 x 支，则钢笔买了$(20-x)$支，列方程为 $0.3x+3(20-x)=$

9；方法 2：设铅笔买了 x 支，钢笔买了 y 支，则列方程为 $x+y=20$，$0.3x+3y=9$；(4)设乙每小时做零件 x 个，则甲每小时做 $(x+6)$ 个，列方程为 $\dfrac{90}{x+6}=\dfrac{60}{x}$。

总结分析过程：实际问题—设未知数表达相应的未知量—找相等关系。

这样设计，一是进一步巩固学生的方程思想，让学生了解用未知的量参与运算，比算术解法更方便、更容易理解；二是向学生逐步渗透建模思想；三是让学生能自然而然地想到找相等关系是列方程的关键，并初步体会找相等关系的方法。

2. 让学生观察这些方程的特征，并用语言表述。

(1)$x^2=16$；　　(2)$4x=20$；　　　(3)$0.3x+3(20-x)=9$；

(4)$x+y=9$；　(5)$0.3x+3y=9$；　(6)$\dfrac{90}{x+6}=\dfrac{60}{x}$。

通过让学生观察未知数的位置、个数和次数，教师引导学生根据特征对这些方程进行分类，注意分类要有一定的标准，做到不重不漏。

学生能从整体上了解方程的实质和要研究的类型，激发学习动力。

(三)类比学习，总结归纳形成新概念

1. 根据特征对方程进行分类后，要进行一元一次方程的命名，学生类比它可以给其他类型的方程命名。

定义：像(2)(3)这样的方程，都只含有 1 个未知数(元)，并且未知数的次数都是 1(次)，等号两边都是整式的方程叫作一元一次方程。

学生举出一元一次方程的例子，由大家进行辨析。

类比命名：(1)是一元二次方程；(4)(5)是二元一次方程；(6)是分式方程。还有其他类型的方程吗？

这样的分类命名不仅让学生对方程有了整体的认识，而且让学生对整式方程的元和次有了本质的理解。

紧接着确定研究对象：先来研究一元一次方程，并说明以后将类比它的研究方法和路径进行其他类型方程的研究。

方程相关概念的教学：方程的解，解方程。通过简单的一元一次方程，如 $x+1=3$，学生理解方程的解就是使方程左右两边相等的未知数的值；求方程的解的过程就叫解方程。

（四）辨析应用，掌握概念的本质属性

1. 判断下列式子是不是一元一次方程。

(1)$2x+9=50$；　　(2)$x+y=9$；　　(3)$3x^2-4+x=0$；

(4)$6y+4=y+8$；　(5)$2\pi+x=9$；　(6)$\dfrac{5}{x+3}=1$；

(7)$x+2$；　　　　(8)$3x+x+1=5$。

2. 若 $x^{m-2}-5=0$ 是一元一次方程，则 $m=$ _____。

3. 方程 $x-7=6$ 的解为 _____，你是怎么得到的？方程的解有什么特征？

通过辨析，学生对概念的本质属性理解掌握得更透彻；通过问题3，学生理解了方程解的特征，等号左边是未知数且系数为1，右边是常数，即 $x=a$ 的形式，为解方程奠定良好的基础。

（五）梳理总结，提升方法，提高能力

谈谈本节课你在知识上、能力上、活动经验方法上有什么收获？

学生发表看法后，教师引导学生进行本节课的总结梳理，从以下两个方面进行。

(1)实际问题→抽象成数学问题→分析题目中的数量关系，设未知数，找相等关系→建立方程模型→解方程→得到实际问题的答案。

(2)对方程进行分类比较→一元一次方程的定义及相关概念→一元一次方程的解法→一元一次方程的应用。

通过梳理总结，学生初步了解了方程的基本类型、方程学习的基本路径，体会了分类思想，了解了用方程解决实际问题的一般过程，即建模。

（六）方程史话，助力培养探索精神

物理学家和数学家牛顿就喜欢用方程解决问题，他说："要想解一个有关数目的问题，或者有关量的抽象关系的问题，只要把问题中的日常用语译成代数用语就成了。"教师布置学生阅读古今中外有关方程研究和发展的历史，并提供阅读资料，倡议学生自主阅读相关数学书籍。这能使学生了解人类为认识方程这个重要的数学工具经历了长期不懈的探索，激发学生的自豪感和探索精神。

解方程中的转化思维是方程学习中最核心的思想。解方程、解方程组的目标就是根据方程与方程组的结构特征，通过学生已有的知识经验，探究出方程与方程组中的未知数的取值。无论多么复杂的方程，最终要化为 $x = a$ 的形式，在一元一次方程中借助的是代数式的四则运算和移项。解一元一次方程，只需要将含有未知数的项放到方程的一边，将不含未知数的项放到方程的另一边，就可以解出未知数的值，这是解方程的核心工作。而解的具体过程就要用到四则运算。为此，在进行解一元一次方程的课程设计、教学实施时，必须突出化归这一重点。至于合并同类项、通分等内容，虽然是代数式的重点内容，但不是这里的重点。否则，学生就会陷入烦琐运算的误区。

其他的方程和方程组以二元一次方程组为基础，它们的解法也承载了学生对于解方程的本质思维的形成的重任，并为研究三元一次方程组、一元二次方程、分式方程等提供了思考方向。现行教材中，解二元一次方程组分为代入消元法和加减消元法两个课时，容易导致学生对解法的简单记忆，模仿练习，从而缺乏系统的认识过程。因此，可以考虑对教材进行加工重组，第一课时引导学生经历整体系统的认识，体悟二元一次解法的核心思想，即消元思想。第二课时再让学生辨别解法，巩固强化，这样的巩固可以让学生融入思考，而不是一节课就记住一种方法，不动脑子地模仿。

本节课可以这样设计。

环节一：整体感知，提出问题

通过对不同方程（组）的识别，从整体上感知研究的方程类型，类比一元一次方程的研究内容，提出二元一次方程组的研究内容。

环节二：尝试解方程组 $\begin{cases} x+y=9, & ① \\ 2x+y=12。 & ② \end{cases}$

通过对比二元一次方程组和一元一次方程的结构特点，引出二元一次方程组的解法——转化成一元一次方程来解决；如何转化——消元，学生通过探究，在教师指导下，自然得出两种消元方法。

这里的关键是，为什么可以用一个未知数代替另一个未知数？为什么两个方程可以相加减？这就要让学生回到现实问题中，要让学生充分认识到方程组中的两个未知数虽然出现在不同的方程中，但是它们表示的却是同一个数值（量），不随着方程组中方程的变化而变化，这就是"不变元"的思想。这也是消元的前提，理解这种属性，生长出用代入消元法、加减消元法解二元一次方程组的具体方法。我们要整体把握解方程思想的价值，让学生寻求解方程（组）的路径和方法，才能使学生受益终身，才能提高学生的数学素养。

这种整体规划的设计，根据学生的实际情况对教材进行整合，让学生通过感悟、交流、提炼、总结，探索出解决二元一次方程组的方法——代入消元法和加减消元法，有利于学生对单元知识的整体认识，很好地渗透了类比和转化的思想。

环节三：观察下列二元一次方程组，选择哪一种方法解方程更简单？

(1) $\begin{cases} 3x+4y=2, & ① \\ 2x-y=5; & ② \end{cases}$ (2) $\begin{cases} 3x+4y=2, & ① \\ -3x-y=1; & ② \end{cases}$

(3) $\begin{cases} 2x-y=5, & ① \\ -3x-y=1。 & ② \end{cases}$

这样的设计旨在通过对比两种方法，让学生体会根据未知数的系数特征合理地选择方法，这也是对两种方法的特征的辨析。当然，必须要让学生清楚的是对于每一个方程组两种方法都可以使用，它们的目标一致、基本思想一致，只是手段不同，在运算量上会有所不同。

环节四：总结归纳。

这个环节帮助学生总结知识、提炼方法、提升思想、感知转化思想在解各类型方程中的应用、理解领悟通法，让学生对消元思想有更深刻的理解(图 2-14)。

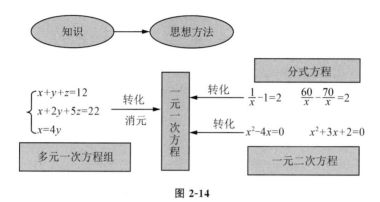

图 2-14

教师只有了解了方程的概念和解法承载的思维逻辑，才能在教学中抓住问题的本质，精准施策，突出重点，突破难点，很好地让学生理解各类方程的概念，掌握方程的最优化解法。

二、方程蕴含的数学思想方法

数学思想方法是处理数学问题的指导思想和基本策略，是数学的灵魂。在教育教学中，教师重视并坚持引导学生理解和掌握以数学知识为载体的数学思想方法，能使学生思维敏捷、表达清楚，做事有条理；能使学生实事求是，锲而不舍；能使学生得到数学文化方面的修养，不断发展和完善人的品质。

方程是初中数学学习中非常重要的内容，它不仅包含了几种基本方程类型的定义、解法和应用，以及它与函数、不等式等知识，还包含了它本身所承载的数学思想方法，如化归思想、类比思想、分类思想、模型思想等。方程的学习还给学生提供了更广阔的探索空间，可以研究它与不等式、函数之间的密切联系。

(一)化归思想的蕴含

无论是哪种类型的方程求解最终都要化成 $x=a$ 的形式，即等号左边只含有未知数，且未知数的系数、次数都为 1，等号右边为常数，这就是解方程的最终目标。解方程就是通过不断的变形，把原方程转化为与它等价的最简单方程 $x=a$。因此，化归思想是解方程过程中的主导思想。解方程的本质是字母可以参与四则运算，基本方法是移项，而移项的基本依据是等式的基本性质。将二元一次方程组和三元一次方程组通过消元转化为一元一次方程，一元二次方程通过降次转化为一元一次方程。分式方程通过去分母转化为整式方程，即多元方程消元、高次方程降次，最终都将转化为一元一次方程。一元一次方程通过去分母、去括号、移项等转化为 $x=a$ 的形式，这是解方程的基本思路。掌握化归思想，举一反三，还可以解决很多其他方程的问题。例如，对于一元一次方程的解法学习，教材中是在解决实际问题的过程中逐步呈现由简到繁、由易到难的一元一次方程。先是不含括号和分母，只需进行移项、合并同类项、系数化为 1 三步完成的方程；然后是有括号的方程，学生能想到要把新的问题转化成已经解决的方程，只需要通过去括号就行；接着是含有分母的一元一次方程，类比上一节的解决方法，只需要去分母就能转化成已经解决的方程。在此学生体会到数学问题解决的方法就是要用到化归思想，化繁为简，化新知为旧知。另外，在研究思路上还体现了特殊转化为一般、一般转化为特殊的思想。例如，通过用配方法解数字系数的一元二次方程，类比归纳出用配方法解一般形式的一元二次方程 $ax^2+bx+c=0$ 的方法，进而得出一元二次方程的求根公式；而用公式法又可以解决各种具体形式的一元二次方程，推导出一元二次方程的根与系数的关系。在此经验的基础上，学生们会有解决其他类型方程，如含有绝对值的、含有根式的、含有字母系数的等类型的方程的方法，那就是转化成已经能解决的方程即可。

（二）类比思想的蕴含

在学习概念、解法、应用的过程中，多次运用类比，找出新旧知识的联系，在新旧知识间进行对比，以利于更好、更快地掌握新知识，但是类比并不是简单地模仿套用，而是要弄清楚类比什么，类比的是思想方法、研究路径，还是概念意义等，从而抓住思维的本质。例如，用配方法解一元二次方程时，可类比平方根的概念和意义；列一元二次方程解应用题，可类比列一元一次方程解应用题的思路和一般步骤；解三元一次方程组，可类比解二元一次方程组的基本思想；不等式的概念教学，可类比方程的概念教学展开。类比思想是联系新旧知识的纽带，有利于学生拓宽思路，研究解题的途径和方法，有利于学生掌握新知识、巩固旧知识。

掌握了类比和化归这两大数学思想，举一反三，还可以解决许多方程的相关问题。例如，配方，就是把一个多项式经过适当变形配成完全平方式来解一元二次方程的解，在因式分解、化简二次根式、证明恒等式、求代数式最值以及在解决二次函数的最值等问题中都有广泛应用，是一种很重要且基本的数学思想。

（三）分类思想的蕴含

分类思想在数学学习和解决问题中处处存在，如有理数要分类，代数式要分类，有理数的运算也要分类。对于方程学习同样面临着分类，可是为什么要分类，分类的标准是什么，我们却很少考虑，往往只是按照教材编排的顺序，先在等式中辨别出方程的特征，然后从一元一次方程学起，接着研究它的解法和应用，再学习二元一次方程组。为了让学生对方程的分类有更清楚的认识，我们应该在小学初步认识方程的基础上，提供大量的事实材料。先让学生找到方程，从认识的过程给方程下定义，然后引导学生对这些方程进行一级分类（根据结构特征，类比整式和分式的概念），二级分类（根据整式方程的结构特征，分析所含未知数的个数），三级分类（再根据含一个未知数的方程的结构特征，分析所含未知数的次数），通过辨别比较，提炼抽象出方程概念的本质特征，并根据未知数的位置、个数和次数对各种类型的方程进行命名。这样，学生对方程的分类标准才会非常清晰。尽管我们现在只研究一元一次方程，但可以让学生辨别不同的方程，体会方程是按类型来学习的，即包含以二元一次方程、三元一次方程为例的多元一次方程，以一元二次方程为例的一元高次方程和多元高次方程。这为后续学习把其他方程转化成一元一次方程奠定了很好的基础。初中方程的学习，会给学生们带来更广阔的探索空间和更浓厚的探索兴趣。以二元一次方程为例，多元一次方程的解法都要通过消元思想转化为一元一次方程；以一元二次方程为例，一元高次方程都要通过降次的方法转化为一元一次方程。那么多元高次方程怎么求解呢？这会给学生带来更多的思考。二元一次方程组的解法思想也是解决其他类型方程组的基础。例如，三元一次方程组可以类比二元一次方程组消元，一元二次方程可以类比二元一次方程的解法到转化为一元一次方程进行求解，方程解的个数也可以类比一元一次方程方程和二元一次方程(组)解的情况，猜想高次方程解的个数与未知数的次数有关。

(四)建模思想的蕴含

现实生活中，许多实际问题中的数量关系中的相等关系都可以通过建立方程模型来解决。方程模型是初中数学中最重要的数学模型之一。通过建立方程模型解决实际问题，可以使学生更深入地体会数学与现实世界的联系，发展应用意识。因此方程的学习都是从实际问题中引出方程的有关知识，并最终回到建立方程模型解决实际问题中去。让学生完整地经历问题情境，建立模型，求解验证的数学活动过程，这样不仅可以使学生认识到学习方程是解决实际问题的需要，而且还可以使学生在学会方程解法的过程中，体验运用数学知识解决实际问题的基本过程，积累数学活动经验，从而培养模型思想，逐步形成应用意识，为后续学习不等式和函数奠定基础。

三、立足思维发展的方程的教学方法

方程是学生从算术思维转向代数思维的一次巨大转变。教材中对方程的定义是"含有未知数的等式"，这只是对方程"形"的描述，不能说明方程的本质含义。张殿宙先生在《小学数学教材中的大道理——核心概念的理解与呈现》一书中提出，方程概念的核心是求未知数，方程作为一种数学模型是为了去解，方程是为了寻求未知数，在未知数和已知数之间建立起来的等式关系。这一说法更精准地提炼了方程的核心价值。因此，方程意义的建构需要建立在对相等关系的理解上，这种相等关系不仅包含已知量和未知量之间的相等关系，也包含未知量与未知量之间的相等关系。方程意义的理解着眼点在相等关系与等量关系上。因此教学中应在引导学生能够根据题意找到等量关系上着力，培养和发展学生的代数思维。

例如，如图 2-15 所示，某管理员要在一个长 16 m、宽 12 m 的花园里建两条小路，要使两条小路的宽度相等，并且种花部分的面积是花园总面积的一半，求小路的宽。

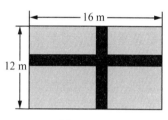

图 2-15

设小路的宽为 x m，学生分别从种花的面积、小路的面积、两条小路的面积和三个角度列出了方程。

$$(16-x)(12-x)=\frac{1}{2}\times16\times12,$$

$$16x+12x-x^2=\frac{1}{2}\times16\times12,$$

$$16x+(12-x)x=\frac{1}{2}\times16\times12。$$

针对方程的不同列法进行比较、辨析、纠错，让学生体会方法的多样性，同时让学生进一步研究列方程的方法，既可以从小路的面积这一角度列方程，也可以从种花的面积这一角度列方程，让学生体会小路的面积和种花的面积只不过是问题的两个侧面。它们之间是密切联系的，是可以相互转化的。

由此，让学生学会从多角度理解实际问题中的等量关系的确定方法，培养学生的方程思想。

方程的解法和应用应该是相融合的，不能把解法和应用硬生生地割裂开来，只不过在探究方程解法上需要有所侧重。人教版教材的设计就是在每节课的教学过程中，力求使学生经历从现实情境中发现数学问题，根据问题抽象出数量关系，建立方程模型，然后求解方程并检验方程的解是否符合现实问题要求的全过程。在教学内容上，则考虑问题的数量关系由简单到复杂的递进设计。随着对解法的探究由易到难、由简到繁，学生不仅了解了方程，而且内化和提升了对方程学习意义的认识，更重要的是体会到了数学知识学习的逻辑性，对化归思想理解得更透彻，还掌握了方程学习的方法结构，会主动进行方法迁移，提升了学习能力。同时，学生运用方程解决实际问题的能力，会伴随着问题的数量关系由简单到复杂的递进过程而得到提升。

对于初中阶段的解方程和方程组的教学，最基本且最为核心的知识是解一元一次方程。以后学习的一元二次方程、二元一次方程(组)、三元一次方程(组)都是运用转化的策略通过降次和消元等具体方法最终化归为一元一次方程求解。分式方程和无理方程也是运用转化的策略，化归为整式方程和有理方程，最终化为一元一次方程来解决。虽然方程的教学呈现在不同的年级，但是教师要能够在教学过程中不断让学生体会和感悟到"多元消元化归为一元，高次降次化归为一次"的结构思想和结构链，这样学生就会主动形成类比学习的意识，实现知识结构的迁移。数学学习实质上就是类比和转化的过程。

教学方程的解法时，应有如下教学策略。

第一，根据方程解的定义去探究方程的解法，体会化归思想。

第二，从特殊到一般、由简到繁、由易到难的顺序，体会数学学习的方法。

第三，理解每一步的算理，体会数学思维的逻辑性。

例如，人教版七年级下册"二元一次方程组"一节可以这样进行教学设计。

(一)结构迁移、提出问题

观察下列方程，你认识哪些方程(组)呢？

(1)$2x=50$，$3x+1=4$。定义→解法→应用

(2)$x=9-y$，$2x+y=12$。

(3) $\begin{cases} -2x+3y=6, \\ 2x+y=12; \end{cases}$ $\begin{cases} x+y=9, \\ 2x+y=12。 \end{cases}$

(4) $\begin{cases} x+y+z=12, \\ x+2y+5z=22, \\ x=4y。 \end{cases}$

(5) $\dfrac{1}{x}-1=2$，$\dfrac{60}{x}-\dfrac{70}{x}=2$。

(6) $x^2-4=0$，$x^2+3x+2=0$。

通过对方程(组)的识别，从整体上感知方程类型。类比一元一次方程的研究内容，提出二元一次方程组的研究内容。

(二)探究解法，体会消元思想

1. 问题情境。

篮球联赛中，每场比赛都要分出胜负，每队胜1场得2分，负1场得1分。某队在10场比赛中得到16分，那么这个队的胜负场数分别是多少？

(1)方法。

方法一：设胜 x 场，负 y 场，则

$\begin{cases} x+y=10, \\ 2x+y=16。 \end{cases}$

方法二：设胜 x 场，则 $2x+(10-x)=16$。

(2)思考。

上面的二元一次方程组和一元一次方程有什么关系？

观察总结：一元一次方程中的 $10-x$ 就是二元一次方程组中的 y，即负的场数；将二元一次方程组的第一个方程改写为 $y=10-x$，第二个方程中的 y 换成 $10-x$，则这个方程就化为一元一次方程了。

(3)消元思想。

将未知数的个数由多化少、逐一解决的思想方法，叫作消元思想。

2. 方法的探究。

(1)让学生通过分析得到用一个未知数代替另一个未知数进行消元

151

的方法后，再探索消元的其他途径。学生发现可以把第二个方程化为 $x+x+y=16$，再把第一个方程 $x+y=10$ 整体代入，同样可以达到消元的目的；还可以利用等式的性质，用第二个方程减去第一个方程，也可以达到消元的目的。

（2）用不同的方法解下列方程组。

$$\begin{cases} x+y=9, \\ 2x-y=12。 \end{cases}$$

学生通过探究，体会消元思想在解二元一次方程组中的作用，初步掌握用代入消元法和加减消元法解简单的二元一次方程组。

（三）综合判断、选择方法

观察下列二元一次方程组，选择哪一种方法解方程更简单？

$$(1)\begin{cases} 3x+4y=2, \\ 2x-y=5; \end{cases} \quad (2)\begin{cases} 3x+y=2, \\ -3x-y=1; \end{cases} \quad (3)\begin{cases} 2x-y=5, \\ -3x-y=1。 \end{cases}$$

学生在自己探究交流分享后，可以和其他同学一起探究方法的选择，即当未知数的系数中有 1 或 -1 时，用代入消元法更简单。当同一未知数的系数相等或者相反时，用加减消元法更简单。

这样设计教学，通过探索，让学生理解代入消元法和加减消元法的本质，深化理解消元思想。对比两种方法，让学生体会根据未知数的系数特征合理选择方法。

方程的应用应贯穿于整个方程的学习中。在教学方程的应用时只让学生记住"审、设、列、解、验、答"这六个步骤显然是不够的，在教学过程中需要深入思考以下问题。

①审题要怎样审，这是难点；

②如何分析找出相等关系，这是重点；

③如何建立方程模型解决实际问题，这是目标。

根据问题的数量关系由简单到复杂的递进过程，逐步让学生学会如何审题，如何分析数量关系，如何建立方程模型。在以上方法积累的基础上，再探究解决比较复杂的实际问题，学生会不再惧怕，抽丝剥茧，厘清数量关系,用方程模型解决实际问题,再次体会方程思想的优越性。

如何让学生学会审题?可以借助以下三个问题,帮助学生找到审题的方向。①这是一个关于什么的问题,说出基本量及其之间的关系;②此问题中有哪几种情况,列表厘清数量关系,并用代数式表示各个量;③哪些量间有相等关系,用文字表述相等关系式。

例如,某施工队计划用 24 个劳动力在规定时间内完成一定的挖土任务。施工 5 天后,因调走 6 人,于是每人每天必须多挖 $1\ \mathrm{m}^3$ 土才能按时完成任务。问 5 天后平均每人每天挖土多少?

首先,审题。

(1)这是关于工程的问题,基本量有工作效率、工作时间、工作人数、工作量。它们的关系式:工作效率×工作时间=工作量;工作效率×工作人数×工作时间=工作量。

(2)此问题分两种情况:计划和实际。此问题中数量比较多,借助表格分析其数量关系。设 5 天后每人每天挖土 $x\ \mathrm{m}^3$,规定时间为 t 天,则具体如表 2-2 所示。

表 2-2

项目		每人的工作效率	工作人数	工作时间/天	工作量/m³
计划		$x-1$	24	t	$24(x-1)t$
实际	5 天内	$x-1$	24	5	$24 \times 5(x-1)$
	5 天后	x	$24-6$	$t-5$	$x(24-6)(t-5)$

借助表格,就把问题中所涉及的情况和数量直观清晰地表示出来了。

(3)将每人的工作效率设为未知量,工作人数和工作时间(设参数 t)是确定的量,那么就要从工作总量上找相等关系了。由于计划和实际完成的工作量是一样的,所以等量关系式为:计划的工作量=实际前 5 天的工作量+实际 5 天后的工作量。

其次，数学模型思想的应用。

数学模型思想贯穿于中小学数学学习过程之中，无论是数学概念、公式、法则、定理的学习，还是小学数学所学的解算术应用题，中学数学所学的列方程解应用题、建立函数表达式等，都蕴含着数学模型的思想方法。培养学生熟练掌握和运用这种方法的能力，就是培养学生用数学分析问题、解决问题能力的关键。在方程的教学中，应着重培养学生数学建模的能力。建立方程模型解决实际问题的一般步骤为：实际问题→抽象成数学问题→建立方程模型→求得方程的解→检验是否是实际问题的解→从而得出实际问题的解。

如果还以上述实际问题为例分析，审题的过程就是把实际问题抽象成数学问题，从而简化问题。通过设未知数，找出等量关系，就可以确定建立的是一元一次方程的模型，列出方程。求出所列方程的解，就是得出了数学模型的解。再检验所得的解是否符合实际问题，就可以得出实际问题的解了，也就是通过建立一元一次方程的模型解决了实际问题。本题中，通过相等关系式，把表格中分析的相等关系中的各个量表示的代数式，代入相等关系中，就建立了方程。其具体解题过程如下。

解：设 5 天后每人每天挖土 x m³，规定时间为 t 天，则原计划每人每天挖土 $(x-1)$ m³，提高工效后，工作了 $(t-5)$ 天。列方程为：

$24(x-1) \cdot t = 24(x-1) \cdot 5 + (24-6)x(t-5)$，

即 $24(x-1)(t-5) = (24-6)x(t-5)$。

因为 $t \neq 5$，

所以 $4(x-1) = 3x$，

所以 $x = 4$。

答：5 天后每人每天挖土 4 m³。

特别说明：为了便于分析和列方程，引入字母 t（时间），在解题过程中 t 可以消去，t 的取值与方程的解无关，这就是参数法。

另外，方程思想是初中数学知识体系中最基本的数学思想之一，它在代数、几何的学习中都有着广泛的应用。所以在教学时，可以拓宽方程思想的应用。

用方程解决几何问题。例如,在相似三角形中利用比例求线段长,在直角三角形中根据勾股定理列方程求出线段的长,在多边形中根据内角和定理列方程求出角的度数等,都可以使学生体会方程思想应用的广泛性和实用性。

用方程解决规律问题。关于数列规律的数学问题,我们可以利用方程解决。例如,有一列数,按一定规律排列成 1,-3,9,-27,81,-243,…,其中某三个相邻数的和是 $-1\,701$,这三个数各是多少?分析:从符号和绝对值两方面进行观察,可以发现这列数的排列规律,后面的数是它前面的数与 -3 的乘积(或者说后一个数与前一个数的商都为 -3)。所求的三个数是相互联系的,设出其中一个,就可以用含 x 的式子表示其他两个,从而建立方程解决。

方程与函数、不等式的关系。从某种意义上说,函数统领了方程和不等式。在教学时要让学生把它们之间的关系,以及相互转化厘清楚。

第三章

"图形与几何"的
思维与方法

图形与几何是人们认识现实世界中物体的形状、大小和空间位置关系，以及解决现实世界中的具体问题的重要工具。《数学课标（2022年版）》对不同学段的"图形与几何"课程内容进行了明确的界定，在第四学段（7～9年级）里，"图形与几何"的学习内容主要有：经历探索图形特征的过程，建立基本的几何概念；通过尺规作图等直观操作的方法，理解平面图形的性质与关系；掌握基本的几何证明方法；知道平移、旋转和轴对称的基本特征，理解相关概念；认识平面直角坐标系，能够通过平面直角坐标系描述图形的位置与运动；形成推理能力，发展空间观念和几何直观。因此，图形与几何的学习过程，有助于学生在空间观念的基础上进一步建立几何直观，提升抽象能力和推理能力。

几何教学是培养学生空间观念、想象能力和逻辑证明的重要载体，其中思维训练是数学教学的最重要的目的。几何思维是指借助几何语言，依赖几何对象之间的逻辑关系来进行思考的一种思维方式。几何思维主要有几何直观、空间观念和借助几何工具解决问题等。学生在小学阶段学习"图形与几何"主要关注直观图形，会辨认图形，关注图形的周长、面积，关注测量。小学学习"图形与几何"很少出现定义，大部分是描述性的内容。初中学习"图形与几何"建立在小学学习的基础上，仍然是小学学习过的图形，但是更加注重图形的抽象、图形的定义及更复杂图形之间的关系，注重推理与证明。初中所学内容是基于小学所学内容，并且呈螺旋上升。

"图形与几何"是人们认识现实世界中物体的形状、大小和空间位置关系，以及解决现实世界中具体问题的重要工具。在初中阶段，"图形与几何"研究图形的认识与性质（静态的几何图形）、图形的测量与计算（代数形式的几何图形）、图形的位置与变换（动态的几何图形）。这三部分内容是相互联系的。学生对该部分的学习需要经历从静态关系研究到动态关系研究的过程。

图形的认识与性质是静态的几何图形的形式，包含了最基本的几何图形的初步直观认识、要素认识、类型认识、特征认识和性质研究，是

159

初中几何最重要的学习内容。基本图形包含点、线、面、角等，三角形、四边形、圆等。

图形的测量与计算是代数形式的几何图形，主要包括一维长度的认识、测量工具和度量单位，以及平面图形周长的计算，二维面积的认识、测量工具和度量单位，以及平面图形面积的计算，三维体积的认识、测量工具和度量单位，以及物体表面积和体积的计算，还有数与形结合问题的计算等。几何代数化有助于引导学生突破几何的局限性，使思维更广阔。

图形的位置与变换是动态的几何图形，包括不变图形自身的位置、方向、坐标的研究，还包括变化图形的平移、旋转和轴对称。几何变换既是一种思想，也是一种方法。研究复杂的图形往往需要通过图形变换，把复杂的图形转变为简单的图形。

图形与坐标则是数与形结合起来，用代数的眼光看图形、研究图形，同时为学习解析几何做好准备。

每一部分的研究都经历从一个图形的内部要素关系研究到两个图形之间关系研究的过程。

第一节　对一个几何图形的性质的研究

"图形与几何"是人们认识现实世界中物体的形状、大小和空间位置关系，以及解决现实世界中具体问题的重要工具。初中阶段学习平面几何的主要任务是发展学生的空间观念、几何直观、推理能力和模型思想。该部分的知识逻辑是由简单图形到复杂图形，即由基本的点、线、面、角等到三角形、四边形、圆等。

章建跃指出，一个几何图形的本质特征是指组成元素及其基本关系。每一部分的研究都经历从一个图形的内部要素关系研究到两个图形之间关系研究的过程。每个基本图形知识的学习都需要经历这样的过程：直观事实—图形抽象—本质抽象。比如，三角形的学习，首先由实际生活中的三角形物体，抽象出数学中的三角形图形，再进行概念的定义，找出其组成元素，并且学习图形的本质。这个学习过程也可以这样概括：首先对图形的元素进行定义或是找出本身所具有的性质，然后找到它的相关元素（中线、高线、角平分线），明确其定义并研究它的性质，最后再借助反向思维探索判定这个图形的方法。

几何图形的概念都是围绕最基本的线段和角来进行的，对于特殊图形的定义往往是通过边的特殊化或是角的特殊化来进行的。所以在学习"图形与几何"的过程中可以经常让学生进行思考。对于某个图形来说，某些边和角特殊化后带来的变化有哪些，找到思维的切入点，让学生明白图形知识的生长过程，有助于引领学生在头脑中形成系统化的结构。比如，等腰三角形是把三角形的边特殊化来的，两个边相等的三角形就是等腰三角形。直角三角形是把三角形的角特殊化来的，让三角形的一个角是特殊角，等于 $90°$。再比如，菱形是把平行四边形的边特殊化而来的，是邻边相等的平行四边形。矩形是把平行四边形的角特殊化而来的，是一个内角是 $90°$ 的平行四边形。学生通过思考特殊变化形成的新图形来思考新图形所具有的特殊性质，很清楚地看出知识的生长过程。

学生对不同图形的认识可以用类比的方法进行学习。对三角形探索学习的方法可以迁移到四边形、圆的学习当中去。这样学生学习"图形与几何"的知识就可以避免知识的碎片化。整个学习过程也就是一个动态的生成过程。

一、几何图形的概念与性质

（一）三角形的性质的研究

三角形是初中阶段"图形与几何"研究的第一个封闭的平面图形，也是一种边数最少的多边形，是学习其他几何图形的基础。三角形的性质研究的是构成它的基本元素——边和角的性质，以及它的相关元素中线、高线、角平分线的性质。三角形的研究路径和研究方法，对于后续研究平面图形的一般方法，有着重要的借鉴价值。

1. 三角形的概念及分类

三角形的研究是从研究它的边开始的，这是研究三角形的逻辑起点。在北师大版义务教育教科书中，这样给三角形下定义：由不在同一直线上的三条线段首尾顺次相接所组成的封闭图形，这是从边的几何特征来界定三角形的定义的。边的代数特征研究的是边的数量关系，即构成三角形的边的大小关系。教学时，我们可以抛出这样的问题："是不是任意的三条线段都可以首尾相接围成三角形呢？"引领学生进行思考。我们可以让一条边（线段）确定，其他两条边（线段）的长度随意变化，发现能够首尾相接围成三角形的三条线段的长度是有条件限制的。也就是说，任意两条线段的长的和必须大于第三条线段。在三角形中，根据基本事实"两点之间线段最短"，可以得到一个结论："三角形的两边之和大于第三边，两边之差小于第三边"，这就是"三角形的三边关系"知识的由来。

特殊图形的定义可以通过边的特殊化或角的特殊化来实现。既然三角形的三边都有长度，根据三边的数量关系，就会出现"三条边都不相等的三角形""只有两条边相等的三角形""三条边都相等的三角形"这些不同的类型，于是就有了"不等边三角形""等腰三角形""等边三角形"。这里要注意，等边三角形又是特殊的等腰三角形。特殊图形也可以通过角的特殊化来实现。循着三角形的边的主线，进而可以研究由两条边相交所构成的角——三角形的内角和外角。根据角的大小分析，会出现"三个角都是锐角的三角形""有两个锐角、一个直角的三角形""有两个锐角、一个钝角的三角形"等不同情况，于是就有了锐角三角形、直角三角形和钝角三角形。

2. 三角形中的三条重要线段

在三角形的要素中，除了边、角等基本元素外，还存在三角形的中线、高线、角平分线等重要的相关元素。可以看出，三角形的中线、高线、角平分线也都是从线段的角度来描述的。这三个相关元素与三角形的边、角等基本元素存在哪些关联呢？张鹤老师是这样分析它们的知识逻辑的。

　　如图 3-1 所示，已知点 A 在线段 BC 外，点 A 与线段 BC 的两个端点 B，C 的连线与线段 BC 构成△ABC。设点 D 为线段 BC 上的动点，当点 D 从点 B 运动到点 C 时，在这个运动过程中，线段 AD 是△ABC 内的动线段。

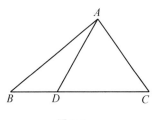

图 3-1

　　在这些线段中，从位置关系来看有没有比较特殊的线段 AD 呢？从线段 AD 与线段 BC 的位置关系来看，当线段 AD 垂直于线段 BC 时，此时的线段 AD 叫作△ABC 的边 BC 上的高（图 3-2）。当点 D 为线段 BC 的中点时，此时的线段 AD 叫作△ABC 的边 BC 上的中线（图 3-3）。随着线段 AD 从边 AB 开始运动，∠BAD 逐渐增大，而∠DAC 逐渐减小。在这个变化过程中，一定会在某一时刻，使得∠BAD＝∠DAC，也就是线段 AD 平分∠BAC，此时所得到的线段 AD 叫作△ABC 的内角∠BAC 的角平分线（图 3-4）。

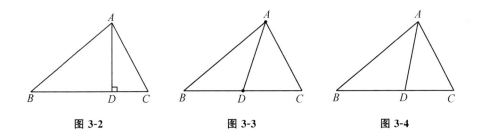

图 3-2　　　　　　　　图 3-3　　　　　　　　图 3-4

　　经历上述的探究过程，三角形的中线、高线、角平分线等之间就有了逻辑上的关联。不同类型三角形的高线与三角形的位置关系是一个易错点。教学时，我们可以让学生思考问题：△ABC 的高线与△ABC 的位置关系是怎样的？通过辨析，学生意识到要解决这些问题，就必须从锐角三角形、直角三角形、钝角三角形等不同类型的三角形上来进行分类研究。这样的分类讨论方法需要依据几何的观点来进行逻辑思考，也需要从几何元素与几何图形的位置关系的角度来进行思维建构。

3. 三角形的内角和定理

三角形的内角和定理是三角形部分最重要的定理之一。三角形的内角和定理又该如何来证明呢？一种思路按照小学所学习过的拼图法，利用平角为 $180°$ 的知识，把三个角拼在一起构成一个平角，再结合拼图中角的位置，根据平行线的性质与判定定理，抽象出辅助线的做法，即构造平行线证明三角形的内角和定理。另一种思路是借助"两直线平行，同旁内角互补"，通过平行线的旋转构造三角形，进而通过研究平行线在旋转过程中角的变化得到三角形的内角和定理。数学命题主要包括定义、公理、定理、公式、定律、性质和法则等。借助研究数学公式和定理的来龙去脉，引导学生从中学会推理的基本形式。命题证明、公式推导都可以展现学生的思维过程。每当学生展现一次思维过程，教师都要借助一系列的问题追问，将学生带入更深层次的思考。

如图 3-5 所示，已知 $\triangle ABC$，求证：$\angle A+\angle B+\angle C=180°$。

【探究问题设计】

问题 1：我们知道 $180°$ 的角是一个平角。三个角的和是 $180°$，你想到了什么？

问题 2：能不能把不在同一个顶点处的三个角转化到一个顶点处？请试一试。

问题 3：请结合图形说明平行的性质定理和判定定理的运用方法。

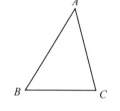

图 3-5

问题 4：你认为哪一种证明方法更为简洁、高效？

【问题分析】

证法 1：如图 3-6 所示，作 BC 的延长线 CD，过点 C 作 $CE/\!/BA$，则 $\angle 1=\angle A$，$\angle 2=\angle B$，可证 $\angle A+\angle ACB+\angle B=\angle 1+\angle ACB+\angle 2=180°$。

证法 2：如图 3-7 所示，过点 C 作 $DE/\!/AB$，则 $\angle 1=\angle B$，$\angle 2=\angle A$，可证 $\angle A+\angle ACB+\angle B=180°$。

证法 3：如图 3-8 所示，在 BC 上任取一点 D，作 $DE/\!/BA$ 交 AC

于点 E，$DF \parallel CA$ 交 AB 于点 F，则 $\angle 2 = \angle B$，$\angle 3 = \angle C$，$\angle 1 = \angle 4$，$\angle 4 = \angle A$，从而 $\angle 1 = \angle A$，可证 $\angle A + \angle B + \angle C = \angle 1 + \angle 2 + \angle 3 = 180°$。

证法 4：如图 3-9 所示，作点 C 作 $CD \parallel BA$，则 $\angle 1 = \angle A$，$\angle B + \angle ACB + \angle 1 = 180°$，可证 $\angle B + \angle ACB + \angle A = 180°$。

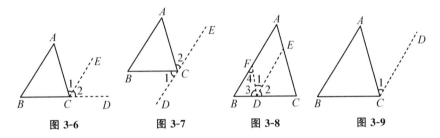

图 3-6   图 3-7   图 3-8   图 3-9

证明三角形的内角和定理有多种方法。设计 4 个探究性问题，让学生自主探究并利用多种方法进行证明，引导学生从中学会逻辑推理能力。每当学生能够提供一种证明方法或者说出一种证明方法的理论依据时，则对学生的探究活动进行及时鼓励，引发学生进行更深层次的思考，进一步培养学生的逻辑推理素养。

教学时，有一个问题往往被我们忽略，那就是 $180°$ 是怎么想到的？张鹤老师在他的《数学教学的逻辑——基于数学本质的分析》一书中，为我们做了很好的解释。

摘录如下。

如图 3-10 所示，让 $\triangle ABC$ 的顶点 C 在 BC 上从左向右运动，请学生从几何的变化状态和代数的数量关系角度去分析 $\triangle ABC$ 的边和角的变化。从边的角度看，边 AB 的长度不变，但 AC，BC 的长度都随着点 C 向右运

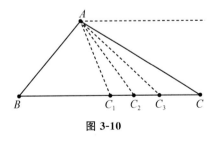

图 3-10

动而增加；同样，$\angle B$ 的大小没有发生变化，但是 $\angle A$ 越来越大，而 $\angle C$ 逐步减小。当点 C 在 BC 上运动到无穷远处的时候，$\angle C$ 的大小几

乎为零。此时，AC 与 BC 的位置也接近于平行。这样，$\angle A$ 与 $\angle B$ 的几何位置关系接近于平行直线被一条直线所截产生的同旁内角，两角的度数和也就无限接近于 $180°$，至此可以提出三角形内角和的猜想。

由三角形的内角和定理的教学过程可以看出，如果数学知识在没有得到质疑的情况下被匆匆讲过，就会由于缺乏逻辑关系的确认过程，在学生的大脑中留不下深刻的印象。如此一来，反而失去了对问题本质的思考和建立在质疑基础上的学科观念的交流，其结果往往导致学生思维方法的僵化，不利于知识的深度学习。在三角形的内角和定理的基础上，我们可以借助邻补角的定义得到三角形的内角和定理的推论，即"三角形的外角等于与它不相邻的两个内角的和"。我们也可以推导出"三角形的外角和是 $360°$"的结论。在以后的几何问题解决中，求解角的度数问题往往都要被转化到三角形的内角和定理、三角形的内外角关系上来解决。

4. 特殊三角形的性质

几何图形研究的常见思路往往是从图形的一般状态到图形的特殊状态。在对三角形性质认识的基础上，我们可以借助同样的方法来进一步研究特殊三角形的性质。由边的数量关系中的特殊情况产生了特殊三角形——等腰三角形；由角的特殊度数产生了特殊三角形——直角三角形。我们进一步研究这些特殊三角形的性质时，也需要遵循研究几何图形的组成元素以及它们之间关系的思维模式。一般三角形所具备的性质，特殊三角形都具备。等腰三角形特殊在两边相等，两边数量关系的变化引起三角形形状的变化，于是就有了等边对等角，即等腰三角形的两个底角相等；等腰三角形底边上的中线、高线和顶角的角平分线重合为一条直线。等边三角形特殊在等边三角形的三个角都是 $60°$；等边三角形任何一条边上的中线、高线和这条边所对角的角平分线重合为一条直线。直角三角形特殊在一个内角为 $90°$；直角三角形的两个锐角互余；两直角边的平方和等于斜边的平方。比如，在教学等腰三角形时，教师可以引领学生动手操作折叠纸片，让学生通过观察总结出等腰三角形两底角相等的结论。在折叠操作的启发下，学生自主探究，进一步思考后就会发现在证明等腰三角形两底角相等的性质时，作底边上的中线可以，作底边上的高线也可以，作顶角的角平分线仍然可以。教师可以让采用不同方法的学生讲解自己的思考过程和证明过程，并进一步让学生分析：作底边上的中线可以得到它同时是底边上的高线和顶角的角平分线；作底边上的高线可以得到它同时是底边上的中线和顶角的角平分线；作顶角的角平分线可以得到它同时是底边上的中线和高线，从而得出等腰三角形的三线合一性质。在教学中，教师还可以通过展示古代数学家的证明方法来开阔学生的眼界，激发他们学习数学的兴趣，启发学生的数学思维。下面从对一个三角形的研究过程抽象出对一个图形的研究方法(图3-11)。

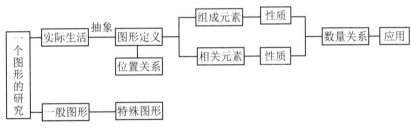

图 3-11

(二)四边形的性质的研究

在系统研究了三角形的性质后，学生对几何图形性质的研究思路已经有了比较清晰的认识。根据研究三角形的性质的经验，四边形的性质也是从它的边、角、对角线以及图形的对称性等来进行研究。

1. 四边形的有关概念

四边形的概念图是一种"知识地图"，它可以清晰地呈现出知识内容之间的关联、发展脉络以及知识内容之间的层级关系。四边形是所有各类四边形的属概念，它的内涵是四条线段顺次首尾相接所组成的封闭的平面图形。在属概念的基础上增加条件"两组对边分别平行"，扩大了内涵，就引出了平行四边形的概念。平行四边形是矩形、菱形和正方形的属概念。在平行四边形的基础上附加条件"有一个角是直角"，就引出了矩形的概念。在平行四边形的基础上附加条件"一组邻边相等"，如此扩大内涵，就引出了菱形的概念。矩形、菱形可以成为正方形的属概念。在矩形的基础上附加条件"有一组邻边相等"，就引出了正方形的概念，或者在菱形的基础上附加条件"有一个角是直角"，也可以引出正方形的概念。

要弄清概念的内涵和外延，厘清概念之间的从属关系，教学中可以用图示的办法来进行说明。在人教版八年级下册"平行四边形"的小结的本章知识结构图部分，给出了两幅关系图。第一幅图是以集合方式表示本章所学概念之间的从属关系，第二幅图是以关系结构图的方式列出了从四边形开始不断附加条件到平行四边形，再到矩形和菱形，最后到正方形，清楚地表达了四边形中各类特殊四边形之间的关系。在教学时，要让学生弄清楚四边形概念的"属加种差"的关系，理解概念之间的区别与联系，明确对这些概念进行分类方法，引领学生进一步体会分类思想。

2. 探究平行四边形的性质

平行四边形是四边形的一种特殊图形。对于平行四边形性质的研究，也要从平行四边形的边、角、对角线以及图形的对称性等进行研究。在课堂教学中，教师可以从现实生活中的图案入手，引领学生认真辨析平行四边形，再让学生自己动手画出平行四边形，通过实物辨析和动手画图，让学生来逐步探索平行四边形的基本性质。

对平行四边形性质的研究关键在于对图形性质研究方法的思考。在课堂教学时，教师可以抛出这样的问题：平行四边形比一般四边形具有两组对边分别平行的特性，它还具有哪些特殊性质呢？抛出这个问题后，让学生自己猜想，并尝试着进行验证。教师还要关注学生是从什么角度出发形成合理猜想的？在学生从多个角度进行猜想验证的基础上，教师可以再抛出一些问题，引领学生继续进行思考：（1）既然平行四边形两组对边的位置关系是平行的，那么两组对边的数量关系是怎样的？

(2)平行四边形的两组对角是否相等？(3)平行四边形的对角线是否互相平分？(4)平行四边形的相邻角的角平分线有什么关系？对角的角平分线有什么关系？(5)平行四边形是否是中心对称图形？通过对这些问题进行思考，要使学生意识到，这些问题的思考方向是研究平行四边形的边、角、对角线的数量关系和位置关系的特殊性。同三角形性质的研究方法相同，在探究完核心要素的基础上，也要对相关元素进行梳理。在这里，还有些结论需要学生去探究、去发现。比如，从平行四边形的各顶点出发向对边做平行四边形的高，我们会发现，对边上的高相等，相邻边上的高不相等，但它们与所在的边成反比例关系。当平行四边形的长边是短边的 2 倍时，长边上的中点与对边的两端点的连线互相垂直。对于这些结论，教师都应该由学生根据图形的性质的研究方法主动去探究、去发现，而不是以结论的形式让学生去证明。这样的研究方法为后续研究特殊平行四边形的性质打下了基础。

　　平行四边形性质的研究过程是根据学生已有的三角形的知识储备，通过度量、实验操作，形成猜想，再经过规范证明的过程。这个过程是通过合情推理发现结论，形成猜想，运用演绎推理、证明猜想的过程。在证明平行四边形的性质时，可以通过连接对角线，把平行四边形化归为两个全等的三角形来解决。首先研究的是对边相等和对角相等、邻角互补，要让学生思考证明角相等的方法和证明线段相等的方法。在几何部分，证明角相等的方法是：在三线八角中，利用平行线的性质；在一个三角形中，证明是等腰三角形，利用等边对等角；在两个三角形中，证明两个三角形全等，利用全等三角形的对应角相等。证明线段相等的方法是：在一个三角形中，证明是等腰三角形，利用等角对等边；在两个三角形中，证明两个三角形全等，利用全等三角形的对应边相等。这里的方法为证明其他猜想提供了分析思路和论证方法，这也正是数学思维的关键所在。在研究了平行四边形的性质后，要让学生明白利用平行四边形的性质也是一种证明角相等和线段相等的方法。在教学时，我们要用系统的观念引领学生进行相关学习。比如，在后面学习三角形的中位线定理时，就是通过构造平行四边形，把三角形中的问题转化为平行四边形中的问题来解决的。在学习"直角三角形斜边的中线等于斜边的一半"时，就是把直角三角形的问题转化为矩形的问题来解决的。人教版教材是在研究矩形的性质时，自然得出直角三角形斜边的中线等于斜边的一半。由此可以看出，在研究几何问题时，有时需要反复用到三角形与四边形知识的相互转化，既可以通过三角形研究平行四边形，又可以运用平行四边形的性质解决三角形中的有关问题。这些探究过程突出了转化的数学思维与方法。

人教版教材中把平行四边形的性质分成两个课时来教学。第一课时学习平行四边形的边的性质和角的性质，然后是运用性质解决问题；第二课时学习平行四边形的对角线的性质，然后再做针对性练习。这样编排的优点在于可以让学生对性质定理进行逐一突破，及时巩固知识点。其弊端在于人为地把平行四边形的性质割裂成了相对独立的两块，使得学生难以从整体上认知平行四边形的性质。因此，我们建议课堂设计时，应该对教材上的课时安排进行重新整合。第一课时要引领学生经历"猜想、论证、归纳"平行四边形的性质的探究过程，从而对平行四边形的性质形成一种整体认知。第二课时帮助学生学会运用这些性质定理来解决一些实际的计算题与几何证明题。

3. 研究特殊平行四边形的性质

平行四边形的性质的研究方法是研究特殊平行四边形的性质的基础。根据平行四边形的研究经验，研究矩形、菱形和正方形时，也要从它们的边、角、对角线和对称性等方面来进行研究。平行四边形具有不稳定性。因此，当把平行四边形绕某一个角的顶点旋转到该角成为 90° 角时，成为一个矩形。在探究矩形的性质时，重点研究它的四个角都是直角、两条对角线长度相等的性质。特别是当它的对角线的夹角是 60° 时，出现了等边三角形的特殊图形。当平行四边形的短边平移到和邻边相等的位置时，成为菱形。在探究菱形的性质时，重点研究它的四条边都相等、两条对角线相互垂直的性质。菱形的每一组邻边和它们所对的对角线形成等腰三角形。根据平行四边形的性质和等腰三角形的三线合一性质，可以知道菱形的对角线互相垂直，且每一条对角线平分一组对角。而正方形是四边形中最完美的图形。在矩形的基础上再让一组邻边相等，或者在菱形的基础上再让一个角成为直角，所以正方形具有矩形和菱形所具有的所有性质，即四条边都相等，四个角都是直角。从平行四边形的边与角的生长上也可以得到正方形，因此，正方形不但是特殊的平行四边形，更是特殊的矩形和菱形。

在特殊平行四边形的研究过程中，要特别注意知识间的逻辑关联，体现知识的自然生长，而不是把知识生硬地强加给学生。在平行四边形特殊化的过程中，充分体现图形的基本元素的变化引起图形性质的变化。图形的特殊结构越多，它具有的特性就越多。

(三)圆的性质的研究

圆是最基本的曲线图形。圆中涉及很多与直线图形不同的知识内容。处理圆相关问题的思维方式与直线图形也有所不同。按照"图形与几何"的知识结构，圆按和三角形、四边形相同的逻辑顺序展开研究，可以分为三部分。第一部分为圆的初步直观认识（圆的动态及静态定义），要素认识（直径、半径、弦、弧等），性质研究（对称性、圆中要素间的特征等）；第二部分为圆的性质；第三部分为圆与其他图形的关系（点与圆、直线与圆、正多边形与圆）。圆的知识发展的逻辑主线有两个：一是圆的性质的研究，二是与圆有关的位置关系的研究。

1. 圆的初步直观认识

研究一个几何图形的时候，首先要关注这个图形的确定性问题。圆的教学也是如此。如何确定一个圆呢？确定一个圆的因素有两个，即圆心和半径。为了让学生充分理解圆的确定，首先要让学生自己动手画圆，用圆规、图钉、绳、铅笔等工具动手操作尝试画圆。根据画圆的过程，归纳出圆的动态定义，即"在一个平面内，线段 OA 绕它固定的一个端点 O 旋转一周，另一个端点 A 所形成的图形叫作圆"。在教学时，让学生理解圆的动态定义的同时，进一步理解圆的两个关键因素，即线段固定的端点（圆心）和线段的长度（半径），同时知道圆心决定圆的位置，半径决定圆的大小。通过动手画圆，让学生从整体上感受到圆是具备共同特征的某些点的集合。也就是说，从圆的角度看，圆上的所有点到定点（线段固定的那个端点）的距离都等于定长（线段的长）；从点的角度看，到定点的距离等于定长的点都在同一个圆上。因此，又可以从静态的角度给出圆的定义：圆是到顶点的距离等于定长的所有点的集合。类比这一学习路径，我们可以进一步认识构成圆的基本元素和相关元素，于是就得到了弦、弧、圆心角、圆周角、半圆、弓形等概念。比如，连接圆上两点的线段叫作弦，圆上两点的部分叫作弧。在研究圆与角的位置关系时，我们发现有角的顶点在圆上、在圆的内部、在圆的外部三种情况。我们还发现，当角的顶点在圆上，且角的两边与圆相交时，这就是圆周角；当若角的顶点在圆的内部，当角的顶点在圆心时，这就是圆心角。

2. 圆的性质

准确解读圆的对称性并应用圆的对称性解决问题是学习圆的性质的一条逻辑主线。在这里要注意，圆是一个轴对称图形。圆有无数条对称轴，且每一条直径所在的直线都是它的对称轴。圆沿着直径对折后，圆上任意一个点都能找到它的对称点。圆上这两点的连线就是弦。圆的这条对称轴是这条弦的对称轴，同时也是这条弦对的一段弧的对称轴。由以上结论，就可以得出垂径定理："垂直于弦的直径平分这条弦，并且平分弦所对的两条弧""平分弦（不是直径）的直径垂直于弦，并且平分弦所对的两条弧""弦的垂直平分线经过圆心，并且平分弦所对的两条弧"（图3-12）。张鹤老师提出的"以弦定轴"，就是指当圆的某条弦确定后，这条弦的中垂线也就是圆的对称轴。弦确定了，圆的对称轴也就确定了。垂径定理及其推论是圆的轴对称的具体体现，也是证明线段相等、角相等、垂直关系的重要依

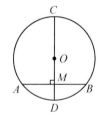

图 3-12

据，同时也为进行圆的计算和作图提供了方法和依据。

通过操作，可以发现这样一个现象：圆绕圆的圆心旋转任何一个角度都能和原图形重合，这个性质就是圆的旋转不变性。根据图形，可以得到结论：在同圆或等圆中，如果两个圆心角、两条弧、两条弦或两条弦心距中有一组量相等，那么它们所对应的其余各组量分别相等（图 3-13）。

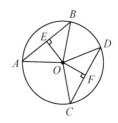

图 3-13

圆的中心对称图形的性质体现在弧及所对的弦和圆心角的数量关系上。圆周角定理及其推论是圆的中心对称图形的性质的体现。"以弧定角"是研究圆周角、圆心角的思维主线。圆周角的定义揭示了角的位置关系和数量关系的辩证统一。同弧所对的圆心角与圆周角的数量关系的分析，要先从它们的位置关系研究开始。在研究同一条弧所对的圆周角时，尽管圆周角的顶点位置在变化，但这些角的顶点的轨迹还是这条弧。正是具备了这样本质的内涵，才有了"在同圆或等圆中，圆周角的度数等于该弧所对的圆心角的一半"的结论。同弧所对的圆心角与圆周角的数量关系的分析，要从它们的位置关系研究开始。通过圆心角的顶点与圆周角的位置关系可以分为三种情况，分别是圆心在圆周角的边上、圆心在圆周角内、圆心在圆周角外。在这三种情况中，圆心在圆周角的边上的位置最特殊（图 3-14）。在这个位置中，同一条弧所对的圆心角和圆周角的数量关系很容易证得，然后可以通过把其他两种位置转化成特殊位置分别研究它们的数量关系。圆周角定理

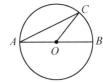

图 3-14

及其推论也为角的计算、证明角相等等问题提供了简便的方法。通过对这个定理的探究，让学生体会到以圆为背景的角的关系研究的基本方法是通过弧来刻画角的数量关系。而角的顶点在圆的外部且角的两边和圆相交的其他角可以转化成圆周角来研究，同样遵循由特殊到一般，把一般转化为特殊的研究方法。

在教学中，我们要特别关注知识承载的思维的方向性和层次性。学

生在直线形图形的认识与性质探究方面已具备了一定的经验，如何把直线形学习经验迁移到曲线形图形学习中，其中圆的认识和性质探究起着关键性的作用。我们要利用多种方式，引领学生进行积极思考，让学生在直线形图形研究的基础上研究圆的有关知识，对学生渗透类比、转化、数形结合等思想，进一步培养学生实验、观察、猜想、抽象、概括、推理等逻辑思维能力和识图能力。

3. 圆与其他图形的关系

圆与其他图形的关系的探究，有助于学生明确研究对象、路径、方法和结论形成的来龙去脉，有助于学生发现知识之间的内部关系，有助于学生在头脑中形成完整的知识结构链。学生经历圆与其他图形的关系探究的全过程，有助于进一步感受渗透在其中的数形结合、化归的数学思想方法，有助于逐渐形成整体的和类比的思维方式。

对于点与圆的位置关系，我们可以在平面内任意画一个圆，把平面上的点分成三种情况：点在圆的内部、点在圆上、点在圆的外部。在这些点中，最特殊的应该是点在圆上的点。根据圆的定义可以看出，这些点所具有的数量特征是这些点与圆心的距离都相等，都等于圆的半径。那么，当点在圆的内部时，这些点与圆心的距离就小于圆的半径，反之，与圆心的距离小于半径的点都在圆的内部。因此，圆的内部可以看成与圆心的距离小于半径的点的集合。当点在圆的外部时，这些点与圆心的距离大于半径，反之，与圆心的距离大于半径的点都在圆的外部。因此，圆的外部可以看成与圆心的距离大于半径的点的集合。由此，当点和圆心的距离与半径相比具备一定的大小关系时，点和圆就有了相应的位置关系。这个过程再次体现了位置关系决定数量关系，数量关系刻画位置关系。

直线与圆的位置关系可以通过图形的运动变化来得到。在平面内有一个圆和一条直线时，可以通过平移直线，观察直线与圆的交点的个数，从而得到直线与圆的三种位置关系。那么，如何刻画这些位置关系呢？我们可以类比点与圆的位置关系的刻画方法，利用圆心到直线的距

离与半径的大小关系来刻画。当直线与圆相离时，圆心到直线的距离大
于半径；当直线与圆相交时，圆心到直线的距离小于半径；当直线与圆
相切时，圆心到直线的距离等于半径。在这三种位置关系中，显然直线
与圆相切是最特殊、最重要的位置关系。

通过分析，我们发现过圆上任意一点都可以作圆的切线，所以圆的
切线有无数条。那么，这些圆的切线又具有什么关系呢？先从位置上分
析，当两条切线的切点正好是圆的直径的两个端点时，两条切线平行；
当两条切线的切点不是圆的直径的两个端点时，任意两条切线都一定相
交于圆外一点。由此我们可以得出一个结论：过圆外一点可以作出圆的
两条切线，分别连接圆心和两个切点，圆心和圆外的这点，很容易证得
切线长定理的两个结论。

切线长定理又是圆的轴对称性的具体体
现。如图 3-15 所示，在教学中，首先连接圆
心 O 和切点 A，B，连接圆心 O 与圆外的点
P，容易证得结论。但这样做的道理是什么，
学生并不关心，这样就失去了对定理的本质的
理解。这里存在这样的思维推导过程：经过探

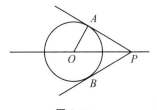

图 3-15

究，我们发现从圆外一点引圆的两条切线，圆上的两个切点 A，B 就是
确定的，因而圆的弦 AB 就是确定的。根据垂径定理的推论，弦 AB 唯
一的对称轴同时也是圆的对称轴。因此，这条对称轴上的任意一点 P
和弦 AB 的两个端点的距离相等。当点 P 在圆外的某一位置恰好使得
直线 PA，PB 是圆的切线时，这种特殊的直线与圆的位置关系下的相
等关系就是切线长相等。同时容易得到 PO 平分 $\angle APB$，即"这点和圆
心的连线平分两切线的夹角"，而它的本质是由弧 AB 被对称轴平分之
后所得到的两条等弧所决定的。这就是理解"切线长定理"的逻辑主线。

章建跃指出：在课堂教学中，要以数学知识的发生、发展过程和理
解数学知识的心理过程为基本线索，为学生构建前后一致、逻辑连贯的
学习过程。卜以楼在《生长数学：卜以楼初中数学教学主张》一书中提

到，在课堂上选择合适的方法，让几何图形的属性在自然生长的情景下，使学生得到一脉相承的思维训练，固化生长型结构的思维方法，培养好生长数学的思维种子，为数学生长、思维生长、生命生长奠基。

在圆的教学中，在引领学生认识了切线长定理的基础上，可以按照知识逻辑继续进行深入研究。比如，我们可以设置第一个活动：在过圆外一点作圆的两条切线的前提下，你能再画出圆的第三条切线吗？在这个问题的探究中，我们可以让学生自己画图，引领学生自觉分析出两种情况：一种情况是过点 A 和 B 之间的劣弧上一点作第三条切线（图 3-16）；另一种情况是过点 A 和 B 之间的优弧上一点作圆的切线。

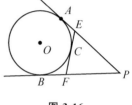

图 3-16

学生在知识生长的过程中得到了过圆上三点分别作圆的三条切线。这三条切线两两相交，形成了一个三边都和圆相切的三角形（图 3-17）。这个三角形是圆的外切三角形，而该圆成为三角形的内切圆。三角形内切圆的圆心叫作三角形的内心（图 3-18）。这两个图形也可以根据切线长定理来探究相关结论，既是对切线长定理的应用，又体现了知识的自然生长的逻辑关系。另外，还研究了圆外切三角形以及三角形内心的性质。

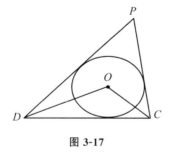

图 3-17

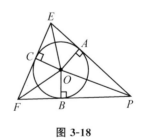

图 3-18

在学生对切线长的基本图形深入理解之后，我们可以设置出第二个活动。如果已知一个三角形，如何作一个圆，使它与三角形各边都相切呢？在此活动中，我们要引导学生主动思考一个问题：如何确定这个圆的圆心和半径呢？类比三角形外心的确定方法，首先考虑圆心与三角形的位置关系，发现圆心到三角形三边的距离都相等，都为圆的半径。因此，所要求作的圆的圆心，即三角形三个内角平分线的交点，而圆的半径就是圆心到三角形边的距离。因为两条角平分线只有一个交点，所以圆心的位置被唯一确定，即与三角形各边都相切的圆可以作出一个，并且只可以作出一个。

为让学生进一步体会切线知识的发展过程，我们可以设置出第三个活动：既然过圆上三个点可以画出圆的三条切线，那么能不能过圆上四个点画出圆的四条切线呢？这四条切线又有什么位置关系？你能探究出其中蕴含的数量关系吗？在此活动中，学生在已有经验的基础上，很容易推理得到圆外切四边形的两组对边和相等。在此学习的基础上，可以进一步让学生探究过 5 个点、6 个点……作圆的切线的情况，形成对圆的外切多边形的一个整体认识。

为加强学生对知识内部逻辑关系的理解，我们可以设置出第四个活动：根据切线长定理，我们能得到圆外切四边形的两组对边和相等。引领学生进一步思考：若这个四边形是正方形，请你画出它的外接圆和内切圆，你会有什么发现？若这个正多边形是正五边形，请你画出它的外接圆和内切圆，你会有什么发现？正六边形呢？此环节的设计，是对教学素材进行同质化处理，围绕切线长定理及基本图形，通过增加切线的条数，在生长出圆的外切三角形、四边形的基础上，继续强化条件，再生长出圆的外切正多边形，为学生提供继续探究的素材。这样处理有助于使学生深刻感悟到几何图形的本质和内涵。这样的教学设计可以保持课堂思维的一致性和连续性，也有助于保证学生在知识学习上的整体性和系统性。

二、几何图形的判定方法

几何图形的性质是研究几何对象的组成元素和相关元素的位置关系、大小关系，而几何图形的判定是由组成图形的基本元素和相关元素的位置关系、大小关系的研究来判定的。几何图形的性质往往是通过定义逐步推导出来的。而几何图形的判定就是探索已知一个图形满足哪些条件时，就能够确定它是某一种具体的图形。

(一)平行线中的判定问题

平行线判定的逻辑主线是由"角的数量关系"推导"线的位置关系"。同一平面内的两条不重合的直线有相交、平行两种位置关系。两条直线相交有且只有一个公共点。若两条直线有两个公共点，则两条直线一定是重合的，则它们是同一条直线。平行线的判定是以两条直线被第三条直线所截形成的角之间的位置关系来推断的。

章建跃认为，平行线判定公理是学生所学的第一个几何判定公理，是后面学习和判定各种平行关系的基础，是连接数学直觉、数学实验、数学论证的桥梁。平行线的判定公理是指：两条直线被第三条直线所截，如果同位角相等，那么这两条直线平行。简写为"同位角相等，两直线平行"。除此之外，我们还可以利用内错角相等、同旁内角互补来证明两条直线是平行的。这两种判定方法作为判定定理，都需要利用平行线判定公理来证明。

(二)三角形中的判定问题

等腰三角形是一种两边具有特殊数量关系的三角形。等腰三角形的性质定理反映了等腰三角形的形状及组成元素的位置关系、大小关系。它的性质有：等腰三角形的两个底角相等；等腰三角形底边上的中线、底边上的高线、顶角的角平分线重合；等腰三角形是轴对称图形。等腰三角形可以从它的组成元素的位置关系、大小关系来判定。那么，如何来判定一个三角形是等腰三角形呢？一是根据等腰三角形的定义，只要判断出一个三角形中有两条边是相等的，就可以判定它是一个等腰三角形；二是在一个三角形中先判断有两个角是相等的，然后再根据"等角对等边"判断出两个边相等，才可以判定它是一个等腰三角形。

问题 1：如图 3-19 所示，在 $\triangle ABC$ 中，$\angle ABC$ 和 $\angle ACB$ 的平分线相交于点 E，过点 E 作 $MN/\!/BC$ 交 AB 于点 M，交 AC 于点 N，若

$BM+CN=9$，则线段 MN 的长为（   ）。

  A. 6   B. 7   C. 8   D. 9

  问题 2：如图 3-20 所示，在 $\triangle ABC$ 中，$\angle A=36°$，$AB=AC$，BD 是 $\triangle ABC$ 的平分线，若在边 AB 上截取 $BE=BC$，连接 DE，则图中的等腰三角形共有（   ）。

  A. 2 个   B. 3 个   C. 4 个   D. 5 个

  问题 3：如图 3-21 所示，已知等腰 $\triangle ABC$，$AB=AC$，若以点 B 为圆心、BC 长为半径画弧，交 AC 于点 E，则下列结论一定正确的是（   ）。

  A. $AE=EC$ B. $AE=BE$

  C. $\angle EBC=\angle BAC$ D. $\angle EBC=\angle ABE$

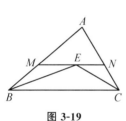

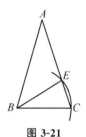

  图 3-19   图 3-20   图 3-21

  问题 1 考查了对等腰三角形的判定和平行线性质的理解与掌握程度。解决这个问题的关键在于准确判定出 $\triangle BME$，$\triangle CNE$ 是等腰三角形。根据 $\angle ABC$，$\angle ACB$ 的平分线相交于点 E，可以得到 $\angle MBE=\angle EBC$，$\angle ECN=\angle ECB$，再利用"两直线平行，内错角相等"得到 $\angle EBC=\angle MEB$，$\angle NEC=\angle ECN$，即 $BM=EM$，$CN=EN$，进一步求出 MN 的长度，从而可求得结论。问题 2 考查了对等腰三角形的理解和掌握程度，根据已知条件，分别求出图中三角形的内角度数，再根据等腰三角形的判定定理即可找出图中的等腰三角形。这里涉及的知识点有三角形的内角和定理、三角形外角的性质、三角形角平分线的定义等。问题 3 考查了对等腰三角形的理解与掌握程度。首先证得 $\angle ABC=\angle ACB$，根据尺规作图可以判定出 $BE=BC$，即 $\triangle BCE$ 是等腰三角形，再证得∠ACB＝∠BEC，通过等量代换可以得到∠BAC＝∠EBC。

问题4：如图3-22所示，在Rt△ABC中，∠C＝90°，以△ABC的一边为边画等腰三角形，使得它的第三个顶点在△ABC的其他边上，则可以画出的不同的等腰三角形的个数最多为（　　）。

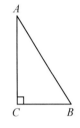

A. 4　　　　　　B. 5　　　　　　C. 6　　　　　　D. 7

问题4中考查的是等腰三角形的构图问题。本题重点考查等腰三角形的判定方法，需要我们根据题意画出符合

图 3-22

实际条件的图形。分类讨论是解决此类问题的重要解题思想。如图3-23所示，我们可以得到7种构造等腰三角形的方法。

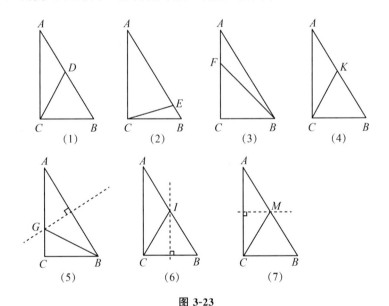

图 3-23

①以B为圆心、BC长为半径画弧，交AB于点D，△BCD就是等腰三角形；

②以A为圆心、AC长为半径画弧，交AB于点E，△ACE就是等腰三角形；

③以 C 为圆心、BC 长为半径画弧，交 AC 于点 F，$\triangle BCF$ 就是等腰三角形；

④以 C 为圆心、BC 长为半径画弧，交 AB 于点 K，$\triangle BCK$ 就是等腰三角形；

⑤作 AB 的垂直平分线交 AC 于点 G，则 $\triangle AGB$ 是等腰三角形；

⑥作 BC 的垂直平分线交 AB 于点 I，则 $\triangle BCI$ 和 $\triangle ACI$ 是等腰三角形；

⑦作 AC 的垂直平分线交 AB 于点 M，则 $\triangle BCM$ 和 $\triangle ACM$ 是等腰三角形。

等边三角形是一种特殊的等腰三角形。与等腰三角形的性质定理相对应，点的判定方法主要有三种：第一种方法是判断一个三角形中三条边都是相等的；第二种方法是判断一个三角形中三个角都是相等的；第三种方法是先判断这个图形是等腰三角形，再添加一个角是 60°的条件。利用上述方法的其中一种就可以确定它是一个等边三角形。

问题 5：已知 a，b，c 分别是 $\triangle ABC$ 的三边长，且满足 $a^2+b^2+c^2=ab+bc+ac$，则 $\triangle ABC$ 是（　　）。

A. 等腰三角形　　　　　　B. 等边三角形

C. 直角三角形　　　　　　D. 等腰直角三角形

问题 6：如图 3-24 所示，在等边 $\triangle ABC$ 中，点 P 在 $\triangle ABC$ 内，点 Q 在 $\triangle ABC$ 外，且 $\angle ABP = \angle ACQ$，$BP=CQ$。

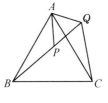

图 3-24

（1）求证：$\triangle ABP \cong \triangle ACQ$；

（2）请判断 $\triangle APQ$ 是什么形状的三角形？试说明你的结论。

问题 5 利用完全平方公式可以推导出等式$(a-b)^2+(a-c)^2+(b-c)^2=0$，根据非负数的性质可以得到结论 $a=b=c$，然后可以判断这是一个等边三角形。问题 6 综合考查了等边三角形的性质和判定，根据性质可得 $AB=AC$，再根据"SAS"可以证明出 $\triangle ABP \cong \triangle ACQ$，从而得

到 $AP=AQ$，再证出 $\angle PAQ=60°$，利用"有一个角是 $60°$ 的等腰三角形是等边三角形"可以判断出 $\triangle APQ$ 是一个等边三角形。

直角三角形是一种特殊的三角形。直角三角形的判定方法也是从角、边两种基本元素来描述的。直角三角形的判定方法有两种。第一，根据定义判断：两个角互余的三角形是直角三角形。第二，根据勾股定理的逆定理进行判断：如果一个三角形中两个边的平方和等于第三边的平方，那么这个三角形是直角三角形。

(三)平行四边形中的判定问题

在研究平行四边形之前，学生已经学过互逆命题的概念，有了对平行线的判定与性质的互逆关系的认识，也有对等腰三角形的判定和性质、勾股定理及其逆定理的互逆关系的体验。在平行四边形中的判定上，我们也可以先找出平行四边形的性质定理的逆命题，然后再用演绎推理证明这些命题的真伪，从而得出平行四边形的判定定理。这个教学过程有助于学生进一步明确性质定理和判定定理的互逆关系。比如，人教版在平行四边形的判定这一小节一开始就提出思考："通过前面的学习，我们知道，平行四边形的对边相等、对角相等、对角线互相平分，反过来，对边相等，或对角相等，或对角线互相平分的四边形是平行四边形吗？也就是说，平行四边形的性质定理的逆命题成立吗？"对于判定定理的证明，其思维的关键还是回到平行四边形的定义上，通过命题题设中所给的已知条件想办法证出四边形的两组对边分别平行。这样就说明这些判定方法是可以成立的。在研究了三个判定定理的基础上，我们可以继续引导学生探究在平行四边形的边、角等相关要素的组合中找到一系列命题，来判断这个命题是否可以判定一个平行四边形的存在。比如，一组对边平行且相等的四边形是否是平行四边形？一组对边相等、一组对角相等的四边形是否是平行四边形？一组对边平行、一组对角相等的四边形是否是平行四边形？这样探究，不仅让学生从数学本身提出问题，而且知道平行四边形的性质是一个一个研究的。当给出的四边形是平行四边形时，它的所有性质是同时成立的。所以，我们既可以让学生直接从性质定理出发找它的逆命题，也可以把性质的任意两个组合作为条件，判断能否得到四边形为平行四边形，而不是和学生一起确认教材中给出的判定方法。这样设计教学，一是让学生学会进行条件的组合分类；二是让学生养成善于思考、主动探究的习惯；三是让学生在探究的过程中懂得回归判定定理，用已有的定理解决问题。在教学中要重视创设探究性问题的情境，为激发学生的创新动机提供契机。

案例："平行四边形"章节复习

如图 3-25 所示，已知△ABC，点 D，E，F 分别在三边上，且 EF∥AB，DE∥BC，DF∥AC。

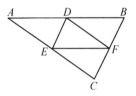

图 3-25

【探究问题设计】

问题 1：图中所有的平行四边形有_____、_____、_____。

问题 2：以 EF 为边的平行四边形有_____、_____，以 EF 为对角线的平行四边形有_____。

问题 3：由问题（2）可知，EF 可能是边，也可能是对角线，△DEF 的另两边 DE，DF 是否也具有同样的特点呢？

问题 4：若问题改为"已知△DEF，求作点 M，使得以点 D，E，F，M 为顶点的四边形是平行四边形"，则符合条件的点 M 共有_____个。

问题 5：借助图 3-25 思考，已知不共线的三点 D，E，F，如何找出第四个点 M 呢？

思维能力的培养是一种有目的、有计划、有系统的学习活动。该题是平行四边形构造中的存在性问题，属于"已知三个定点，在某一个位置寻找一个动点，从而构成一个平行四边形"的类型。这是一道对平行四边形的创新考查题目，需要综合运用平行四边形的性质和判定方法来解答。问题设计对教材要求进行了创造性加工，提供的思考问题有利于引领学生进行创造性思考，有助于学生掌握此类型问题的解题结构，真正提高学生的解题能力，提升学生的思维品质。

矩形是由平行四边形的角特殊化而来的。矩形的判定方法和平行四边形的判定方法一样，可以根据矩形的定义来判定，也可以根据矩形性质的逆命题来判断。在教学时，我们要让学生明白，要判断一个四边形是否是矩形，有两个判断的逻辑起点。一个逻辑起点是在四边形的基础上进行证明：有三个角是直角的四边形是矩形。另一个逻辑起点是在平行四边形的基础上进行证明：有一个角是直角的平行四边形是矩形；对角线相等的平行四边形是矩形。

菱形是由平行四边形的边特殊化而来的，是一组邻边相等的平行四边形。菱形的判定方法和矩形的判定方法类似，也有两个逻辑起点。一个逻辑起点是在四边形的基础上进行证明：四条边都相等的四边形是菱形。另一个逻辑起点是在平行四边形的基础上进行证明；有一组邻边相等的平行四边形是菱形；对角线互相垂直的平行四边形是菱形。

正方形是一种角和边都特殊化的平行四边形。正方形的概念内涵就包括三个内容：一组邻边相等，一个角是直角，是平行四边形。要判断一个四边形是否是正方形，只有满足这三个条件才能够说明它是一个正方形。正方形是由矩形的边特殊化而来的，也可以由菱形的角特殊化而来。矩形和菱形具有的所有性质，正方形都具备，即四条边都相等，四个角都是直角，两条对角线相等、垂直且互相平分。正方形的判定也有两个逻辑起点。一个逻辑起点是在矩形的基础上进行证明：有一组邻边相等的矩形是正方形；对角线垂直的矩形是正方形。另一个逻辑起点是在菱形的基础上进行证明：有一个角是直角的菱形是正方形；对角线相等的菱形是正方形。

（四）圆的切线的判定问题

直线与圆相切是圆中需要重点研究的一种位置关系。圆的切线判定定理是指经过半径的外端，并且垂直于这条半径的直线是圆的切线。切线的判定可以从切线的几何位置和代数特征两方面来考虑。几何位置指直线与圆有唯一的公共点，但在推理论证中无法作为推理的依据。代数特征指圆心到直线的距离等于半径，具有可操作性，但在证明时使用得不多。我们把"圆心到直线的距离等于半径"转化成几何特征，即"经过半径的外端，且垂直于半径的直线"，在推理时就可以根据直线的位置特征来判断这条直线是不是圆的一条切线。要让学生理解圆的切线判定方法需满足两个条件：一是经过半径的外端；二是和经过外端的那条半径垂直。在具体题目中，往往是已知一个条件，再来证明另外一个条件。当能够分析出这条直线经过圆上一点（过半径的外端）时，可以连接半径，证明这条直线与半径垂直。当不知这条直线过圆上一点时，可以过圆心作这条直线的垂线，再想办法证明这条垂线段是圆的半径。

问题 1：如图 3-26 所示，AB 是 $\odot O$ 的直径，点 C 在 AB 的延长线上，AD 平分 $\angle CAE$ 交 $\odot O$ 于点 D，且 $AE \perp CD$，垂足为点 E。

求证：直线 CE 是 $\odot O$ 的切线。

问题 2：如图 3-27 所示，在 Rt$\triangle ABC$ 中，$\angle ABC = 90°$，$\angle BAC$ 的平分线交 BC 于点 D，以点 D 为圆心、DB 长为半径作 $\odot D$。

求证：AC 与 $\odot D$ 相切。

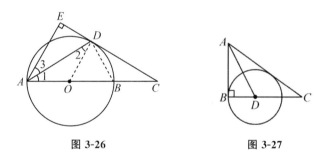

图 3-26   图 3-27

问题 1 是第一种类型，能够分析出这条直线经过圆上一点，我们选取的方法是"连半径，证垂直"。具体方法是：如图 3-26 所示，连接 OD，由 AD 平分 $\angle CAE$ 得到 $\angle 1 = \angle 3$，又根据同圆的半径相等可以推导出 $\angle 1 = \angle 2$，利用等量代换可得 $\angle 3 = \angle 2$，于是可以判断出 $OD \parallel AE$，根据平行线的性质得 $OD \perp CE$，然后根据切线的判定定理得到结论。这里考查了平行线的性质、角平分线的性质等知识，解题的关键是正确作出辅助线，灵活运用相关定理及性质解决问题。问题 2 是第二种类型，题目中没有告诉我们这个点就在圆上，我们选取的方法是"作垂

185

线，证半径"。具体方法是：过点 D 作 AC 的垂线段，根据角平分线的性质证明这条垂线段等于半径 DB，于是就可得到 AC 经过了半径的外端并垂直于半径，从而得出结论。这里考查了角平分线的性质、切线的判定等知识。

三、几何图形承载的数学思想

图形与几何在培养学生数学抽象、空间观念、逻辑推理、几何直观等方面起着不可替代的作用。《数学课标（2022年版）》中就培养学生这些核心素养的内涵有明确的说明：空间观念主要是指对空间物体或图形的形状、大小及位置关系的认识。能够根据物体特征抽象出几何图形；根据几何图形想象出所描述的实际物体；想象并表达物体的空间方位和相互之间的位置关系；感知并描述图形的运动和变化规律。空间观念有助于理解现实生活中空间物体的形态与结构，是形成空间想象力的经验基础。几何直观主要是指运用图表描述和分析问题的意识与习惯。能够感知各种几何图形及其组成元素，依据图形的特征进行分类；根据语言描述画出相应的图形，分析图形的性质；建立形与数的联系，构建数学问题的直观模型；利用图表分析实际情境与数学问题，探索解决问题的思路。几何直观有助于把握问题的本质，明晰思维的路径。抽象能力主要是指通过对现实世界中数量关系与空间形式的抽象，得到数学的研究对象，形成数学概念、性质、法则和方法的能力。通过教学让学生感悟数学抽象对于数学产生与发展的作用，感悟用数学的眼光观察现实世界的意义，形成数学想象力，提高学习数学的兴趣。推理能力主要是指从一些事实和命题出发，依据规则，推出其他命题或结论的能力。理解逻辑推理在形成数学概念、法则、定理和解决问题中的重要性，初步掌握推理的基本形式和规则。推理能力有助于逐步养成重论据、合乎逻辑的思维习惯，形成实事求是的科学态度与理性精神。因此，在教学中，推理能力的发展应贯穿于整个数学学习过程中。推理是数学的基本思维方式，也是人们学习和生活中经常使用的思维方式。推理一般包含合情推理和演绎推理。合情推理是从已有的事实出发，凭借经验和直觉，通过归纳和类比等推断某些结果；演绎推理是从已有的事实（包含定义、公理、定理）和确定的规则（包含运算的定义、法则、顺序等）出发，按照逻辑推理的法则证明和计算。在解决问题的过程中，两种推理功能不同，相辅相成。合情推理用于探索思路、发现结论，演绎推理用于证明结论。我们在图形与几何的教学设计和课堂教学中，应该考虑几何教育的价值，更好地落实学生核心素养的培养。

在"图形与几何"的教学中，我们要注重根据教学内容挖掘知识本身所蕴含的数学思想方法，同时也要适时向学生渗透这些数学思想方法。比如，我们利用代数方法来解决几何问题就可以渗透数形结合思想；在圆的认识中可以渗透集合思想、类比思想；在圆周角定理证明中，可以渗透转化思想、分类思想。通过这些知识的探究，使学生学会化未知为已知、化复杂为简单、化一般为特殊、化特殊为一般的研究方法，提高学生分析问题和解决问题的能力。

（一）创设实际情境，培养学生的几何抽象能力

1. 变凭空想象为操作观察

在以往的教学中，在引领学生认识几何图形时，很多情况下都只是让他们凭空想象一下。其实，这样的教学设计起不到应有的引领作用，反而会让学生感到知识理解有困难，更容易让学生失去学习数学的兴趣。因此，在教学时，我们应该给学生提供充分的探究机会，让他们通过自己的动手操作，在观察物体形状的基础上，抽象出图形的结构。比如，在北师大版七年级上册"丰富的图形世界"的"截一个几何体"的教学中，让学生凭空抽象截面的形状是很困难的，可以让学生用苹果、萝卜等做成正方体，再用小刀进行截面切割，让学生进行观察，总结不同的截面形状。在学习"从三个方向看物体的形状"时，可以让学生通过观察正方体的形状，或是观察茶叶筒等的形状，再从不同方向看这些物体，得到三个方向的平面图形，通过直观感受来抽象出几何图形。

2. 创设情境，在实际生活中抽象出图形

比如，在学习"线段、射线、直线"时，我们可以让学生回顾小学阶段是如何比较两条线段的长度的。我们要引导学生思考说出两个同学比身高必须站在同一水平线上的数学道理，引领学生弄明白两个同学比身高就是比较代表身高的线段的长度。通过生活中的案例抽象出线段的长度的比较方法，站在同一水平线上就是让两条线段的一个端点重合，看它们的另一个端点所在的位置。这和两个数比较大小要保证相同单位是一个道理。在学习矩形的判定方法时，我们可以出示这样一个问题"给出两根绳子，能否判定教室的门框为矩形"，让学生思考探索出"对角线相等的平行四边形是一个矩形"，这个探究过程也是从实际生活中抽象出几何图形的一个例子。

3. 合理利用教具，让学生发现几何图形的本质

比如，在学习圆的定义的时候，我们可以让学生观察用绳子和圆规画圆的过程，通过教师的展示、学生的实际操作，让学生理解圆的定义，抓住圆的定义中"定点到定点的距离等于定长"的本质。在学习直线与圆的位置关系时，我们可以引导学生用直尺和圆纸片相互运动，让学生在观察中总结直线与圆的位置关系及位置关系中的本质体现，即圆心到直线的距离决定着位置关系。再比如，在学习对顶角的性质时，我们可以引导学生观察用剪刀剪布片过程中有关角的变化，动态显示对顶角变化时的大小关系。通过实物或者教具的操作演示，激发学生的思考兴趣，进而让学生产生探索问题的动力。

案例：由实物的形状想象出几何图形——棱柱的认识

【探究问题设计】

问题 1：图 3-28(1) 是小明的书房。请找出笔筒和与笔筒形状类似的物体。

问题 2：对于一个物体，我们需要研究它的什么性质？抽象成一个几何体后，我们通常会研究它的哪些性质？

问题 3：仔细观察图 3-28(2)，请分析它们的侧棱、底面、侧面分别有什么特征？

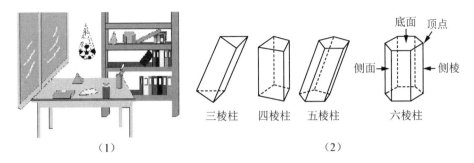

图 3-28

发现并概括物体的数学本质是课堂教学设计的起点，提升学生的思维水平是课堂教学的最终落脚点。这个案例中所设计的三个探究性问题，有助于学生观察几何体的结构，抽象出这些几何体的数学特征。学习过程是从它的三个探究性问题出发，引领学生观察、思索、抽象出不同对象的共同特征。对于棱柱的几个特点（棱柱的所有侧棱相等，棱柱的上下底面的形状相同且大小相等，棱柱的侧面都是平行四边形），学生通过自主探究是完全可以抽象概括和具体归纳出来的。

(二)厘清几何知识之间的内在逻辑关系，掌握类比探究的学习方法

1. 新图形可以和已学过的图形进行类比学习

几何知识之间是相互关联的，同一类知识研究的内容基本相同。比如，三角形和四边形是初中阶段研究的重要的几何图形。三角形研究的是图形的有关概念、性质和特殊三角形。四边形研究的是图形的有关概念、性质和特殊四边形。三角形的性质研究的是构成它的基本元素（边和角）的性质，以及它的相关元素（中线、高线、角平分线）的性质。四边形研究的也是它的基本元素的性质，以及它的相关元素的性质。三角形的特例要研究它的定义、性质和判定，性质研究构成它的基本元素的性质，以及相关元素的性质。四边形的特例也要研究它的定义、性质和判定，性质研究构成它的基本元素的性质，以及相关元素的性质。在几何图形的学习过程中，我们要让学生充分体会类比探究的学习方法。

2. 在探索方法上进行类比学习

比如，学习三角形相似的探索方法和三角形全等的探索方法一致，在学习三角形相似时先让学生回顾三角形全等的探索过程，让学生从三角形的元素着手，划分探索的类型，通过画图来探索三角形相似的判定方法。

3. 新旧知识进行转化化归学习

在学习平行四边形时，我们可以引导学生把四边形转化为三角形，再利用三角形的相关知识来解决四边形的问题。在教学中，我们要注重引领学生进行新旧知识的联系和转化，进一步培养学生的化归思想。

(三)掌握几何图形研究过程中蕴含的数学思想

1. 数形结合思想

研究几何图形就是研究图形的各要素之间的位置关系和数量关系。在具体研究过程中，我们发现处处存在着数形结合思想，即由位置关系决定数量关系，由数量关系来刻画位置关系。

问题1：从边长为 a 的正方形内去掉一个边长为 b 的小正方形，如图 3-29(1)所示，然后将剩余部分剪拼成一个矩形，如图 3-29(2)所示，上述操作所能验证的等式是(　　　)。

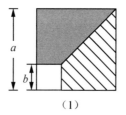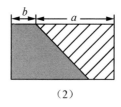

(1)　　　　　　　(2)

图 3-29

A. $(a-b)^2 = a^2 - 2ab + b^2$ 　　　　　B. $a^2 - b^2 = (a+b)(a-b)$

C. $(a+b)^2 = a^2 + 2ab + b^2$ 　　　　　D. $a^2 + ab = a(a+b)$

问题2：$|a|$ 表示数 a 在数轴上的对应点与原点的距离。例如，

$|5|$ 表示 5 在数轴上的对应点到原点的距离，而 $|5|＝|5-0|$，即 $|5-0|$ 表示 5 与 0 在数轴上对应的两点之间的距离。类似地，$|5+3|＝|5-(-3)|$，表示 5 与 -3 在数轴上对应的两点之间的距离。一般地，点 A，B 在数轴上分别表示有理数 a，b，那么 A，B 之间的距离可表示为 $|a-b|$。

完成下列题目。

(1)A，B 为数轴上两点，点 A 对应的数为 -2，点 B 对应的数为 4。

①A，B 两点之间的距离为_____；

②折叠数轴，使点 A 与点 B 重合，则表示 -3 的点与表示_____的点重合；

③若在数轴上存在一点 P 到点 A 的距离是点 P 到点 B 的距离的 2 倍，则点 P 所表示的数是_____。

(2) 求 $|x-2|+|x+2|$ 的最小值为 _____，若满足 $|x-2|+|x+2|＝6$，则 x 的值是_____。

问题 1 是要求用代数式表示出阴影部分的面积，这里就运用了数形结合思想。从边长为 a 的正方形内去掉一个边长为 b 的小正方形后剩余部分的面积和拼成的矩形的面积相等，根据面积相等，就可得出一个等式 $a^2-b^2＝(a+b)(a-b)$。问题 2 根据数轴上 A，B 两点之间的距离，代入数值，运用绝对值即可求任意两点间的距离；根据数轴上两点之间的距离公式可得出 $|x-2|+|x+2|$ 的最小值。

2. 从一般到特殊的思想

在代数问题的研究中，用的往往是从特殊到一般的研究方法，由一些具体的、特殊的例子入手，然后归纳出抽象的、一般的结论。而在几何图形的研究中，我们往往用的是从一般到特殊的方法。比如，对于三角形的研究，我们先研究一般三角形的概念、性质，再研究特殊三角形的概念、性质、判定。三角形全等的研究，也是按照先一般再特殊的方法，先研究任意三角形全等的条件，再研究两个直角三角形全等的条件。对于四边形的研究，同样按照从一般到特殊的方法，先研究一般平行四边形的概念、性质，再研究特殊平行四边形(矩形、菱形、正方形)的概念、性质、判定。

3. 方程思想

对于有些几何问题，当存在很多相关的数量关系时，我们可以通过设未知数，找出已知量与未知量的相关联系，找出其中存在的等量关系，列出一元一次方程来解决图形与几何问题。比如，我们可以通过列一元一次方程来解决几何图形中的角的度数和线段的长度的问题。

问题 1：如图 3-30 所示，直线 AB，CD 相交于点 O，$\angle AOM = 90°$，$\angle BOC = 4\angle BON$，且 OM 平分 $\angle CON$，求 $\angle MON$ 的度数。

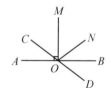

图 3-30

问题 2：如图 3-31 所示，已知线段 AB 和 CD 的公共部分 $BD = \dfrac{1}{3}AB = \dfrac{1}{4}CD$，点 E，F 分别是线段 AB，CD 的中点。若 EF 的长是 10 cm，求 AB，CD 的长。

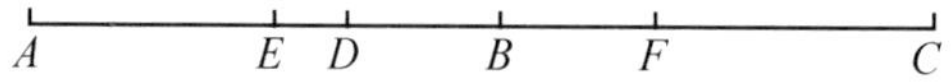

图 3-31

问题 1 考查了邻补角、角平分线的定义。这里就可以借助方程思想来解决问题。我们可以设 $\angle BON = x°$，则 $\angle BOC = 4x°$，再根据角平分线的定义表示出 $\angle COM = \angle MON = \dfrac{1}{2}\angle CON$，再根据已知条件中的 $\angle BOM = 90°$，列出一个关于 x 的一元一次方程，然后求解即可。问题 2 考查了两点间的距离和中点的定义，这里主要运用了数形结合思想和方程思想。先设 $BD = x$，由题意得 $AB = 3x$，$CD = 4x$，$AC = 6x$，再根据中点的定义得到 $EF = AC - AE - CF = 2.5x$，且 E，F 之间的距离是 10 cm，所以 $2.5x = 10$，解方程得 x 的值，即可求 AB，CD 的长。

4. 分类讨论思想

在解决部分几何图形时，如果没有提供问题所依托的图形，或者有些问题的解决方案有多种类型时，就要利用分类讨论的方法来解决。利用分类讨论时，注意分类的标准，要做到不漏不重。

问题 1：已知线段 $AB=5$，C 是直线 AB 上一点，且 $BC=2$，则线段 AC 的长为（　　）。

A. 7　　　　　　B. 3　　　　　　C. 3 或 7　　　　D. 以上都不对

问题 2：若等腰三角形的一个角是 40°，则它的底角是（　　）。

A. 40°　　　　　B. 40° 或 70°　　C. 80° 或 70°　　D. 70°

问题 3：如图 3-32 所示，直线 AB，CD 相交于点 O，$\angle AOC=30°$，$\odot P$ 的半径为 1 cm，且 $OP=6$ cm，如果 $\odot P$ 以 1 cm/s 的速度沿由 A 向 B 的方向移动，那么_____s 后，$\odot P$ 与直线 CD 相切。

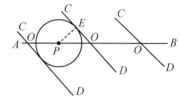

图 3-32

问题 1 中没有给出相应的图形。在解题时，我们就要提醒学生注意点 C 的位置，点 C 可能在线段 AB 上，也可能在线段 AB 的延长线上，这就需要分类讨论来解决。问题 2 也没有给出相应的图形，题目中所给出的 40° 角可能是等腰三角形的底角也可能是等腰三角形的顶角，这也需要分类讨论来解决。问题 3 中要求满足条件 $\odot P$ 与直线 CD 相切，但对于相切的位置没有进一步规定，CD 可能在 $\odot P$ 的右侧，也可能在 $\odot P$ 的左侧，这也需要分类讨论来解决。

5. 转化思想

在研究新问题或复杂问题时，常常把问题转化为熟悉的或比较简单的问题来解决。例如，四边形的问题往往要转化成三角形的问题来解决，三角形的问题可以转化为线段的问题来解决。

问题 1：如图 3-33 所示，Rt△ABC 的周长为 2 021，在其内部有 5 个小直角三角形，且这 5 个小直角三角形都有一条边与 BC 平行，则这 5 个小直角三角形周长的和为_____。

问题 2：如图 3-34 所示，已知 $AB=CD=AE=BC+DE=2$，$\angle ABC=\angle AED=90°$，则五边形 $ABCDE$ 的面积为（　　）。

A. 7　　　　　　B. 6　　　　　　C. 5　　　　　　D. 4

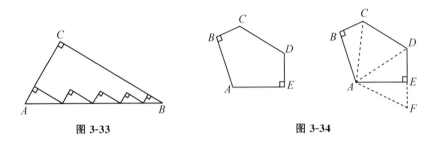

图 3-33   图 3-34

问题 1 中，每一个小直角三角形的周长并不知道，不能分别进行求解。这就需要转变解题思路，把要求的三角形周长问题进行合理的转化来解决。我们引导学生可以把小直角三角形与 AC 平行的边的和转化为 AC，把与 BC 平行的边的和转化为 BC，则小直角三角形的周长和等于大直角三角形的周长，从而得出结论。正确理解小直角三角形的周长和等于大直角三角形的周长是解题的关键。问题 2 中，五边形 $ABCDE$ 不是规则的图形，它的面积不能直接求解，也需要进行合理的转化来解决。将五边形 $ABCDE$ 的面积转化为两个 $\triangle ADF$ 的面积来解决。延长 DE 至点 F，使 $EF = BC$，连 AC，AD，AF，可得 $\triangle ABC \cong \triangle AEF$，然后再证得 $\triangle ACD \cong \triangle AFD$，最后再根据三角形的面积公式得出结论即可。

第二节　两个几何图形之间的关系的研究

前面我们研究的都是一个图形的性质和判定方法。当出现两个几何图形时，我们也要研究它们之间的位置关系和数量关系。下面重点分析三角形的全等和相似。三角形的全等和相似有着相同的逻辑主线。

当给出两个三角形时，我们先从数量关系研究。数量关系包括两个三角形的形状和大小。这里，有的教师不明白怎么给学生说明数量关系包括形状关系。我们知道研究两个三角形，首先是从形状和大小两个方面确定关系。两个三角形全等，教材给出的定义是能够完全重合，实际上完全重合包含着形状相同和大小相等两个方面的含义。当两个三角形全等时，它们的形状就相同，从这个层面理解，学生是容易接受的。但两个三角形形状相同时不一定全等，教师很少能从这个层面去解释。因为在学习三角形全等时，给出的题目就是证明全等，或用全等解决问题，不会让学生区分形状相同和全等的区别。所以，在教学中，我们一般不会给学生做出解释。但研究相似三角形时，教材给出的定义是："我们把形状相同的图形叫相似图形"，这时就必须解释形状相同的含义了。但是，有的教师不会从思维的本质去解释，而是从形状入手解释。例如，一个直角三角形和一个等边三角形，虽然都是三角形，但它们的形状不相同，而两个等边三角形总是形状相同的。一个矩形和一个正方形，虽然都是四边形，但它们的形状不相同，而两个正方形的形状就相同。这样的解释是让学生在头脑中以几何图形的形状去感知形状相同，而没有抓住形状相同的实质，就不能让学生真正理解。教材中给出的解释是：两个图形相似，其中一个图形可以看成另一个图像放大或缩小得到。那么，放大或缩小在几何图形上怎样理解呢？放大或缩小指的是数量关系，对应边的长度成比例缩放，而对应角的大小不变。于是，我们可以理解形状形同的本质就是边数相同的多边形的对应角相等、对应边成比例。那么全等就是对应边的比值为1，是特殊的相似，是对应角相等、对应边也相等的图形。同时就解释清楚了形状相同实际上是两个图形的数量关系。也就是说，两个三角形的全等和相似都是两个三角形的数量关系，对两个三角形的位置没有特殊要求。

一、两个图形的全等

我们知道，能够完全重合的两个图形叫作全等形。如果两个图形全等，那么这两个图形必定是形状和大小均相同。判定两个图形是否全等时，需要从形状和大小这两个方面来进行判定。如果这两个图形形状相同，但大小不同，那么这两个图形就不是全等的。

研究两个三角形的某一种关系时，仍然按照一个几何图形的研究路径来进行。定义、性质和判定结合起来有助于我们进一步认识图形。定义反映的是图形中最基本的关系；性质反映的是其组成元素及相关元素的基本关系；判定反映的是用图形的基本元素的关系来说明一个图形的形状。研究两个三角形全等，就是要研究两个三角形全等的定义、性质、判定与应用，这也是研究图形的一般逻辑，是几何学的一个重要内容。三角形全等是证明线段相等、角相等的一种重要方法。

三角形全等的探索源于生活实际，源于测量的需要。全等三角形在数学问题中、在生活中也有着广泛的应用。研究三角形的判定仍然需要研究构成两个三角形的基本元素。学习三角形全等的条件是通过三角形的六个元素(三条边、三个内角)来进行探索的。我们可以引领学生通过画图来思考下列问题：(1)一个角对应相等的两个三角形是否全等？(2)两个角对应相等的两个三角形是否全等？(3)三个角对应相等的两个三角形是否全等？(4)一条边对应相等的两个三角形是否全等？(5)两条边对应相等的两个三角形是否全等？(6)三条边对应相等的两个三角形是否全等？(7)两角一边分别对应相等的两个三角形是否全等？(8)两边一角分别对应相等的两个三角形是否全等？在探究过程中，我们要让学生明白：一是两个三角形全等是通过构成三角形的基本元素的关系来研究的，并按照已知一个元素的相等关系、两个元素的相等关系、三个元素的相等关系的顺序来逐步研究的，要确定两个三角形的全等关系，至少需要三个元素的数量关系。二是三角形全等的本质就是探究能让三角形的形状唯一确定的基本元素。

全等三角形的判定方法可以采用文字语言、图形语言、符号语言等多种形式来表示。三角形全等判定定理的证明都经历先利用叠合法描述说理，再利用尺规作图证明的过程。比如，说明"SSS"成立的方法是这样的：先任意画出一个$\triangle ABC$，再通过尺规作图作出一个与其三边分别相等的$\triangle A'B'C'$，然后剪下来放在一起，发现$\triangle ABC$与$\triangle A'B'C'$这两个图形完全重合，于是得到了相应的判定方法。这里采取的是尺规作图的方式。全等三角形的判定方法中，选用哪一种方法，取决于题目中的已知条件。若已知两边对应相等，则可以找它们的夹角或第三边对应相等。若已知两角对应相等，则必须再找一组边对应相等，且这个边必须是这两个角的夹边。若已知一边一角对应相等，则需要再找出另一组角对应相等，或找出这个角的另一个邻边对应相等。

　　两个三角形有哪些特殊的位置关系呢？在图形变换中，我们研究了图形的平移、旋转和轴对称。任何一个三角形都可以通过这些变换得到一个与它全等的三角形。在教学中，我们要引导学生学会分析，其实很多复杂的全等图形都可以通过三角形的平移、旋转和轴对称变换后形成。因此，在分析图形时，我们既要关注图形中相关元素的数量关系，又要关注几个图形或图形中元素间的位置关系。特殊位置下，两个三角形全等的模型很多，如表 3-1 所示。

表 3-1

模型	图示
平移型	
对称型	
旋转型	
平移＋旋转型	
角平分线型	
三垂直型	

　　这些图形都是由一个三角形经过平移，或翻折，或旋转后形成的复合图形。在证明三角形全等时，除了题目中所给出的已知条件外，我们还需要从图形中找出相关的边角条件。如何挖掘图形中隐藏的边角条件呢？常见的隐藏的边角条件有公共边、公共角、对顶角。下面我们从公共边的视角来分析两个三角形的全等关系。比如，在人教版数学八年级

上册"三角形全等的判定"中所提供的例题就涉及了公共边的问题。在这部分教学时，我们要提供更多的具有公共边的几何图形，引导学生了解不同图形中公共边的多种类型。比如，与位置有关且含公共边的两个全等三角形如图 3-35 所示。

图 3-35

与公共边相似，教材例题中也多次出现公共角、对顶角，我们就可以类比上面的探究方法去挖掘其中的各种情形并进行归纳。

二、两个图形的相似

研究两个图形的相似，可以类比研究三角形全等的方法来进行。研究相似三角形时，仍然需要研究相似三角形的基本元素的关系和相关元素的关系。研究相似三角形的判定方法时，也需要通过研究三角形的基本元素的数量关系和位置关系来进行判断。在教学时，我们可以让学生先回顾三角形全等的探索过程，引领学生从三角形的基本元素着手，通过画图来探索得到三角形相似的判定方法。

数学思想从宏观上引领学生切入问题的思维路径，数学方法从微观上引领学生寻找解决问题的具体方法，而思维贯穿于整个解决问题的过程中。从三角形全等的研究方法可以抽象出两个三角形关系的研究方法，如图 3-36 所示。

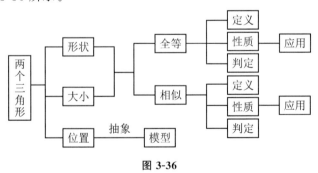

图 3-36

下面可以这样设计三角形全等到相似的判定方法的类比教学。

教师引导：我们知道，三角形全等是由构成它的基本元素组合判定的。两个三角形相似也可以由组成它的基本元素组合来判定。请猜想一下，判定两个三角形相似有哪些方法？三边分别相等的两个三角形全等，就有了"SSS"的判定方法。此时，两个三角形对应三边的比值是 $1:1:1$。请同学们类比一下，当相似三角形对应三边的比为 K 时，能不能判定这两个三角形相似？

上面的教学设计就体现了类比的思维教学，它是通过让学生类比全等的判定方法来得到相似的判定方法的。

师：请同学们回忆一下，我们是如何来证明全等三角形的"SSS"的判定方法的？

生：先任意画一个三角形，再通过尺规作图画出一个与其三边分别相等的三角形，然后剪下来放在一起，两个三角形完全重合，就得到了"SSS"的判定方法。

师：非常好，实际上我们运用了叠合法。如何证明三边对应成比例的两个三角形相似呢？能否类比这个叠合法呢？我们如何把其中一个三角形叠在另一个三角形的上面呢？

上面的教学片段，通过不断设置问题，让学生形成类比思维。在上面的教学中，学生的思维既要类比三角形全等的证明方法中的叠合法，又要关联相似三角形大小不同的情况，还要关联相似三角形的预备定理，这就是类比思维的变化与创新。在课堂活动中，学生运用类比思维，会不断发现知识之间的关联，不断地进行思维关联与思维创新。

通过分析，我们已知道通过对称、旋转、平移可以得到三角形的全等变换。在研究三角形相似时，我们也要考虑两个三角形相似时常见的位置结构。图3-37中的两个三角形具有简单明了的位置。但在实际学习中，两个相似三角形往往具有很多种位置关系。在这种情况下，我们就需要认真辨析，了解两个图形之间的思维关联。教学中，教师可以拿出事先准备好的两个形状一样、大小不一样的三角形模型（图3-37），让学生自己去拼，看能拼出多少种不同的位置。

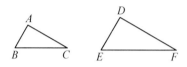

图 3-37

在学生的不断尝试中，我们要引导他们自己画出变换后的图形，并让他们在这个学习过程中积累数学活动经验。一般情况下，学生的拼法有以下几种，如图3-38至图3-41所示。

拼法1：

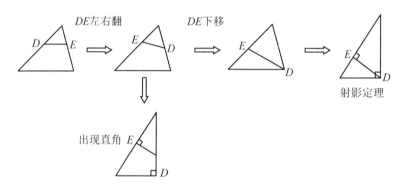

图 3-38

我们可以引导学生根据图形的特征，给它们取一些形象的名字，如X型、斜X型、手拉手型等，如图3-39所示。

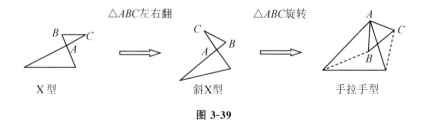

图 3-39

拼法2：

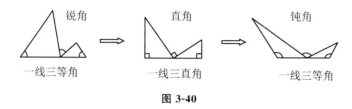

图 3-40

拼法2的延伸：

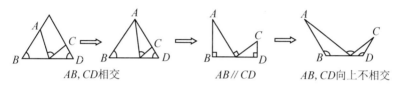

图 3-41

由上面的不同拼法以及图形变化可知，这些相似图形之间是存在内在联系的，但相关元素间的对应关系本质上不发生变化。如果能沿着一些思维主线去研究模型，明白图形之间的关联，应用起来就会得心应手。

当用相似三角形知识来解决实际问题时，我们就必须要不断地进行思维关联与思维创新。我们可以通过类比作为桥梁，从新旧知识之间的联结中寻找到解决问题的办法。比如，在学习北师大版九年级上册第四章"图形的相似"的第六节"利用相似三角形测高"时，不仅是让学生学会几种测高的方法，更重要的是让学生进行实践，参与到利用相似知识测量物体的高度的过程中。在实践当中，我们要引领学生思考应该如何来设计和书写实验报告，思考如何采取多次测量求平均数，思考如何进行合理测量以减少误差，同时要引领学生在工作实践中进行合理的小组分工与合作。

三、如何理解复合图形

任何复合图形都是由基本图形构成的。复合图形本质上就是各个基本图形的巧妙组合。熟练掌握各种基本图形的特征并做到灵活应用，就可以把复合图形转化成已经学过的基本图形上来。下面我们借助三个典型案例进行一下简要分析。

问题 1：如图 3-42 所示，已知 $\triangle ABC$ 中，$\angle B = 90°$，$AB = 16$ cm，$AC = 20$ cm，P，Q 是 $\triangle ABC$ 的边上的两个动点，其中点 P 从点 A 开始沿 $A \rightarrow B$ 方向运动，速度为 1 cm/s，点 Q 从点 B 开始沿 $B \rightarrow C \rightarrow A$ 方向运动，速度为 2 cm/s，它们同时出发，设出发的时间为 t s。

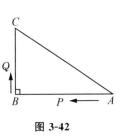

图 3-42

(1) $BC = $ _____ cm；

(2) 当 t 为何值时，点 P 在边 AC 的垂直平分线上？此时 $CQ = $ _____；

(3) 当点 Q 在边 CA 上运动时，直接写出使 $\triangle BCQ$ 成为等腰三角形的运动时间。

问题 1 给出的图形看似比较简单，但问题中涉及的知识点比较多，具体考查了勾股定理、等腰三角形的性质、方程思想及分类讨论思想等数学知识。化"动"为"静"是解决这类问题的一般思路，在解题过程中要注意方程思想的应用。第一问由勾股定理可得 $BC = \sqrt{AC^2 - AB^2} = \sqrt{20^2 - 16^2} = 12$(cm)。第二问我们可以用时间 t 表示出相应线段的长，则 $PC = PA = t$，$PB = 16 - t$，由勾股定理可得 $12^2 + (16 - t)^2 = t^2$，解出 $t = \dfrac{25}{2}$。在此基础上可以求出 CQ 的长度。第三问用 t 分别表示出 BQ 和 CQ 的长度，利用等腰三角形的不同情况可分 $BQ = BC$，$CQ = BC$ 和 $BQ = CQ$ 三种情况(图 4-43)，从而得到三个关于 t 的方程，进而得出 t 的值，所以当 t 为 11 s 或 12 s 或 13.2 s 时，$\triangle BCQ$ 为等腰三角形。

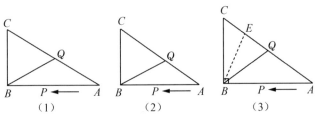

图 3-43

问题 2：如图 3-44 所示，$CA=CB$，$CD=CE$，$\angle ACB=\angle DCE=\alpha$。

(1)求证：$BE=AD$；

(2)当 $\alpha=90°$ 时，取 AD，BE 的中点分别为点 P，Q，连接 CP，CQ，PQ，如图 3-45 所示，判断 $\triangle CPQ$ 的形状，并加以证明。

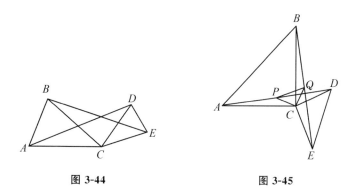

图 3-44   图 3-45

问题 2 是一道三角形综合题目。该问题呈现的图形也是一个复合图形。图 3-44 中有等腰三角形 ABC 和等腰三角形 DCE，图 3-45 中有等腰直角三角形 ABC，DCE，PCQ，可以综合运用等腰三角形和直角三角形的性质来解答问题。这个题目考查了全等三角形的判定、等腰直角三角形的判定以及三角形内角和定理的综合应用。第一问中已知 $CA=CB$，$CD=CE$，$\angle ACB=\angle DCE=\alpha$，利用"SAS"，即可判定 $\triangle ACD\cong\triangle BCE$；第二问中根据"SAS"可以判定 $\triangle ACP\cong\triangle BCQ$，再根据全等三角形的性质，得出 $CP=CQ$，$\angle ACP=\angle BCQ$，最后根据 $\angle ACB=90°$ 即可得到 $\angle PCQ=90°$，进而判定 $\triangle PCQ$ 为等腰直角三角形。

问题 3：(1)如图 3-46 所示，在 $\triangle ABC$ 中，$AB=4$，$AC=6$，AD 是 BC 边上的中线，延长 AD 到点 E 使 $DE=AD$，连接 CE，把 AB，AC，$2AD$ 集中在 $\triangle ACE$ 中，利用三角形三边关系可得 AD 的取值范围是_____；

(2)如图 3-47 所示，在 $\triangle ABC$ 中，AD 是 BC 边上的中线，点 E，F 分别在 AB，AC 上，且 $DE\perp DF$，求证：$BE+CF>EF$；

(3)如图 3-48 所示，在四边形 $ABCD$ 中，$\angle A$ 为钝角，$\angle C$ 为锐

角，$\angle B + \angle ADC = 180°$，$DA = DC$，点 E，F 分别在 BC，AB 上，且 $\angle EDF = \dfrac{1}{2}\angle ADC$，连接 EF，试探索线段 AF，EF，CE 之间的数量关系，并加以证明。

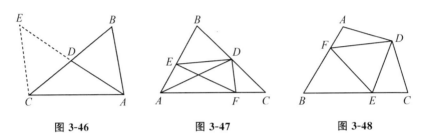

图 3-46   图 3-47   图 3-48

问题 3 是一道四边形综合题。该问题考查了全等三角形的判定和性质、三角形中线的性质、三角形的三边关系等知识。该问题解题的关键是学会延长中线，通过构造全等三角形解决问题。第一，先证明 $\triangle CDE \cong \triangle BDA$（SAS），可以推导出 $CE = AB = 4$。然后在 $\triangle ACE$ 中，利用三角形的三边关系解决问题。第二，图 3-47 中，延长 ED 到点 H，使得 $DH = DE$，连接 CH，然后证明 $\triangle BDE \cong \triangle CDH$（SAS），推出 $BE = CH$，再证明 $EF = FH$，利用三角形的三边关系即可解决问题。第三，结论：$AF + EC = EF$。延长 BC 到点 H，使得 $CH = AF$。提供两次全等证明 $AF = CH$，$EF = EH$，即可解决问题。

第三节　几何图形中数量关系的研究

几何图形的学习有助于培养学生的空间观念、几何直观、推理能力等核心素养。平面几何中对特殊三角形（等腰三角形、等边三角形、直角三角形）和特殊四边形（平行四边形、矩形、菱形、正方形、梯形）的性质进行了系统研究。这些图形从表面上看形状各不相同，图形的性质自然也各不相同。但是透过这些表面的不同，我们可以发现所有图形的性质的研究方法是相同的，都是研究图形的边的数量关系和位置关系、角的数量关系和位置关系、内部特殊线段(中线、高线、角平分线等)的数量关系和位置关系,以及图形的对称性等。学生掌握了对图形展开研究的方法结构,就可以类比到其他同类知识的学习过程中去。

数量关系与位置关系是研究几何图形的两大重要关系。无论研究哪一种关系,都离不开分析图形的直观性。我们可以借助图形从形的层面得到位置关系,从数的角度得到数量关系。在很多情况下,在问题解决的过程中,我们往往要由位置关系推出对应的数量关系,由数量关系推出对应的位置关系,这就是数形结合的思想方法。

一、角与线段的数量关系

平面中的基本要素是点和线。"线"本身就具有位置关系——相交、垂直、平行,其中垂直和平行是比较重要的两种位置关系。在同一平面内,如果两条直线没有交点,那么它们的位置关系就是平行的。在平行线定义的基础上系统研究了平行线的性质定理与平行线的判定定理。平行线的判定是由角的数量关系来推导线的位置关系;平行线的性质是由线的位置关系来推导角的数量关系。这个知识点的学习也为后续学习提供了一个很好的思考问题的方法。也就是说,在几何图形中研究几何元素间的关系时,一般都是从数量关系和位置关系两个方面去分析,可以利用位置关系来推导数量关系,也可以利用数量关系来推导位置关系。

"几何图形初步"章节出现在人教版七年级上册第四章,线段与角是该章节的重要内容。线段与角是平面几何中最基本的图形。研究线段的内容与方法可以类比到研究角的内容与方法中去,对后面其他几何图形的研究也可以起到引领作用。

学生在小学已经对线段与角有了初步的认识,到初中以后学习线段与角是在小学学习基础上的延续。我们对线段与角的研究逻辑是通过实物和模型抽象出几何图形,然后用文字语言表示出来,再用符号语言表示出来。对线段与角研究的内容有:线段的大小比较和角的大小比较(度量、叠合);线段上的特殊点(中点),角内部的特殊射线(角平分线);线段的运算;角的运算。这些研究内容本质上就是对线段(角)的位置关系和数量关系的研究。位置关系是数量关系的直观表达，数量关系是位置关系的具体刻画。

线段中的数量关系主要表现为线段的和差、倍分等运算。我们发现，线段的和差、倍分，均由图形语言转化为线段之间的数量关系，而这种数量关系将在后面线段的运算中得到应用。从线段的大小比较中可以引出线段的和差，如图 3-49 所示，线段 AC，AD 的长度可以分别表示为 $a+b$，$a-b$。

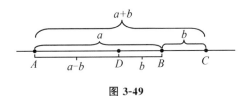

图 3-49

由线段的等分点引出线段的长度的倍分关系。如图 3-50 所示，若点 M 是线段 AB 的中点，则 $AM=MB=\frac{1}{2}AB$ 或 $AB=2AM=2MB$。反之，若 $AM=MB=\frac{1}{2}AB$ 或 $AB=2AM=2MB$，则点 M 是线段 AB 的中点。同理，若点 M，N 是线段 AB 的三等分点，则 $AM=MN=NB=\frac{1}{3}AB$ 或 $AB=3AM=3MN=3NB$。反之，若 $AM=MN=NB=\frac{1}{3}AB$ 或 $AB=3AM=3MN=3NB$，则点 M，N 是线段 AB 的三等分点。

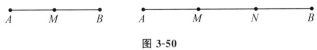

图 3-50

类似地，角的数量关系也表现在角的和差、角的倍分等方面。教材中利用角的大小比较引出了角的和差关系。如图 3-51 所示，用叠合法比较 $\angle AOB$ 和 $\angle AOC$ 的大小时，固定 $\angle AOC$，根据边 OB 所在的位置，不仅能

图 3-51

判断出 $\angle AOB$ 和 $\angle AOC$ 的大小关系，还能得到图形中角的数量关系。例如，$\angle AOB + \angle BOC = \angle AOC$，$\angle AOC - \angle AOB = \angle BOC$，$\angle AOC - \angle BOC = \angle AOB$。

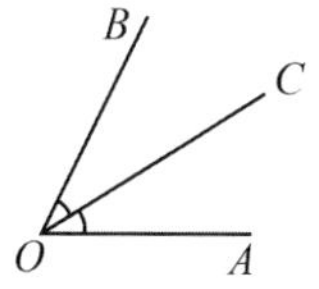

与线段的中点问题相似，根据角平分线的定义可以引出角的倍分关系。如图 3-52 所示，射线 OC 在 $\angle AOB$ 的内部旋转，当 OC 旋转到把 $\angle AOB$ 分成两个相等角的位置时，即 $\angle AOB$ 的平分线，对应的数量关系就是

图 3-52

$\angle BOC = \angle AOC = \dfrac{1}{2}\angle AOB$，$\angle AOB = 2\angle BOC = 2\angle AOC$。

反之，若 $\angle BOC = \angle AOC = \dfrac{1}{2}\angle AOB$ 或 $\angle AOB = 2\angle BOC = 2\angle AOC$，则射线 OC 就是 $\angle AOB$ 的平分线。

线段与角知识的教学有助于学生对图形的认识与对数量关系的认识，有助于学生能在图形与相应的数量关系之间建立起联系。同线段一样，角的和差、倍分，也可以通过角的图形语言转化为角之间的数量关系，而这种数量关系将在后面角的运算中得到应用。

站在数学的高处看数学，会发现数学的规律之美、类比之美、统一之美等，实际上是逻辑之美。数与形的转化常常是可以互逆的。我们从形的层面研究了线段的中点，从数的层面得到了线段的长度相等；从形的层面研究了角平分线，从数的层面得到了角的相等关系。同样，线段的垂直平分线的性质也是由形的位置关系到数量关系，即线段垂直平分线上的点到这条线段的两个端点的距离相等。反过来，由一个点到角两边相等的距离可以确定点在这个角的平分线。因此，图形与数量常常是可以互逆的，它们之间有一种对应关系。在实际运用中，我们更多的是运用数量关系的符号语言去表达题目的图形语言和文字语言。

线段模型：

(1)如图 3-53 所示，若 C 是线段 AB 上一点，M，N 分别是 AC，BC 的中点，则线段 MN 与 AC，BC 之间有什么关系？

图 3-53

(2)如图 3-54 所示，若点 C 在线段 AB 的延长线上或 BA 的延长线上，M，N 分别为 AC，BC 的中点，则线段 MN 与 AC，BC 之间有什么关系？

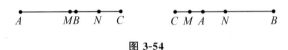

图 3-54

角的模型：

(1)如图 3-55 所示，OC 是 $\angle AOE$ 内部的一条射线，OB 是 $\angle AOC$ 的平分线，OD 是 $\angle COE$ 的平分线，$\angle BOD$ 与 $\angle AOC$，$\angle COE$ 之间有什么关系？

(2)如图 3-56 所示，OC 是 $\angle AOE$ 外部的一条射线，OB 是 $\angle AOC$ 的平分线，OD 是 $\angle COE$ 的平分线，$\angle BOD$ 与 $\angle AOC$，$\angle COE$ 之间有什么关系？

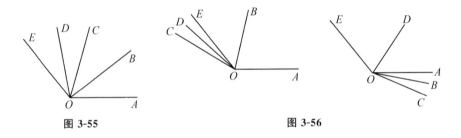

图 3-55   图 3-56

从线段模型与角的模型不难看出，$MN = \dfrac{1}{2}(AC + BC)$，$MN = \dfrac{1}{2}(AC - BC)$ 或 $MN = \dfrac{1}{2}(BC - AC)$，$\angle BOD = \dfrac{1}{2}(\angle AOC + \angle COE)$，$\angle BOD = \dfrac{1}{2}(\angle AOC - \angle COE)$ 或 $\angle BOD = \dfrac{1}{2}(\angle COE - \angle AOC)$。这些数量关系之间存在着一致性。这种一致性来源于线段与角之间逻辑的相似。类比的研究方法是数学的研究方法之一，可以迁移至其他的图形研究之中。

二、三角形与四边形的数量关系

三角形与四边形中的基本元素和相关元素之间存在着怎样的位置关系和数量关系呢？它们之间又是如何关联的呢？

首先来看数量关系在一个三角形中的表达。比如，根据三角形边的要素相等与否可以得到等腰三角形与等边三角形的定义。我们根据三角形的两边之和大于第三边、两边之差小于第三边来探究三角形三边之间的关系。在直角三角形中，我们用数量关系 $a^2 + b^2 = c^2$ 来表达勾股定理。这些内容的本质都反映了用数量关系来表达三角形的边之间的关系。比如，三角形的内角和180°、外角和360°，三角形中外角与不相邻的两个内角的结论，直角三角形中两锐角互余，等腰三角形两底角相等，这些结论都是围绕角之间的数量关系展开的。在对三角形的中位线研究中，发现三角形的中位线平行于三角形的第三边且等于第三边的一半，既含有图形的位置关系又含有数量关系。再比如，我们也可以通过边的大小、角的大小来判定两个三角形是否全等。

三角形部分图形中蕴含着很多数学结论，表示的就是各个元素间的数量关系。比如，下列给出一些基本图形，每个图形中就存在着一定的数量关系。

图形一：箭头型（图 3-57）。

结论：$\angle BOC = \angle A + \angle B + \angle C$。

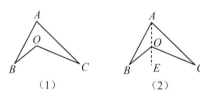

（1）　　　（2）　　　（3）

图 3-57

图形二：内角平分线型（图 3-58）。

结论：$\angle BOC = 90° + \dfrac{1}{2}\angle A$。

图形三：外角平分线型（图 3-59）。

结论：$\angle AEC = 90° - \dfrac{1}{2}\angle B$。

图形四：内角与外角平分线相交型（图 3-60）。

结论：$\angle D = \dfrac{1}{2}\angle A$。

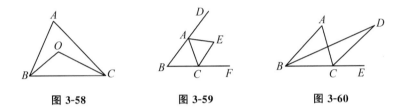

图 3-58   图 3-59   图 3-60

图形五：折叠三角形一角（图 3-61）。

结论：$\angle 1 + \angle 2 = 2\angle A$。

图形六：直线截割一角（图 3-62）。

结论：$\angle 1 + \angle 2 = 180° + \angle B$。

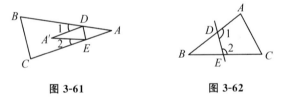

图 3-61   图 3-62

　　三角形中对数量关系的研究还有很多结论。我们研究的重点是结合图形从形的层面与数的层面两个方面进行研究。

　　再看数量关系在四边形中的表达。我们对很多四边形问题的研究也是用数量关系来表达的。平行四边形的性质研究中，有些性质也是从边、对角线的特殊位置关系和数量关系来表达的。在探索平行四边形性质中，我们可以让学生用直尺、量角器等工具度量平行四边形的边和角，并记录下数据，引导学生先猜测 $AB = DC$，$AD = BC$，$\angle A = \angle C$，$\angle B = \angle D$ 等是否正确，然后通过引导学生把四边形问题转化为三角形问题进行逻辑证明，得出这些数量关系。由四边形 $ABCD$ 是平

行四边形可以推出 $AB=CD$，$AD=BC$；$\angle BAD=\angle BCD$，$\angle ABC=\angle ADC$；$OA=OC$，$OB=OD$。在对平行四边形性质的描述中，实现了由形到数的转化。

研究平行四边形的判定时，有些方法也是从边、对角线的特殊位置关系和数量关系来表达的。我们可以引导学生根据以前研究平行线的判定、三角形全等的判定方法的经验进行猜想：平行四边形的对边相等、对角相等、对角线互相平分。反过来，对边相等，或对角相等，或对角线互相平分的四边形是不是平行四边形呢？利用 $AB=CD$，$AD=BC$，或 $\angle A=\angle C$，$\angle B=\angle D$，或 $OA=OC$，$OB=OD$，都可以推导出四边形 $ABCD$ 是平行四边形。这里得到的平行四边形的判定方法正是利用了边、角、对角线之间的数量关系，足见数量关系在几何证明中的重要地位。在对平行四边形判定的描述中，实现了由数到形的转化。类似地，对矩形、菱形和正方形等特殊平行四边形的研究仍然存在着图形与数量关系之间的相互转化。

三、与圆有关的数量关系

圆是学生初中阶段学习的第一个曲线形图形，也是初中阶段学习的最后一个平面图形。由直线形到曲线形，是学生认识上的一个飞跃。我们在教学中要加强圆与已学习过的直线形图形的联系，让学生能在直线形图形学习的基础上进一步学习圆的有关知识，从而体会研究几何图形的思维与方法，引领学生进一步领悟几何学的学科观点。

在圆的教学中，离不开线与角的位置关系与数量关系这两个维度。数量关系与位置关系总是密不可分、彼此关联的。在圆的学习中，有通过对位置关系的研究得到数量关系的，也有通过用数量关系的表达发现位置关系的。比如，圆是一个轴对称图形，它有无数条对称轴。垂径定理就是圆轴对称性的具体化表现，它建立起了直径、弧、弦之间的数量关系。垂径定理在位置关系上有两个体现：一是通过圆心的直线；二是垂直于弦。在这两个特殊位置下，我们得到了"三个中点"的数量关系。经过垂径定理衍生出来的直角三角形也是垂径定理衍生出来的一个重要的数量关系，即半径、半弦、弦心距之间的平方关系。在弦长 a、弦心距 d、半径 r 以及弓形高 h 中，利用垂径定理与勾股定理，由其中任意两个要素都可以求出其余两个要素，进而可以完成圆中的有关计算。

再比如，我们还利用圆的旋转不变性得到弧、弦、圆心角之间的关系定理。由弧、弦、圆心角之间的定理建立了弧、弦、圆心角之间的数量关系。在弧、弦、圆心角之间的关系中，这种由相等的数量关系得到另外的相等数量关系是证明弧、弦、圆心角相等的非常重要的方法。圆是角的"搬运工"。"以弧定角"或"以弦定角"是研究圆周角、圆心角的思维主线。圆中对角的研究是丰富的，我们可以借助弧或弦的相等来研究圆心角之间的数量关系。我们借助弧及其圆心角来研究圆周角的性质时，表现出来的数量关系是：在同圆或等圆中同弧或等弧所对的圆周角都相等，都等于该弧所对圆心角的度数的一半。通过圆周角定理的探究，让学生体会到在圆的背景下对角的关系研究的基本方法是通过弧来刻画角的数量关系。

当我们从数量关系与位置关系两个维度对几何图形进行研究时，数量关系与位置关系往往存在着辩证统一。位置关系往往决定数量关系，数量关系也往往决定位置关系。它们具有某种对应性，在与圆有关的位置关系中表现尤为明显。在教学中，我们要善于引导学生通过观察、测量，发现这种位置关系所对应的数量关系。比如，研究点与圆的关系时，我们根据点与圆的位置关系可以得到下列数量关系。

点 P 在 $\odot O$ 内 $\Leftrightarrow d < r$；

点 P 在 $\odot O$ 上 $\Leftrightarrow d = r$；

点 P 在 $\odot O$ 外 $\Leftrightarrow d > r$。

不难看出，点与圆的这种位置关系，可以通过点的代数特征来进行刻画。再比如，研究直线与圆的关系时，我们可以类比点与圆的位置关系的刻画方法，用圆心到直线的距离来刻画直线与圆的三种位置。这样，直线与圆的位置关系刻画就可以通过某种数量关系来表达。

直线与 $\odot O$ 相离 $\Leftrightarrow d > r$；

直线与⊙O 相切⇔d＝r；

直线与⊙O 相交⇔d＜r。

再比如，在研究切线的性质时，我们把"圆心到直线的距离等于半径"这样的数量关系转化成"直线与圆是相切的"的位置关系。这样，在切线推理时，就可以根据直线的位置来做切线的判定了。通过以上研究发现，位置关系与数量关系在某些地方存在着辩证统一，我们既可以由位置关系确定数量关系，也可以由数量关系确定位置关系，这也是数与形的统一，是数形结合思想的典型应用。

在直线与圆的位置关系中，相切是最重要的一种位置关系。相切即过圆上一点作圆的切线，此时切线是唯一的。那么，过圆外一点可以作圆的几条切线呢？我们可以让学生尝试作图，通过探究就会发现过圆外一点可以作出圆的两条切线，并且图形中蕴含着很多数量关系，这就是圆的切线长定理。切线长定理是圆的轴对称性的又一个经典体现。在这个经典的图形中，蕴含了各种相等的数量关系，如图 3-63 所示。

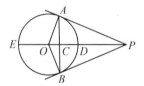

图 3-63

相等的线段：$PA＝PB$，$AC＝BC$，$OA＝OB$。

相等的角：$\angle OAC＝\angle OBC＝\angle APC＝\angle BPC$，$\angle PAC＝\angle PBC＝\angle AOC＝\angle BOC$，$\angle AOE＝\angle BOE$，$\angle PAO＝\angle PBO＝\angle ACP＝\angle BCP＝\angle OCA＝\angle OCB＝90°$。

相等的弧：$\overset{\frown}{AD}＝\overset{\frown}{BD}$，$\overset{\frown}{AE}＝\overset{\frown}{BE}$。

全等三角形：$\triangle AOP\cong\triangle BOP$，$\triangle AOC\cong\triangle BOC$，$\triangle ACP\cong\triangle BCP$。

等腰三角形：$\triangle ABP$，$\triangle AOB$。

切线长定理对相关点和线的位置有特殊要求，首先是过圆外一点作圆的两条切线，其次是作出该点与圆心的连线。在这种位置的前提下刻画了线段相等、角相等、弧相等的数量关系。因此，它为证明线段、角、弧相等以及垂直关系等提供了重要方法。

正多边形与圆的数量关系。正多边形的定义在圆中的逻辑演绎：弧相等→弦相等、圆周角相等→多边形各边相等、各角相等→多边形是正多边形。由此可以看出，借助圆来得到正多边形，是通过弧、弦、圆周角相等的数量关系推出来的。数量关系包括正多边形的边长、周长、面积、中心角等计算，正多边形的边长、半径、边心距之间通过勾股定理建立的数量关系。

我们还可以通过圆的半径与圆心角之间的数量关系去求弧长和扇形的面积。学生在小学已经初步学习过圆的周长和面积的计算方法。初中在对圆进行系统研究后，我们可以来挖掘一下圆的弧长公式及扇形面积公式背后的逻辑主线。这里，我们不能简单地告诉学生公式，然后让学生直接套用公式求解，而是要挖掘公式背后的思维逻辑。在研究公式之前，学生已有的知识储备除了圆的周长和圆的面积公式之外，还知道"在同圆或等圆中同弧或等弧所对的圆心角相等"。也就是说，通过圆心角所对的弧可以把角联系起来，弧等则角等，弧不等则角不等。那么圆心角与它所对的弧之间关系的代数形式是什么呢？由此想到圆周长 $2\pi R$ 与它对的 $360°$ 的圆心角的对应关系。如果把圆心角分成 360 等份，根据相等的圆心角所对的弧长相等，每一等份所对的弧长就是圆周长的 $\dfrac{1}{360}$，因此，我们可以把 $1°$ 的圆心角所对的弧长作为弧长的度量单位，由此知道弧长的度量单位是 $\dfrac{\pi R}{180}$，那么 $n°$ 的圆心角所对的弧长公式就是 $l = \dfrac{n\pi R}{180}$。由弧长公式知道，弧长的确定需要具备圆的半径和弧所对的圆心角两个条件。弧长随圆心角的变化而变化，在同一个圆中，已知圆的半径长是确定的，弧长就是圆心角度数 n 的函数，这样引领学生分析，就不仅仅是停留在让学生记住公式，而是让学生理解公式的内涵，知道弧长的变化与圆心角的大小的关系。同理，我们也可以推导出扇形的面积公式。如果圆的面积是 πR^2，那么把圆心角分成 360 等份，则 $1°$ 圆心角所对的扇形的面积就是 $\dfrac{\pi R^2}{360}$，$n°$ 圆心角所对的扇形的面积就是

$S=\dfrac{n\pi R^2}{360}$。圆的半径确定，扇形的面积是圆心角的度数 n 的函数，从而建构了几何知识和代数知识之间的相互关联，形成知识的网状结构。

我们知道，圆是一个曲线形图形，对圆的研究往往要加入三角形、四边形等直线形图形。比如，三角形的外接圆中，它的圆心是三边垂直平分线的交点，它的半径是这个点到任意一边的距离。这里也存在一些数量关系。比如，三角形的外心到三角形三个顶点的距离相等，这样的数量关系反映了外心的本质是线段垂直平分线的性质。对于直角三角形外心的特殊位置，我们得到了其外接圆半径等于斜边的一半这个数量关系。我们通过圆周角定理以及平角的定义也可以推导出圆内接四边形的性质。其性质也反映了角度之间的数量关系：圆内接四边形的对角互补，一个外角等于它的内对角。在三角形的内切圆中，它的圆心是三个角的角平分线的交点，它的半径是这个点到任意一个边的距离。这里也存在一些数量关系。比如，内心到三角形三边的距离相等；内心与三角形顶点的连线平分三角形的内角。这样的数量关系反映了三角形的内心的本质是三个角的角平分线的性质。下面给出三角形及内切圆之间有关的两个重要的数量关系。如图 3-64 所示，$\odot O$ 是$\triangle ABC$ 的内切圆，与其三边分别相切于点 D，E，F，连接 DE，EF，则 $\angle DEF=90°-\dfrac{1}{2}\angle A$。

如图 3-65 所示，$\odot O$ 与$\triangle ABC$ 的三边都相切，连接 OB，OC，则 $\angle BOC=90°+\dfrac{1}{2}\angle A$。

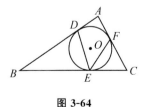

图 3-64　　　　　　图 3-65

215

三角形与它的内切圆之间关于角度的计算还有很多变式，这些变式很多都离不开上面的两个数量关系。在运用时，我们要善于观察图形特征，发现模型，化复杂为简单。三角形的周长、面积、内切圆的半径之间存在一定的数量关系：$r = \dfrac{2s}{a+b+c}$。在此基础上，我们可以进一步得到直角三角形的内切圆的半径与周长之间的数量关系 $r = \dfrac{ab}{a+b+c}$，进而探索得到了 $r = \dfrac{a+b-c}{2}$ 的数量关系。以上这些数量关系为三角形与其内切圆之间的一些计算提供了帮助。类比这样的研究方法，我们也可以很容易得到"圆外切四边形的对边之和相等"这样的数量关系。

第四章

函数的思维
与方法

函数是代数学中的一个重要分支，它是探索研究事物运动变化规律的重要工具，是从常量数学到变量数学的重大转折，它使得代数学研究的对象、研究的方法发生了根本变化。学生在学习函数时很难体会这种既抽象又变化的函数思想，常常出现初中即将毕业时，对函数概念还没有完全理解的现象。他们只是记住了函数的定义，但并不知道其真正含义。在平时教学过程中，我们不难发现，如果教师对函数知识所承载的思维及函数知识所承载的逻辑关系不做深入研究，而是照本宣科，再加上学生思维发展水平的局限性，就会使学生只停留在死记概念、性质的层面，数学思维及数学素养很难得到发展。因此，了解函数的发展，从整体上认识函数，把握函数的解析式、图像与性质之间的内在联系，找到研究函数的一般方法，梳理函数知识内在的逻辑关系，厘清函数与方程、不等式的联系，把握函数的本质，对我们教师的教学显得尤为重要。

函数的本质决定了函数的思维特点。把握函数的本质，就要从数与形两个方面进行研究，不断挖掘函数中两个变量的代数性质与几何性质，进而达到整体、系统地对函数知识进行理解的目的，这样教师才能把函数真正讲透，使学生的思维能力得到真正提高，使学生的数学素养得到真正提升。

第一节　函数概念的本质

自 17 世纪以来，众多数学家已经注意到一个变量对另一个变量的依赖关系，并从不同角度不断赋予这种依赖关系新的思想，最终形成了我们通常理解的两类定义——传统定义和近代定义。初中数学教材中引用的是传统定义：一般地，在一个变化的过程中，如果有两个变量 x 与 y，并且对于 x 的每一个确定的值，y 都有唯一确定的值与其对应，那么就说 x 是自变量，y 是 x 的函数。高中数学教材中引用的是近代定义：一般地，设 A，B 是非空数集，如果按照某种确定的对应关系 f，

使对于集合 A 中的任意一个数 x，在集合 B 中都有唯一确定的数 $f(x)$ 和它对应，那么就称 $f: A \to B$ 为从集合 A 到集合 B 的一个函数。

函数的传统定义是从运动变化的观点出发，而近代定义是从集合、映射的观点出发。虽然两个定义的出发点不同，但两个定义的本质是一样的。从函数概念的发展看，把握函数的本质就要回到函数的逻辑起点——同一个变化过程中两个变量之间的对应关系，这里需要在教学中用大量的事实让学生去感悟，让学生充分体会"唯一对应"的关系，而不是简单举几个例子让学生去背定义。

在建立和运用函数这种数学模型的过程之中，变化与对应思想是研究函数的重要基础。变化与对应思想包括以下两个基本意思：第一，世界是变化的，客观事物中存在大量的变量；第二，在同一个变化过程中，变量之间不是孤立的，而是相互联系的，一个变量的变化会引起其他变量的相应变化，这些变化之间存在对应关系。

函数是数量化地表达变化与对应思想的数学工具，变化规律表现在变量（自变量与函数值）之间的对应关系上，函数通过数或形定量地描述这种对应关系。教材中给出的函数定义是突出变化与对应的，其中主要有两层意思：第一，两个变量互相联系，一个变量变化时，另一个变量也发生变化；第二，函数与自变量之间是单值对应关系，自变量的值确定后，函数的值是唯一确定的。变化与对应思想是函数内容中蕴含的基本思想。

在函数概念教学中，要使学生理解定义的真正含义：运动变化与联系对应。使学生了解对于许多客观事物必须从运动变化的角度研究，许多问题中的各种变量是相互联系的，变量之间存在对应规律。变量的值之间存在对应关系，即单值对应关系，而刻画这种关系的数学模型就是函数。

关于函数的初始教学，应有意识地体现函数的本质。对于运动变化与联系对应思想的认识也是需要逐步理解的，所以教学中应注意在不同阶段对这一思想的渗透介绍要有不同的做法和要求，要逐步深化，要遵循从具体到抽象、从特殊到一般的认知规律去引导学生认识函数。

例如，在人教版数学八年级下册一次函数第一节"变量与函数"中，让学生理解什么是一个变化过程，其中存在着一个量随另一个量的变化而变化的现象，接着从具体的生活实例出发，通过大量生活问题引导学生会用变的眼光观察现实世界，在事例中感悟一个量随另一个量的变化而变化的现象，发展学生数学抽象的核心素养。再通过丰富的事例层层递进地对常量和变量概念进行理解。这里要经过两个过程：第一个过程是通过对量的感悟，对量进行对比，发现有些量的数值是不断变化的，有些量的数值是始终不变的；第二个过程是辩证地理解常量与变量，在同一事件中变量和常量因问题不同而不同，因此变量和常量是相对的。不仅要抽象出数学所要研究的对象，还要抽象出这些研究对象之间的关系，从而准确地感悟概念的本质。让学生能通过生活实例，抽象出常量与变量的概念及变量之间的共同关键特征，进而提炼出函数概念的本质。在这个过程中培养学生的数学建模与数学抽象思维能力，让学生在思考、对比、分析、迁移中，亲身经历从大量同类事物的不同例证中发现它们的共同关键属性，有效地培养学生的抽象概括能力。

一、初等函数的表示方法

初等函数是由幂函数、指数函数、对数函数、三角函数、反三角函数等组成的。人教版小学六年级数学教材中，学生认识了成正比例的量和成反比例的量，初中真正开始系统地对函数进行学习，学习顺序由一次函数向二次函数、反比例函数依次展开，高中逐步研究其他初等函数。

在呈现形式上，教材根据学生的年龄特征与知识积累，在遵循科学性的前提下，采用了逐级递进、螺旋上升的原则。

一般地，函数 $y=x^{\alpha}$（α 为常数）叫作幂函数。显然，我们初中所学的一次函数、二次函数及反比例函数都是由幂函数与常数经过有限次的有理运算及有限次函数复合得到的。

在人教版八年级下册"一次函数"中，学习了函数的定义后，紧接着

221

学习了函数的三种表示方法：解析式法、列表法、图像法。为什么会有这三种表示方法？教学中，教师应结合一些函数实例，启发学生如何将函数实例中两个变量之间的对应关系表示出来，根据学生已有认知经验，让学生自然就能想到两种代数的表示方法：用式子来表示（解析式法）或用表格来表示（列表法），图像法不宜得出。此时，可引导观察表格中的每一组 x，y 数对，向学生提出问题，你如何看待这些数对？让学生能根据已有经验，从代数和几何两个角度进行分析，使有序数对与平面直角坐标系的点一一对应，启发学生用几何方法表示表格中的每一对实数：建立平面直角坐标系，把自变量与函数的每对对应值分别作为点的横、纵坐标，用坐标平面内这些点组成的图形（图像）来表示函数中两个变量之间的对应关系。由此，让学生充分认识函数的不同表示方法之间的密切联系，而不是仅仅记住它的表示方法。

在表示函数中两个变量之间的对应关系时，函数的解析式与图像分别从数和形两个方面揭示了函数的特征，那么，为什么要从代数、几何两个角度去表示呢？这是我们应该让学生明白的道理。事实上，要深刻认识函数，并运用函数来解决问题，除了把握函数的概念，我们还需要通过研究具体的函数，总结出函数所具有的一般特性。例如，自变量 x 在其取值范围内由小到大变化，其对应的函数值 y 是如何变化的？有没有规律？自变量 x 在其取值范围内变化，其对应的函数值 y 有无最大值或最小值等。在探究这些性质时，函数的表示方法的多样性就提供了多种探究的可能性。我们可以根据解析式来分析自变量和函数值的变化规律，找到函数最本质的属性，还可以从图像上观察，研究函数的直观反映。有了这样的认识，学生的学习活动就不再是盲目的，所学知识也不再是孤立的、零散的。

初中阶段研究的函数知识包括一次函数、二次函数、反比例函数。它们按照解析式的结构特征进行定义，这样对于有代数式知识储备的学生来说，显然是便于理解的。从函数的解析式来看，它们与学生熟知的代数式十分相似。在函数解析式 $y = kx$，$y = kx + b$，$y = ax^2 + bx + c$，

$y = \dfrac{k}{x}$ 中，字母 x，y 表示变量，k，b，a，c 表示常数。当 $k \neq 0$，$a \neq 0$ 时，$kx + b$，$ax^2 + bx + c$ 分别是一次整式和二次整式，$y = kx + b$，$y = ax^2 + bx + c$ 就是一次函数和二次函数。$y = kx$，$y = \dfrac{k}{x}$ 中的两个变量的关系是小学已经学过的正比例关系和反比例关系，所以叫正比例函数和反比例函数。kx 也是一次整式，它是特殊的一次函数，而 $\dfrac{k}{x}$ 是分式，所以与前面能以次数命名的函数有本质的区别。

我们可以搭建初等函数知识框架，如图 4-1 所示。

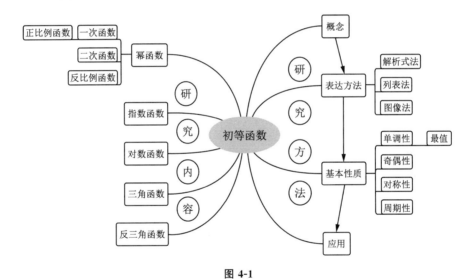

图 4-1

二、函数概念的思维

函数思维是从解析式到图像、从代数特征到图像特征以及它们之间关系的一种思维方式，深刻体会数形结合思想在函数学习中起着重要作用。因此，在函数教学中，应突出函数概念的建立、图像与性质的探究；突出函数的建模思想；提高学生利用数形结合思想解决问题的能力，养成从代数和几何两个方面研究数学知识的习惯。

相对于式的概念和式的运算的学习，以及方程与不等式的学习来说，学生对于函数的学习与理解要困难许多。这是因为函数的解析式中，既有常量又有变量，其中的常量也是随着问题的变化而变化的，这让学生理解起来比较困难。再加上教学往往是点状式的，遇见一个特例就研究一个特例，学生在思维里建立不起对它们的内在联系，很难从整体上认识和把握这种规律，抓不住思维的本质，所以只能靠记忆，理解起来自然困难。

那么，如何让学生理解函数思维的本质呢？首先，我们要让学生充分理解函数概念的本质，就是同一个变化过程中两个变量特有的对应关系，强调函数是刻画现实事物变化规律的一种数学模型，因此教学中我们以教材提供的概念概括过程的素材为载体来化解函数的抽象性，为学生搭建理解的平台，从中感悟函数的本质。其实，整个函数的学习都是在研究两个变量的关系的。我们要让学生从大量的实际情境中去理解，体会在现实情境中不仅存在两个变量，而且它们之间存在确定的对应关系。

以一次函数的概念为例。在现实背景中，抽象出两个变量始终满足 $y=kx+b(k\neq0)$。在函数关系式中，函数 y 用关于自变量 x 的一次二项式表示，故定义为一次函数。当 $b=0$ 时，两个变量满足正比例关系，所以又叫正比例函数，是一次函数的特例。这里的 k 和 b 是常数，当 k 和 b 的值确定时，一次函数就随之确定，所以研究一个一次函数，就要确定常数 k 和 b 的值。看似简单的问题，如果不让学生理解，就会出现题目让确定一次函数关系，而学生不理解要解决什么问题的现象。

一次函数概念的理解主要按照从特殊到一般的方法，这种处理方式也展示了解决问题的一种基本策略，即先特殊化、简单化，再一般化、复杂化。比如，概念的认识首先从讨论正比例函数开始。正比例函数是特殊的一次函数，即 $y=kx+b(k\neq0)$ 中 $b=0$ 的类型。对正比例函数的定义、图像和性质的讨论，也是从特殊到一般用不完全归纳法给出的。

一次函数是最基本的初等函数，它是学生在初中接触到的第一类函数。我们要通过研究一次函数，挖掘函数知识承载的思维，探究整个函数学习的思维方式、研究路径和教学逻辑，为以后要学习的二次函数和反比例函数提供研究的一般性方法。

反比例函数的概念和前面学过的正比例函数、一次函数、二次函数的概念的研究方法一样。第一步是按照函数的研究方法，依据教材的编排顺序，首先是概念的引入，从实际问题情境出发，让学生列出关系式，再根据两个变量的反比例关系以及函数的概念引出反比例函数的概念。第二步是概念属性的归纳。对所列举的实例进行分析、比较、综合，归纳得出所列关系式的共同特征，具有 $y = \dfrac{k}{x}$（k 为常数，且 $k \neq 0$）的形。第三步是概念的明确与表示。结合小学学过的反比例关系，分析所列函数关系式中的两个变量是反比例关系，所以形如 $y = \dfrac{k}{x}$（k 为常数，且 $k \neq 0$）的函数叫反比例函数。第四步是概念的辨析。结合课本上的例题、习题让学生理解概念，认识反比例函数的其他表示方式，如 $y = \dfrac{k}{x}$（k 为常数，且 $k \neq 0$），并理解反比例函数与学过的一次函数、二次函数在形式上的本质区别，即一次函数、二次函数等号的右边都是关于自变量的整式，而反比例函数等式的右边是关于自变量的分式，整式和分式有本质的差别，所以反比例函数有它自己的特殊性。第五步是概念的巩固应用。利用概念解决问题，比如，"已知函数 $y = x^{m+1}$，当 m 为何值时，此函数是一次函数；当 m 为何值时，此函数是二次函数；当 m 为何值时，此函数为反比例函数"；还有"已知一对自变量的值和函数的值，确定反比例函数的解析式"等。

反比例函数的解析式中等号的右边是分式的形式，所以要让学生进一步从本质上认识它，根据分式的概念，让学生说出自变量的取值范围，即 $x \neq 0$，再追问 $x \neq 0$ 表达的几何意义是什么？引导学生说出图像与 y 轴没有交点。让学生进一步根据解析式判断函数值的取值范围，因为 $k \neq 0$，所以函数值 $y \neq 0$，它的几何意义是图像与 x 轴没有交点。

由此，一是让学生对反比例函数的特殊性有进一步清晰的认识；二是让学生认识到在解决问题时处处体现数形结合。

教学中，也可以根据学生的实际情况，不拘泥于教材，大胆创新。比如，清华附中张钦老师的一节课"反比例函数的意义"中，他对反比例函数的引入设计别具一格。

课堂开始，张老师给出三个量 x，y，2，让学生用这三个量以及所学过的运算符号构造等式，要求：每个量只能用一次，可以尽可能多地写。然后张老师让学生把自己所写的等式写在黑板上，学生写了很多，如 $y=x+2$，$y=x-2$，$x=y+2$，$x=y-2$，$xy=2$，$\dfrac{x}{y}=2$，$\sqrt{xy}=2$，…在大家互相补充后，张老师问学生，看到这些等式，你想到了什么？有同学小声说，这里有函数。于是，张老师让大家把认为是函数的等式找出来。接着让大家把找出的函数进行分类，通过分类，找到了以前没有学过的新的函数，即反比例函数。

认真思考张老师这样设计的目的，我认为，他之所以抛开实际问题的情境用这种方式引出反比例函数的概念，是因为反比例函数的概念是初中阶段所学的最后一个函数的概念，和之前学习的函数的概念已经相隔较长时间，有必要对函数的概念进行回顾复习，让学生对函数的表达形式进行再认识，对以前学过的函数进行再回顾，也让学生对反比例函数的形式与原来学过的函数的形式有一个结构的比较，更好地认识反比例函数的特殊性。

三、函数概念的教学

学生的认知规律是由直观到抽象、由已知到未知、由感性到理性、由特殊到一般的，认知能力也是由弱到强、逐步螺旋式上升的。初中生的思维水平正处于由直观形象思维到抽象思维的过渡期，其抽象思维、理性思维能力还较弱，所以在教学过程中，还是需要从直观、感性出发，通过设置有效的、递进的教学内容，让学生在已有的认知下，不断积累经验，在发现问题、分析问题、解决问题的过程中，达到知识掌握、能力提高、思维品质提升的目的。

在函数概念的教学时，教师常用两种处理方式。第一种，先让学生自主预习课本内容，完成预习检测。预习检测分为两部分：一部分是相关概念以填空的形式让学生完成；另一部分是对一些变化过程识别是否为函数关系。接下来，教师针对预习检测，进行讲评，一是强调函数概念要注意的关键点，即在一个变化过程中要有两个变量，对于其中一个变量的每一个确定的值，另一个变量都有唯一确定的值与其对应；二是辨识是否为函数时，纠正学生的错误。第二种，直接出示课本（人教版数学八年级下册）中的引例：一是路程与速度的关系；二是票房收入与售票张数的关系；三是圆的面积与半径的关系；四是长方形的面积与边长的关系；五是心电图；六是中国人口数统计表。然后由学生一一回答解决相关问题，教师引导学生说出这些关系式的共同特征，进而总结出函数的相关概念。

从学生的认知规律上讲，第一种处理方式从表面上看是让学生自主学习，但这种阅读教材的自主学习，只是一种由教材直接告知概念的灌输式。由于学生的现有认知水平、抽象思维能力有限，在不理解概念的情况下，通过填空去记忆，通过辨识和纠错去巩固，即使加上教师对概念要点的讲解，想必对函数概念的本质（两个变量之间的对应关系）的理解一定是不到位的。第二种处理方式从具体的引例出发，看似遵循了学生从具体到抽象的认知规律，但实质上没有注意到从具体到抽象过程中的层层递进，及函数思维的发生与发展，也就是没有让学生真正弄清楚函数概念是如何从具体中抽象出来的。

从函数概念的产生和发展来看，人们先注意到一个变量对另一个变量的依赖关系，进而产生了函数的传统定义（变量说），再经过不断的探寻与完善，最后产生函数的近代定义（对应说）。函数概念不断完善的过程，就是思维一步一步突破的过程，也是人的一种认知规律。所以我们在进行函数概念教学时，可以借鉴函数概念的历史发展，让学生经历三个不同层次的抽象过程，最终总结归纳出函数的变量说概念。

不妨进行如下这样的设计。

第一环节：出示课本上的前四个引例。教师提问：上面四个例题中分别有哪些常量？有哪些变量？有几个变量？通过学生的回答，让他们理解现实生活中某些变化过程存在三个量，其中有两个变量。接着追问：上面例题中两个变量间的关系是通过什么方式来刻画的？让学生注意到这四个例题的两个变量的关系都能用关系式表示，进一步发现两个变量之间存在相互依存的关系。最后问：你能总结一下上面四个例题中变量及变量间的关系有什么共同特点吗？学生对这样的问题进行综合分析，总结出：①在一个变化过程中存在两个变量。②两个变量之间的关系能用关系式表示。③两个变量相互依存，相互制约，一个变量的变化引起另一个变量的变化。通过上述环节，学生经历了第一次抽象，尤其是通过列关系式，让学生能感知到两个变量之间是相互关联的。

第二环节：出示课本第五、第六个引例。教师提问：上面两题图表中有变量吗？有几个？学生讨论后，回答上述问题。教师追问：两个变量间的关系是通过什么形式刻画的？能用关系式表达吗？学生思考后，发现变量间的关系不能用关系式来表示，分别是用表格和图形（像）来表示的。再次追问：给出一个变量的值，你能从表格和图形（像）中找到对应的值吗？通过观察表格和图形（像），学生迅速得到结论。最后问：你能总结一下前面六个例题中变量及变量间的关系有什么共同特点吗？学生思考后，总结出：①在一个变化过程中存在两个变量。②两个变量间的关系是：当一个变量的数值确定时，另一个变量的数值也唯一确定。通过以上环节，学生对函数的本质有了进一步理解，理解到变量间的函数关系不仅能用关系式表示，还能用表格和图形（像）表示，两个变量间的对应关系初步形成。

第三环节：出示新增的引例。某市出租车收费标准：3 km（含3 km）收费8元，超过3 km的部分，每千米收费1.4元（不足一千米按一千米计）。教师提问：当乘车里程分别为 2 km，3 km，4.2 km，4.7 km，6 km时，费用分别为多少？学生经过计算，能准确得出相应的费用。教师追问：这道例题中，变量分别是什么？当给出乘车里程时，乘车费用能确定吗？它与前面六个例题中变量间的关系的共同特点是什么？等学生回答后，进一步追问：若已知乘车费用，乘车里程能确定吗？此时，它与前面六个例题中变量间的关系有共同特点吗？学生通过思考，总结出以上七个例题中变量间关系的共同特点：①在一个变化过程中存在两个变量。②当一个变量的数值确定时，另一个变量有唯一的数值与之对应。至此，学生对函数关系的本质——变量间的对应关系有了较为清晰的理解。可见，遵从学生的认知规律，借助知识自身的发展过程，层层递进，是有效实施教学的保障，也是学生思维逐步发展的基石。

第二节　函数性质的思维逻辑

我们知道，性质是构成图形或式子的元素的本质属性。那么，什么是函数的性质呢？就应该是构成函数的自变量和因变量之间的本质关系。因此，决定函数性质的是自变量与函数之间的关系。也就是说，自变量的变化所引起的函数的变化都可以认为是函数的性质，那么，我们能够研究的函数性质指的是函数的自变量的变化所引起的函数值的变化，这种变化是有规律的，这是函数的单调性质。这种性质反映在图像上，就是图像从左向右是向上的或是向下的。

函数性质的思维规律就是从解析式到图像，从函数的代数特征到图像特征，从数形结合的角度分析两个变量之间的变化规律。

一、函数的性质由谁来决定

首先，函数的性质是由参数 k 来决定的吗？

数学知识的理解是指学生用已有的知识经验去接纳、改造、重组并解释新的数学知识，揭示新知识所表达的数量关系和空间形式的属性、规律及其相互联系，实现对新的数学知识意义的准确把握。为了给某一类函数一个形式化的定义，一般都会引入参数。例如，形如 $y=\dfrac{k}{x}(k\neq0)$ 的函数是反比例函数，形如 $y=kx+b(k\neq0)$ 的函数叫一次函数等。在具体研究函数的性质时，往往是从特殊到一般，即将参数 k 从特殊的具体值推向一般化认识，然后根据 k 的取值，总结归纳函数的性质。例如，人教版教材对反比例函数的性质是这样归纳的："当 $k>0$ 时，函数图像分别位于第一、三象限，在每个象限内，y 随 x 的增大而减小；当 $k<0$ 时，函数图像分别位于第二、四象限，在每个象限内，y 随 x 的增大而增大"。一次函数的性质总结为："当 $k>0$ 时，y 随 x 的增大而增大；当 $k<0$ 时，y 随 x 的增大而减小"。所以，有的教师和学生在理解一次函数、反比例函数的性质时，往往认为它们的性质是由 k 的符号来决定的。

实际上，引入参数 k 的目的是给函数下一个形式化的定义，它所表达的是一类具有相同性质规律的函数。而此类函数的性质研究，还要回到函数本质上，即自变量与因变量的对应关系。对于一次函数，只要满足 $k>0$ 的所有的一次函数都具有 y 随 x 的增大而增大的性质，只要满足 $k<0$ 的所有的一次函数都具有 y 随 x 的增大而减小的性质，表达的是一类函数的共同性质，而具体到一个确定的一次函数，它的性质由自变量 x 与因变量 y 的关系来决定。所以说，一次函数性质的本质是由它的自变量和因变量的关系决定的。

对于反比例函数，从代数的角度看，由函数的解析式 $y=\dfrac{k}{x}(k\neq0)$ 可知，k 表达的其实是两个变量的积，由于 $k\neq0$，所以两个变量的积只有两种情况：正数和负数。当 k 为正数时，两个变量的符号相同，符号同正或同负且积一定时（k 取确定值），y 随 x 的增大而减小；当 k 为负数时，两个变量的符号相反，x 取正、y 为负，或 x 取负、y 为正，且积一定时（k 取确定值），y 随 x 的增大而增大。此种性质反映到函数的图像上，由于点 $\left(x,\dfrac{k}{x}\right)$ 的横、纵坐标符号相同或相反，所以函数图像就分布在第一、三象限或第二、四象限，且在每个象限内，观察图像的变化趋势，判断 y 随 x 的增大而减小或增大。显然，我们从函数的本质出发，就能很好地揭示函数内在的代数及几何性质特征。

引入 k 是为了给反比例函数下一个形式化的定义，如果将 k 的值进行有规律的改变，函数的图像会有什么样的改变呢？以自变量与因变量同取正为例，反比例函数 $y_1 = \dfrac{k_1}{x}$ 与 $y_2 = \dfrac{k_2}{x}$ 中，$0 < k_1 < k_2$，当自变量 x 取同一值时，因为 $0 < k_1 < k_2$，所以 $y_1 < y_2$。对于点 $\left(x, \dfrac{k_1}{x}\right)$ 和 $\left(x, \dfrac{k_2}{x}\right)$，它们的横坐标相等，纵坐标 $\dfrac{k_1}{x} < \dfrac{k_2}{x}$。显然，函数 $y_1 = \dfrac{k_1}{x}$ 的图像在函数 $y_2 = \dfrac{k_2}{x}$ 的图像的下方。再根据反比例函数的图像关于原点中心对称，那么对于"当 $k > 0$ 时，随着 k 的增大，函数图像会逐渐远离坐标轴"的理解就显得轻松了很多。

由此，我们知道，函数性质的本质都是由自变量与因变量的关系来决定的。

其次，函数的性质是由图像"看"出来的吗？

一次函数是我们研究的第一类函数，它将为研究二次函数和反比例函数提供借鉴，打下基础，所以，一次函数性质的思维研究就很重要。

研究性质不能脱离解析式，要注重数形结合。对于一次函数性质的研究，教材上是通过具体解析式找到若干对自变量和函数的值，对应为平面的若干个点，顺次连线得到函数的图像，再观察图像看出函数的性质。对于二次函数和反比例函数性质的研究，都是按照解析式—图像—性质这个研究路径去研究的。这样的安排确实体现了数形结合的思想，但容易让学生认为函数的性质必须由图像研究，函数的性质就是由图像确定的。为什么函数的性质一定要画出图像，由图像看出呢？所以，我们要理解函数性质的本质，就要从数的角度通过解析式去研究，从特殊到一般的顺序去研究。给定一个一次函数，我们可以先由数的特征研究它的变化规律，在自变量的取值范围内取几个特殊值，然后找到与每一个自变量的值对应的因变量的值，再观察它们的变化规律，得到这个函数的性质。特别要注意的是，自变量取值时虽然是若干个特殊值，但这些特殊值一定要有代表性，就像在探究有理数运算法则时要分类考虑各种情况一样，让学生养成严谨的研究习惯，为后续研究反比例函数和二次函数的性质打下基础。这说明，由解析式和列表能清晰反映两个变量之间的变化规律，从而得到一次函数的性质，紧接着画出函数的图像，再用图像看出函数的性质。探究因变量与自变量的变化规律反映在图像的走势上，真正体现由数到形，由形再到数。具体地说，应该是由数（解析式）到数（对应数对），研究性质，到形（对应点），再到形（图像），观察得出性质。由形（图像）观察性质，到形（点），再到数（对应数对）研究性质，再到解析式，分 $k>0$ 和 $k<0$ 两种情况举特殊例子研究，总结一般的规律。对于函数图像所在的象限，以及两个函数图像的位置关系，同样可以通过解析式确定一些数对，再由数对分析它们对应的点的位置得出结论，观察图像进行验证，总结规律，得出性质。这样对一次函数性质的研究，揭示了性质的本质，同时深刻领会函数的解析式与函数图像之间的联系，渗透数形结合的思想。

反比例函数的自变量的取值范围是 $x\neq 0$，而之前学习的一次函数、二次函数的自变量的取值范围都是全体实数，所以它的图像与一次函数、二次函数的图像相比不仅形状不同，还有本质上的差别。在教学中，我们往往不让学生从代数的角度去思考、理解，而是直接让学生列表、描点、连线，画出函数图像。所以，我们在画函数图像之前，就应该从数的角度分析，一次函数图像和二次函数图像都是连续不断的图形，因为它们的自变量的取值范围是全体实数，所以无论自变量取何值，都有唯一的函数值与它对应。而反比例函数的自变量的取值范围是不等于零的实数，所以在自变量取 0 时，没有函数值与它对应。第一，图像与 y 轴没有交点。第二，函数图像一定在 $x=0$ 时断开，不是连续的图形。又由于 $k\neq 0$，所以函数值 $y\neq 0$，这说明图像与 x 轴没有交点。如果引导学生自己探究出这样的结论，再让学生画图像，就不会出现硬把不同象限相邻两点相连的情况，而且学生也会理解为什么图像会是断开的两个分支，同时也理解为什么每一个分支都无限接近但永远达不到 x 轴和 y 轴。在研究了图像在 $x=0$ 处断开且与坐标轴没有交点后，进一步让学生分析：由于 $xy=k$，所以 $k>0$ 时，x 与 y 同号，所对应的点在第一、三象限；$k<0$ 时，x 与 y 异号，所对应的点在第二、四象限，再根据画图像前的列表，可以判断在每一个象限内函数值随自变量的增减情况。通过数的分析，再结合图像观察，可以理解反比例函数的性质，尤其能突破为什么反比例函数的增减性指的是每一个象限内的难点。

由此，我们知道，函数性质的本质是由其解析式的代数特征分析得到的，函数图像是函数性质的直观反映。函数的代数特征和几何特征相辅相成。

二、二次函数图像和性质的本质思维

二次函数的重点之一是使学生掌握用描点法画出抛物线的方法。在后面的学习中，经常会涉及利用函数图像解决数学问题，因此，快速、准确地画出二次函数的图像，是学生必须要掌握的基本技能。从认识函数概念开始，就让学生专门学习了函数的图像。在一次函数的学习中，又再次探讨了一次函数的图像的简便画法，所以，很多教师认为，画二次函数的图像不就是列表、描点、连线吗，没有什么困难。在教学中，常常有教师直接问学生怎样画二次函数的图像呢？学生会齐声回答：列表、描点、连线。然后，在教师的指导下，学生列表、描点、连线，教师点评。这样的教学中，教师舍不得花时间让学生不断地体验，而是迅速切入正题，指明二次函数的形状，让学生记下二次函数的性质。这样的教学没有挖掘画二次函数图像的思维深度，没有把握重点、难点，使学生丧失了主动探索的机会。我们要意识到，认识客观事物是有一个过程的，人为地缩短或逾越，违反事物发展的一般规律。在教学中，教师代替学生思考，会使数学学习索然无味，学习成为机械地模仿、复制。

这样也会导致学生对数学概念理解肤浅，无法把握事物运动变化的规律性，自然无法提高数学能力。

首先，弄清楚在没有限定自变量的取值范围的情况下，二次函数的图像为什么一定有顶点？

画二次函数图像的重点、难点就是学生对画图像的关键点的选择的理解，为什么要选择这些点，有没有必须确定的点，为什么这些点连接时必须是平滑的曲线，而不是折线？只有把这些问题弄明白了，学生才能在以后遇见用各种二次函数模型解决实际问题时，准确画出符合实际意义的图像。所以，画二次函数图像，从最简单的二次函数 $y=x^2$ 入手，一定要让学生经历自己列表（找关键点）的过程，然后自己画出图像。允许学生有一个走弯路的过程，在探索的过程中，会有许多疑问，而这恰是学习新知识的开始。教师应该让学生充分展示，互相评价，并让学生思考：为什么要选择这几个有序数对？你是怎样考虑的？哪些有序数对还可以换成其他数值，如果我们试着换一个数对，你认为还有没有同时需要换的数对？为什么？在我们选定的数对中，有没有不可替代的？为什么？通过追问，让学生思考每一对变量的值的选择依据。还要让学生思考，是不是所有的二次函数的图像（不含自变量有特殊要求的）都会有顶点呢？为什么？引发学生思考，自觉与学过的一次函数比较。一次函数解析式的右边是关于自变量的一次式。随着自变量的变化而变化，自变量取任意实数，对应的函数值也是相应的任意实数，也就反映出图像向两方无限延伸。二次函数的右边是关于自变量的二次式。在解一元二次方程时，学生会用配方法解一元二次法方程，知道所有的二次三项式都可用配方法化成 $(\quad)^2 \pm b$ 的形式。例如，$y=x^2+2x-3$ 可变形为 $y=(x+1)^2-4$。依据以前学过的代数知识，可知 $(x+1)^2 \geqslant 0$，即 $(x+1)^2-4 \geqslant -4$，又因为抛物线开口向上，所以有最低点。这个最低点就是抛物线的顶点，顶点是抛物线的最低点或最高点，也是抛物线的拐点，在抛物线上起着关键作用。这样的追问，引发学生的思考，为后续研究二次函数的性质打下基础。

由此看来，在画图像之前，每一个点的选择都需要学生认真思考，它承载着二次函数的特征的本质思维。有些点是不可替代的，如顶点，有些点是为了计算方便或者描点容易，如取整数点、与坐标轴的交点。

其次，为什么画二次函数图像时，点与点之间要用平滑的曲线连接？

因为一次函数的图像是一条直线，所以在画二次函数的图像时，选取的点描好后，有的学生难免会用折线的方式连起来，也就是把相邻的两点直接相连，为什么不可以呢？这就要让学生再通过和一次函数的两变量的对应关系的变化趋势进行比较，让学生理解两点之间还有无数个点，而这些点的横、纵坐标并不是按相同的比例单调增加或降低。这与一次函数的两个变量的变化规律有本质的区别，可以让学生自己再找一些点描出来，让他们体会平滑曲线的由来。

在画复杂函数的图像时，学生就会自然想到找顶点的坐标，通过思考，让学生懂得每一个知识点的背后都有它的思维，而不仅是简单的操作。这样在后续画实际问题的函数图像时，学生会思考哪些点是必须取的（顶点和端点），再在顶点和端点之间取一些比较方便计算或描点的点，同时也为后续画反比例函数的图像奠定一个良好的基础。

二次函数的性质是用二次函数解决问题的重要依据。前面已经学习过一次函数的性质，知道了研究函数的性质采用的是数形结合、从特殊到一般的归纳以及类比的思想方法。所以，在研究的基本路径上学生已经有一定的认识，但二次函数的性质研究比一次函数复杂，在研究时，要尽可能引导学生理解每一步操作背后的思维，让学生理解研究的本质。

教材中，二次函数的性质研究和一次函数的性质研究一样，通过画出图像，观察图像，得出性质，体现数形结合思想。那么，研究二次函数的性质仍然要从数和形两方面研究，体现真正意义的数形结合。

首先，理解二次函数性质研究的逻辑顺序。

在学习二次函数之前，学生虽然已经学习过一次函数，对于函数的研究路径和方法，已经有了一定的基础，但是二次函数从表达形式到图像、性质，都要比一次函数复杂得多，必须让学生弄得明明白白，懂得研究的路径和基本方法。

按照初中代数函数的定义方法，把形如 $y=ax^2+bx+c(a\neq0$，a，b，c 是常数)的函数叫作二次函数。这是二次函数的一般式，就像一元二次方程的一般式 $ax^2+bx+c=0(a\neq0)$ 一样，可以有特殊形式，如 $ax^2=0$，$ax^2+bx=0$，$ax^2+c=0$，这些都是一元二次方程。对于二次函数来说，$y=ax^2(a\neq0)$，$y=ax^2+bx(a\neq0)$，$y=ax^2+c(a\neq0)$ 都是二次函数。在研究二次函数时，它的研究顺序是先研究 $y=ax^2(a\neq0)$ 的图像和性质，接着研究 $y=ax^2+c(a\neq0)$ 的图像和性质，然后研究 $y=a(x-h)^2+k(a\neq0)$ 的图像和性质，最后研究 $y=ax^2+bx+c(a\neq0)$ 的图像和性质。为什么要分别研究这些二次函数的图像和性质？为什么要按照这样的顺序研究？

基于一次函数的研究经验，学生明白研究二次函数的图像和性质，要按照由简单到复杂、从特殊到一般的顺序研究。所以，应先研究最简单的二次函数 $y=ax^2(a\neq0)$ 的图像和性质。通过研究它的图像和性质，发现二次函数的图像是一条开口向上或向下的抛物线。有对称轴，且对称轴永远平行于 y 轴。有顶点，顶点是抛物线的最低点或最高点，是对称轴与抛物线的交点，也是抛物线最关键的点。而且在研究 a 相同的二次函数图像的关系时，一般都要通过顶点的位置来确定，画图像时必须要画出这个点。这里必须让学生弄明白二次函数图像有顶点的本质是由解析式的特征确定的。对于函数值来说，最低点处的函数取最小值，最高点处的函数取最大值，所以顶点的纵坐标即函数的最值，再从解析式分析右边的二次式的最值问题。谈到最值，大家就会想到完全平方式，我们知道 $(a-b)^2\geqslant0$，即一个完全平方式有最小值 0，此时 $a=b$，$-(a-b)^2\leqslant0$，即一个完全平方式的相反数有最大值 0。此时，$a=b$。由此，知道 $(a-b)^2+c\geqslant c$，$-(a-b)^2+c\leqslant c$，且在取最值时 $a=b$。因此，只要二次函数的右边是完全平方式，就可以直接看出函数取最值时对应的自变量的值和函数值。也就是说，可以直接读出抛物线的顶点坐标。同时，可以由顶点的横坐标找到抛物线的对称轴，如果右边是一般的二次三项式，必须通过配方成完全平方式才能找到顶点坐标。因此，可以把右边是完全平方式的二次函数表达形式称为顶点式。所以研究二次函数的图像和性质时，先按顶点式由简单到复杂、由特殊到一般的顺序研究。于是研究顺序确定为 $y=ax^2(a\neq0)\to y=ax^2+c(a\neq0)\to y=a(x-h)^2+k(a\neq0)\to y=ax^2+bx+c(a\neq0)$。同时，也让学生对顶点式和一般式有正确的理解，根据需要进行它们之间的互相转化。

其次，在研究二次函数性质时，还要从数和形两个方面研究，而不是通过画图像，观察图像得出。然后，画出 $y=x^2$ 的图像，让学生利用图像观察说明二次函数 $y=x^2$ 的性质。这样研究二次函数的性质，既要学会用代数思维，又要建立相应的图像。借助图像直观形象的表达性质，两种方法互相印证，体现数形结合思想。笛卡儿说："每一个我解决过的问题都成为以后解决其他问题的原则或方法。"因此，有关二次函数的性质的研究，可以组织学生撰写小论文，谈一谈对研究途径的认识，让学生养成不断追问的习惯，不仅要知道操作步骤，还要知道操作背后的思维，挖掘知识承载的思维。

三、函数教学中数形结合本质的正确理解

数形结合思想是函数学习的关键，从函数的表示方法开始就在渗透数形结合思想，特殊的函数既可以用解析式表示（数），又可以用列表法表示（数），还可以用图像法表示（形）。一次函数是函数学习的开端，它反映了函数知识的研究特点、研究方法和应用模式，它的学习效果将决定学生对于整个函数知识理解的程度。教学过程中应引导学生主动地进行观察、操作、交流等活动，注重函数模型的建构，引导学生体会数量和图形两者的联系，感受数形结合思想。在研究一次函数的性质时，要把数形结合思想用得淋漓尽致。但是在我们的教学中，按照教材的呈现方式，一次函数的性质是由图像观察得到的。于是，由数到形，由形观察函数的性质，这就是数形结合。在实际教学中，教师不注意精心设

计，往往不能让学生真正体会数形结合思想，触摸不到函数的本质。张鹤老师对此颇有研究，他在专著《唤醒思维的数学书》里详细阐述了函数的数形结合应体现"数—数—形"或"形—形—数"的观点。

摘录如下。

例如，对于一次函数 $y=2x-1$，常常是先画出它的函数图像，然后观察这个图像，可以发现直线 $y=2x-1$ 从左向右是上升的，由此我们说对于一次函数 $y=2x-1$，因变量 y 随着自变量 x 的增大而增大。

这就是由数：一次函数 $y=2x-1$ 到形：直线 $y=2x-1$。

但这样的由数到形是不是缺少点什么呢？是不是有些地方没有说清楚呢？

实际上，我们从一次函数 $y=2x-1$ 的解析式中，就能够得出自变量 x 越大，因变量 y 越大，这是对一次函数解析式代数特征的分析。在此基础上我们转化到"形"：把自变量 x 作为点 P 的横坐标，把因变量 y 作为点 P 的纵坐标，这样在平面直角坐标系 xOy 内，我们就得到了点 $P(x,y)$，显然这是动点 P，随着横坐标的增大，其纵坐标也在增大，其轨迹就是从左向右上升的直线了。

从上可以看出，从数到形不是一步到位的，应该是由数先到数再到形，中间的这个数是代数研究对像，也就是第一个数的分析，进而得到形的思维过程。

从张老师的叙述中，我们知道，一次函数的性质并不仅仅是由图像看出来的，而是先由解析式分析代数特征得出函数的性质，再通过图像进一步验证得出的。这才是数形结合的本质。

当题目中给出函数的图像是一条直线时，我们会设出一次函数解析式，再根据已知点，求出函数解析式。这就是由形到数。为什么看似静止的直线就可以理解为含有两个变量 y 和 x 的函数关系呢？如果简单解释为数形结合，就缺少思维过程。一次函数由图像到解析式，也要经过直线几何特征的分析。实际上，在平面直角坐标系 xOy 的背景下，直线这个看似静止不动的形是动点 P 运动形成的轨迹，随着动点 P 的运动，其横坐标 x 与纵坐标 y 就发生了变化。这个过程我们可以理解为，横坐标 x 的变化引起了纵坐标 y 的变化，或者说任给一个横坐标 x 都有唯一确定的纵坐标 y 与之对应，这样，纵坐标 y 就是横坐标 x 的函数了，其中 x 是自变量，y 是因变量。再根据函数模型，就可以设为一次函数，而这条直线上的每一个点的横、纵坐标都是对应的自变量 x 和因变量 y 的值，满足解析式。这样就经历了由形到形的结构分析，再到数的过程。

由此，我们知道数形结合并不是简单地从数到形或从形到数，它的结合过程是数—数—形或形—形—数。而中间的数或形是这个思想的精髓，也就是对"数"这个研究对象代数特征的分析或对"形"这个研究对象几何特征的分析。

其实，在一次函数的整个学习过程中，始终伴随着数形结合思想。一次函数的性质的运用，就是对数与形之间转换的训练。比如，一次函数 $y=(6-3m)x+(2n-4)$ 的图像不经过第三象限，求 m，n 的取值范围。可以考虑通过题目条件，先画出符合要求的直线，再根据直线上点的几何特征，从而得到满足条件的不等式组，进而得出 m，n 的取值范围。此处仍然遵循形—形—数的研究过程。

再如，已知点 $A(-1,y_1)$，点 $B(2,y_2)$ 在一次函数 $y=-\dfrac{1}{2}x+3$ 的图像上，试比较 y_1 与 y_2 的大小。此题可以按照形—形—数的方法研究。

其解法：一是画出该函数的图像，找到图像上对应的点 A 和 B 的位置，经过比较，判断它们的纵坐标的大小；二是根据函数的图像(直线)上的任何一点的横、纵坐标代表着函数的自变量和因变量的值，可以把自变量(点的横坐标)的值代入解析式求出对应的因变量的值(点的纵坐标)，从而比较 y_1 与 y_2 的大小。

第三节　用函数思想与观点认识方程、不等式问题

方程、不等式、函数都是刻画现实问题的数学模型。方程是变量间等量关系的数学表达，不等式是变量间不等关系的数学表达，方程、不等式中的未知数是确定的一个值或一些值。函数思想是用运动变化的观点，分析变化过程的数量关系，构造函数模型，利用函数的性质去分析问题、转化问题，从而使问题获得解决。

实际上，函数与以前所学习的方程、不等式等其他代数知识的关系贯穿函数学习的始终。教材中专门安排了"一次函数与方程、不等式"和"二次函数与一元二次方程"两节的教学，再次涉及方程、不等式，不是对方程、不等式知识的再回顾，而是从函数的角度对方程、不等式的再认识，加强知识间的横向和纵向的联系，发挥函数对方程、不等式内容的统领作用，达到知识的融会贯通，进一步体会函数知识的重要性，促进学生新的认知结构的建构，提高多角度地、灵活地分析问题与解决问题的能力。

用函数思想看方程、不等式，就是化动为静的过程，用函数思想解方程、不等式，就是寻求方程、不等式的几何解法。例如，一次函数 $y=3x-7$ 与一元一次方程 $3x-7=0$，从代数的角度观察两个式子，函数 $y=3x-7$ 中含有两个变量 x，y，方程 $3x-7=0$ 中含有一个未知数 x，若将函数中的因变量 y 的值确定为 0，就实现了函数与方程形式上的统一。当函数中 $y=0$，与其对应的自变量 $x=\dfrac{7}{3}$，反映在函数图像上就是函数 $y=3x-7$ 图像中的点的纵坐标为 0，横坐标为 $\dfrac{7}{3}$，这个点 $\left(\dfrac{7}{3},0\right)$ 在图像上就固定下来了。

再如，一次函数 $y_1=4x-3$、反比例 $y_2=\dfrac{1}{x}$ 与不等式 $4x-3>\dfrac{1}{x}$。

从代数的角度观察三个式子，两个函数式子等号右边分别与不等式左右两边相同。若将两个函数中的因变量 y_1 与 y_2 之间的关系固定为 $y_1 > y_2$，就实现了函数与不等式形式上的统一。当 $y_1 > y_2$，与其对应的自变量 x 的范围为 $-\dfrac{1}{4} < x < 0$ 或 $x > 1$，反映在函数图像上就是函数 $y_1 = 4x - 3$ 图像在函数 $y_2 = \dfrac{1}{x}$ 图像上方，图像上点的横坐标的取值范围为 $-\dfrac{1}{4} < x < 0$ 或 $x > 1$。

我们具体看一次函数、二次函数与方程、不等式的关系。

用一次函数的观点来认识方程（组）和不等式的关系，同样从数、形两个方面讨论一次函数与方程（组）和不等式的关系，再次体现数形结合思想。任何一个一元一次方程都可以写成 $ax + b = 0 (a \neq 0)$ 的形式，它的左边是一次函数 $y = kx + b (k \neq 0)$ 的形式。解这个方程时，从函数值的角度考虑，就是函数值为 0 时，求自变量为何值；从函数的图像的角度考虑，就是确定 $y = kx + b$ 与 x 轴的交点的横坐标，于是我们可以借助一次函数的图像解一元一次方程。同样地，任何一个一元一次不等式都能写成 $ax + b > 0$ 或 $ax + b < 0$ 的形式，其左边与一次函数 $y = kx + b$ 一致。解一元一次不等式也可以从两个方面认识，从函数值的角度看，解一元一次不等式就是求使一次函数 $y = kx + b$ 的值大于（或小于）0 的自变量 x 的取值范围；从函数的图像的角度看，就是确定直线 $y = kx + b$ 位于 x 轴上（或下）方的部分对应的横坐标 x 的取值范围。而这里为什么要看图像上 x 轴上方或下方，与不等式的界限有关，$ax + b > 0$ 或 $ax + b < 0$ 的界限都是 $ax + b = 0$。从图像上看，$ax + b = 0$ 的 x 值就是一次函数 $y = kx + b$ 图像与 x 轴交点的横坐标，因此，直线 $y = kx + b$ 与 x 轴的交点就是界限。二元一次方程 $mx + ny = p$ 能化为 $y = kx + b$ 的形式，因此，一个二元一次方程就对应一个一次函数，从而也对应一条直线。一个二元一次方程组对应着两个二元一次方程，而每个二元一次方程都有无穷多解，对应着直线上的无数多个点，所以二元一

次方程组的解就是同时满足两个二元一次方程的公共解，因此就对应着两条直线的交点。所以，我们可以借助二元一次方程组中每一个方程对应的直线的交点的横、纵坐标来确定二元一次方程组的解。

那么二次函数和一元二次方程的联系体现在哪儿呢？实际上，在二次函数 $y=ax^2+bx+c(a\neq0)$ 中，当 $y=0$ 时，表达式就可以写成 $ax^2+bx+c=0(a\neq0)$。也就是说，一元二次方程 $ax^2+bx+c=0$ 的根就是二次函数 $y=ax^2+bx+c$ 的函数值为 0 时对应的自变量的值，在图像上就是 $y=ax^2+bx+c$ 与 x 轴的交点的横坐标。因为一元二次方程 $ax^2+bx+c=0$ 的根由代数式 b^2-4ac 的值来确定。当 $b^2-4ac>0$ 时，方程有两个不相等的实数根，所以当函数值为 0 时，对应的自变量的值有两个，即函数图像与 x 轴的交点有两个。当 $b^2-4ac=0$ 时，一元二次方程有两个相等的实数根，所以，当函数值为 0 时，有一个 x 的值与它对应，即抛物线与 x 轴的交点有一个。当 $b^2-4ac<0$ 时，一元二次方程没有实数根，所以，当函数值为 0 时，取不到与之对应的自变量的值，即函数图像与 x 轴没有交点。由此可以看出，一元二次方程就是在函数值为 0 时的二次函数，也就是说一元二次方程的根就是二次函数的函数值为 0 时对应的自变量的值，图像对应的是与 x 轴的交点，一元二次方程的根的情况决定着函数图像与 x 轴的交点的个数。

初中阶段学生不会解一元二次不等式，但可以通过二次函数与一元二次不等式建立联系，借助二次函数的图像顺利求出一元二次不等式的解集。一元二次不等式 $ax^2+bx+c>0$ 或 $ax^2+bx+c<0(a\neq0)$ 可以转化成当函数值大于 0 或小于 0 时对应的自变量的取值范围。这里，借助二次函数可以先找到二次函数的函数值为 0 时对应的自变量的值，即方程 $ax^2+bx+c=0$ 的根。根据根的情况，确定二次函数图像与 x 轴交点的个数，再根据开口方向，以及二次函数图像与 x 轴的交点的个数，找到函数值大于 0 或小于 0 对应的自变量 x 的取值范围。

这样的研究，让学生把过去学过的方程（组）、不等式的知识纳入新的知识体系中，建立了知识的网状结构，不再孤立地看待知识点，也对函数的概念和性质有了更深刻的理解。

函数与方程(组)、不等式的联系还体现在用模型思想解决现实问题上。《章建跃数学教育随想录》一书中指出，代数的根本在于数的运算法则和运算律，字母作为数的"代表"，与数一起经过加、减、乘、除、乘方等各种运算，而引出各种各样的运算律和性质，其本质就是具有运算律的符号所组合而成的代数式，以及对这些符号运用运算律所能做的形式运算进而形成不同的数学模型。而函数模型是重要的数学模型，在学生初步领悟函数概念，知道了函数是对客观现实数量关系的抽象以后，教材安排了建立实际问题的函数模型的内容，给学生提供了建立模型、求解模型，再用模型描述、解释实际问题的学习机会。在用函数建模的过程中，不但可以使学生更深入地感悟函数，而且还可以使学生形成用函数解决问题的真实体验。同时，它还常和方程模型、不等式模型一起使用来解决问题。

例如，在一次函数与方程、不等式的联系中，经常遇到类似下面这样的实际问题。一家电信公司给顾客提供两种上网收费方式：方式 A 以每分钟 0.1 元的价格按上网时间计费；方式 B 除收月基本费 20 元外，再以每分钟 0.05 元的价格按上网时间计算。

(1)上网时间是多少分，两种方式的计费相等？

(2)如何选择收费方式能使上网者更合算？

这里就要让学生灵活、有机地运用各种数学模型顺利解决实际问题。首先在教师引导下建立两种计费方式的函数模型，让学生清楚地看到函数在解决变量关系问题时的优越性，加深对函数概念本质的理解。但在确定分界点位置时，又要借助方程来准确求值。联系以前所学的方程(组)、不等式与函数，用函数观点可以把它们统一起来，为我们解决有关实际问题提供了更大的便利。

由此，我们从动和静来看待函数与方程、不等式，让学生理解函数的本质特征，同时向学生初步渗透辩证唯物主义的哲学观点。辩证唯物主义认为，运动和静止的关系属于绝对和相对的关系。运动是物质的固有性质和存在方式，是绝对的、无条件的，但是并不否认静止。它指出静止是从一定的关系上考察运动时，运动表现出来的特殊情况，是相对的、有条件的。而函数恰恰就是反映一个变化过程中两个变量之间的依存关系，在变化过程中，当一个变量确定时，便反映了这个变化过程中静止的一点，当因变量确定时，就用到了方程，方程可以看作抛物线上的点运动到了某个时刻的静止状态。我们可以通过方程、不等式解决函数求自变量的值、自变量的取值范围的问题，还可以通过函数的图像解决方程、不等式的未知数的取值问题，实现代数与几何的统一。

第五章

"本质的数学教学"的
实践与探索

张鹤老师在《数学教学的逻辑——基于数学本质的分析》一书中指出,数学的教学过程不能看作机械的、操作性的活动,而应该看作认识数学知识本质的思维活动过程。在这个过程中并存着教师教的过程,知识发生、发展的形成过程以及学生的思维过程。为了让学生能够通过数学知识这一载体提高逻辑思维能力,增强理性精神,教师对知识教学的态度起着非常重要的作用。如果教师认为让学生掌握知识,并通过熟练运用知识是为了让学生取得好的成绩的话,在教学中强化数学的结论就成为必然。在一些课堂中,教师甚至把大量的精力放在对结论运用的教学中,把数学问题按照不同的形式进行归类,并用相应的解题方法让学生去记忆并掌握。这种非理性的教学行为忘记了我们进行数学教学的根本,忘记了学生学习数学的真正目的。

这段话道出了我们平时数学教学中存在的最大问题,那就是教师急功近利的思想导致数学教学只关注结论的运用而轻视数学知识得到的过程,只关注解题方法的运用而忽略学生数学思维的培养。所以,在数学教学中,我们应该立足学生数学素养的培养和思维能力的提高,关注自身的教学行为,帮助学生构建科学的教学逻辑。因此,我们不仅要研究知识的获得,更要研究课堂教学的技能。我们要通过课堂教学的精心设计,实现教师的教和学生的学高度融合,引领学生能够在宽松和谐的学习氛围中,主动参与到知识的探究过程中,感受知识的形成和应用价值,促进自身数学学科素养的发展。

第一节 指向思维发展的新授课

新课程的基本理念是"以学生发展为本",倡导学生主动参与、乐于研究、勤于动手,形成积极主动的学习态度。为践行这一理念,我们需要考虑一系列问题。比如,我们的课堂究竟要教给学生什么,要怎么教?究竟要培养学生哪些能力,数学学科核心素养要如何落实等。在教学实践中,我们发现,只有充分发挥教师和学生的主观能动性,让教师动起来，让学生动起来，让师生互动起来，才能为学生创设一个能够独立思考的思维空间，才能为他们创设一个自主、合作、探究的学习平台，从而使学生享受学习、体验快乐、享受成功。

一、立足培养学生学科核心素养的课堂教学

很多一线教师认为，怎么教是我们教师应关注的教学问题，至于教什么，教材已经给出了答案。正是因为有这样的错误认识，很多教师挖空心思教"教材上的知识"，把让学生掌握每一个知识点作为课堂的唯一教学目标，不考虑知识之间的整体联系，不考虑知识的自我生长能力，导致数学课堂教学枯燥、乏味。我们认为，这样的数学教学是没有价值的。

数学教学的目标是让学生掌握数学研究的基本方法，使学生学会数学思考，培养学生发现问题和提出问题、分析问题和解决问题的能力。因此，"本质的数学教学"认为无论怎样进行课程改革，数学教学不能离开数学的学科本质，即着眼于学生的数学素养，培养学生的理性思维，发展学生的逻辑思维，为学生的终身发展服务。

(一)关注知识的系统性、整体化

新课程改革重点关注的就是"教什么"的问题，教材给教师提供了教学的蓝本，但并不是让教师"教教材"，而是要求教师做到能根据新课标要求，统揽不同版本教材内容，掌握知识的发生、发展过程，即让学生先看到整片森林，再研究每一棵树。也就是说，教师要能够把每一个知识点放在一个知识链中去研究，去教学。如果不注重知识的前后联系，只教授单个知识点就如同没有了源和流的水，学生学起来就自然会觉得既枯燥又难学了。因此，在新授课教学中，我们应让学生认识到知识的自然生长，了解它在知识链中的位置和价值。同时，我们要认识到数学教给学生的逻辑思维是其他任何学科无法替代的，要教给学生思维方法。

在数学课堂上，我们应该让学生掌握研究数学问题的基本路径，促

进学生能力发展的同时，让学生体会到数学的美妙。比如，对数的认识，开启了代数学习的篇章。在数的认识的教学中，我们首先要把握数的知识体系，让学生掌握数的运算的研究路径，不仅要关注计算能力的培养，还要渗透逻辑思维能力的培养。在有理数运算的教学中，我们要教会学生识别模型即看清已知条件，与前面学过的哪些知识有关联？给一道有理数混合运算题，怎样培养学生的运算能力？我们认为需要经过这样的四个步骤：第一步，要引领学生学会辨别式子中包括哪些运算和符号，这是运算能力的基础——辨别能力。第二步，要引领学生学会具体分析这个题目需要运用哪些法则、性质、公式、运算律，需要用到哪些相关内容，还需要确定这道题目的运算顺序，这是运算能力中的分析能力。第三步，要引领学生思考如何运用法则、公式等来进行相关计算，并思考怎样运算更简便，选择方法的合理性、简便性，从而优化方法，培养学生运算发展方面的能力，这是运算能力的核心能力——运用能力。第四步，计算结束后，要引领学生学会检验计算是否正确，是否合理，要通过反思、检验，让学生在计算方面具有评价能力。如果扎实做好这四个步骤，就可以促进学生的运算能力的提高。一个计算题，相当于一个证明题，题设就是给出的式子，计算结果就是要证明的结论。如何由题设得到结论呢？这就需要运用演绎推理法，从条件出发，运用定义、定理、法则、运算律等进行推理，计算的过程就是推导过程，推导出的结果就是证明的结论。反之，如果课堂教学仅限于就计算教计算，忽视推理能力培养，忽视类结构研究，不能把知识系统化、整体化，也就不可能为后续学习"式"的运算提供研究路径和自主探究的基础。

(二)让学生掌握研究问题的基本路径

所有的数学知识，都有它的研究路径。在新授课中，解决问题不是唯一目的，还必须让学生体会和总结出问题解决的基本路径。代数一般是按照从特殊到一般的路径研究的。比如，研究一次函数的图像和性质，需要先研究它的特殊形式——正比例函数的图像和性质；研究二次函数的图像和性质时，要先研究它的特殊形式 $y=ax^2$ 的图像和性质，接着按照 $y=ax^2+c$，$y=a(x-h)^2$，$y=a(x-h)^2+k$，$y=ax^2+bx+c$ 的顺序依次研究它们的图像和性质，在研究每一类函数（如 $y=ax^2$）时又按照具体的一个一个函数研究，再归纳这一类函数的图像和性质。而在研究每一个具体的函数的性质时，又是按照由解析式到图像，由代数特征到图像特征的路径进行数形结合的研究的。再比如，在研究一元一次方程的解法时，也是按照从特殊到一般、从简单到复杂的路径来进行研究的。几何图形的研究一般也是按照从一般到特殊的路径研究的。比如，研究三角形时，我们都是先研究一般三角形的性质，再研究等腰三角形、直角三角形的性质；研究四边形时，先研究一般四边形，再研究矩形、菱形、正方形、梯形等。

(三)让学生亲历数学问题的解决过程

传统课堂教学，往往缺乏对学生学习需求的关注，忽视引领学生经历发现问题、提出问题、分析问题、解决问题的完整的解题过程。很多教师在进行数学教学时，往往采取遵循课本中教材的体例，一个知识点、一个例题孤立地进行。课堂上，虽然也有方法多样、提问质疑、小组讨论等活动形式，但是透过现象看本质，可以发现，学生思维的深处是被动地应付和服从。这样的数学课堂，对学生数学思想方法的渗透、情感态度与价值观的渗透是很少的。如此一来，学生的数学学习经验的积累不够，学生的数学学习能力得不到培养，学生的数学学科核心素养就无法得到有效落实。

课堂教学要注重数学学科核心素养的落实，要引领学生真正动起来，真正经历数学问题的发现和解决过程。数学活动不仅是学生主动参与的过程，更是学习创造的过程。当学生在学习活动中遇到障碍时，教师要给予适当点拨，让学生在活动中不断发现问题，引发深层次的思考，从而得出数学结论。比如，教学八年级数学活动课"镶嵌"时，如果不让学生亲自参与拼图，在教师的引导下，学生也可以掌握平面镶嵌的原理和方法，但这种掌握是一种"死"的知识的掌握，学生感受不到数学知识在生活中的应用价值。而当课堂上安排学生自己想办法用正三角形、正四边形、正六边形、正五边形进行平面镶嵌的时候，学生会在活动中体会为什么用正三角形、正四边形、正六边形能进行平面镶嵌，而用正五边形完不成平面镶嵌，从而总结得出这样一个结论：用一种正多边形能完成平面镶嵌的图形必须满足它的一个内角是360°的约数。再让学生用几个形状、大小相同的任意三角形试试能不能镶嵌成一个平面图案，用几个形状、大小相同的任意四边形能不能镶嵌成一个平面图案……进一步加大课堂活动难度，学生需要先思考再动手操作，在历尽困难完成平面镶嵌后，不仅获得了成功后的喜悦，更理解了平面镶嵌的必要条件。课堂活动必须体现在思维活动上。每一个数学活动的设置，都要有明确的设置目标，都要立足于学生数学思维的有效发展。"镶嵌"课堂的活动中，第一次活动设置的目的在于让学生知道镶嵌的定义后，通过体验理解用一种相同的正多边形能进行平面镶嵌的条件；第二次活动设置的目的在于让学生用完全一样的任意多边形进行平面镶嵌，体会平面镶嵌满足的条件；第三次活动设置的目的在于让学生在活动中体会如何确定边长相等的两种正多边形能否进行平面镶嵌，在充分理解的基础上提炼数学模型，用代数的方法解决问题。这些活动的合理设计和有序推进，有利于推动学生的思维由简单走向深刻。

(四)充分发挥师生的主观能动性

新课程把"以学生发展为本"作为基本理念，倡导学生主动参与、乐于研究、勤于动手，形成积极主动的学习态度。在课堂教学中，我们应该如何来充分发挥教师和学生的主观能动性呢？

第一，让教师真正动起来。教师的主导作用应体现在研究如何让学生学会，如何让学生学得更多、更好，如何让学生更会学、更乐于学。新课程强调学生的自主学习。有些教师片面认为要让学生自主学习，就需要淡化教师的主导作用，于是不管什么样内容，随意提出几个话题任由学生争论，任由学生表达观点，不注重引领学生发生思维的碰撞。这样的小组讨论表面看上去很热闹，但学生的思维却没有真正动起来。为避免出现这样的情况，这就要求教师备课不能只备教材，不能只考虑让学生了解什么定义、理解什么定理、怎样应用定理来解决问题，而应该更多地考虑这节课让学生学会什么，用哪种方式学习效果最佳，怎样在课堂上让学生真正活动起来，如何让学生参与到知识的发生过程中，如何让学生在探索后总结经验、形成结论等。

为了解决这些问题，教师必须有两个行动：一是要走进教材，认真研读教材，看清每一个字，研读每一句话，弄清楚教材编排的意图，了解本节课涉及哪些已学内容；要把本节课所涉及的问题包括例题、练习题、习题做一遍，通过研读、做题，预判学生在做这些题的时候可能会遇到哪些困难，会提出什么问题。二是要走近学生，了解他们对即将讲解的内容的兴趣、知识储备，了解学生的预习情况，把握学生的疑难问题，做到心中有数，并据此确定教学方案。

教师在上课时要发挥好自己的主导作用，以饱满的情绪、生动的语言去创设富有激情和感染力的教学情境，让每个学生都能获得良好的情绪体验，从而积极主动地投入到课堂教学中。在每个教学环节中，教师都要想办法为学生创造一个尽可能开阔的思维平台，让他们独立思考、自主选择。在合作学习前，教师必须明确指出应该探讨什么问题，采用什么方式，限定多少时间，达到什么要求。在合作学习中，教师应该走下讲台，以平等的身份参与学生的讨论，从而获得更多的有用信息，为后面的点拨做好铺垫，为师生互动的有效性埋下伏笔。在课堂教学中，教师不要吝啬自己的赏识与鼓励，对每个学生的思维火花都要给予充分肯定，力争让每个学生都有成就感，从而激发出学生的想象力和创造力。

第二，让学生动起来。学生是学习活动的主体。学生在课堂教学中收获的知识多少是衡量课堂效率高低的一个主要标志。教师不可能代替学生学习，代替学生感知，代替学生观察、分析、思考、解决问题，只有切实调动起学生学习的积极性，让学生真正参与到学习过程中，亲自去经历知识的发生、发展过程，才能真正理解知识、感悟知识、内化知识，才能真正掌握学习的要领，学会思考问题，才能逐步实现"教是为了不教"的目标。

　　课堂上要鼓励质疑，让学生的思维动起来。一切创造源于问题的发现、解决，提出问题是学生思维活动的开始。新课程强调要留给学生创造思维的时间和空间。因此，教师要为学生创造一个民主、和谐、自由的学习氛围，引导学生对所获得的材料加以分析、比较、联想、猜想，形成自己的观点；要鼓励学生大胆地提出自己的问题与见解，真正领悟到学习是在不断地提出问题和解决问题的过程中提高的。对于开放性题目，可以让学生大胆猜测它可能有几种情况，有几种结果；对于一般性例题、习题，可以让学生大胆发表自己的看法，说出自己不同的解题思路及方法。

　　组织有效的小组合作探究，让学生在交流中动起来。由于学生的知识结构、智慧水平、思维方式不尽相同，在课堂教学中，教师很难满足每一个学生的愿望，也很难针对每个学生的不同想法给予针对性指导。在此背景下，教师可以采取小组合作的学习方式，让他们在交流中相互启发、相互补充，学会虚心倾听，学会自我反思，学会批判和创新，学会积极思考、友好合作，同时进一步提高语言表达能力。在课堂教学中，只要我们给学生提供足够的展示机会、时间和空间，才能让大多数学生在不同意见或见解的相互碰撞中产生创新的思想火花，而且还能让大多数学生因自己的某些有创意的做法或观点得到其他同学的认可而产生强烈的心理满足感与成就感，从而让我们的课堂教学达到一个新的境界。小组合作成果的展示过程也正是他们积极参与整个学习活动、经历知识探索过程最活跃的时刻，也是课堂教学最精彩的时刻。我们的数学课堂，应该是学生自主学习、大胆想象、标新立异的课堂。教师是课堂教学的组织者，更是学生学习的合作者，是学生活动的参与者。我们应努力让课堂成为师生互动、交流的阵地，让学生全身心投入到每个教学环节之中。只有这样，我们的课堂才会充满灵性和活力。

二、精心设计课堂小结

对于优质课或者公开课、观摩课，授课教师都会精心设计课堂小结，在课堂最后几分钟，让学生谈谈本节课的收获是什么等。学生谈了之后，有的教师还会在 PPT 上展示本节课的知识结构，然后富有激情地把本节所学的数学知识与生活、人生联系起来，进行升华。这样的课堂小结是很好地总结课堂学习的方法。这里有两个问题值得思考：一是在学生谈收获时，教师往往不给学生思考时间，甚至鼓励学生只要说出学会的一个知识点就可以，于是学生一人说一条收获，大家接力。可以看出，即使是对知识的总结，学生也是不假思索说出的，更何况对本节课研究方法的总结，对学习过程的完整反思与提炼，教师为什么不加以适当的引导呢？二是课堂总结这样的场景往往出现在优质课的课堂上，出现在观摩课、公开课的课堂上，为什么在平时的课堂教学中基本看不见？

这里有一个问题需要我们思考：常规课的课堂小结到底用不用精心设计？我们发现，数学教师备课时，在如何设置情境引入新课，如何让学生经过探究获得新知，如何精选练习题目巩固强化新知识的运用等方面，可以说下足了功夫，但对于如何设计课堂小结却很少用心考虑，很少精心准备，或者干脆没有。那为什么公开课就要精心设计课堂小结呢，这说明课堂小结还是应该有的，如果做得好的话，可以起到画龙点睛的作用，还会让学生养成良好的自我总结和反思的习惯。课堂小结，能让学生通过研究内容、研究路径、思想方法等的梳理总结，形成能力。

如何做好有用的、有意义的课堂小结呢？我们认为授课教师应该做到以下六点：一是注重课堂知识的梳理，让学生养成总结归纳的习惯。这里要注意在对课堂所学知识进行梳理时，并不是简单地重复本节课学习了哪些知识点，而是重点指导学生说出这些知识点的由来，能解决什么问题，怎样解决问题，在运用所学知识点时的难点是什么、易错点是什么等。这样不仅能使学生厘清本节课的知识脉络，理解本节知识所蕴含的思维，掌握学习的重点，突破学习的难点，理解学习中的易错点，巩固内化知识，形成数学思维，而且还能养成认真总结归纳的良好的学习习惯。

二是注重数学思想方法的挖掘，让学生养成深入思考的习惯。数学教学的目的，不是单纯地让学生记住多少个数学定义、定理，解决多少道数学习题，而是要让学生通过探究数学知识的发生、发展过程，体会其中渗透的数学思想方法，掌握解决问题的策略，养成深入思考问题的习惯。数学教学还需要渗透"化未知为已知、化难为易、化繁为简"的转化思想，类比思想、分类讨论思想、数形结合思想等。因此，在课堂小结时，我们要注重引导学生挖掘本节课在解决问题的策略中所渗透的数学思想方法，让学生把研究数学思想方法当成一种数学思维习惯，积累一定的解决问题的经验，从而可以更有效地理解和内化所学知识。

三是注重解题方法的提炼，让学生养成善于反思的习惯。在数学习题课、讲评课以及某些形式的新授课中，对于经典的数学习题的解题方法的总结也非常重要。而在实际的课堂教学中，我们有可能会陷入"大容量"的误区，对于练习题，往往是做了评、评了做，认为做多了，自然就会了，很少留给学生独立思考、反思总结的时间。这样，就会导致学生不善于进行数学思考，做题的过程往往是简单的模仿，题型稍加变化就束手无策了。我们常埋怨学生，平时讲过多少遍、做过多少遍的题目，考试时还是做不对或者不会做，而很少反思自己的教学行为。因此，我们在课堂小结时，要指导学生及时总结提炼问题解决的策略和规律，促使学生做进一步的思考、总结、内化、升华，形成数学思维，提高分析问题、解决问题的能力，养成善于反思的习惯。同时，还可以对一题多解、一题多变进行归纳总结，让学生进一步体验数学问题解决的不同策略，而且要理解哪些是通性通法，哪些是特殊条件下的技巧解法；通过对一个问题的不同变式的推敲，培养学生思维的灵活性和创新性；通过对实际问题的数学化思考，进一步引领学生感受数学建模思想。

四是注重学习收获的盘点，让学生养成自我完善的习惯。一个人的发展成长，不在于他掌握了多少知识，而在于他是否有良好的学习习惯，是否有较强的学习能力。因此，我们在进行课堂小结时，不仅要引导学生对数学知识、解题方法、数学思想方法进行梳理，还要引导学生说出在学习过程中的情感体验，让学生逐步养成不断反思自我、完善自我的良好的学习习惯，从而促进学生非智力因素的发展和核心素养的提升。

五是注重用数学的眼光看待生活，让学生树立正确的人生观。生活就是数学，数学就是生活。我们在课堂小结时，还要注意引导学生把学会的知识与生活联系起来，引领学生从中感悟一些人生哲理。这样处理不仅可以使学生进行自我教育，形成正确的人生观，而且还可以激发学生的兴趣，使他们对本节课的学习内容有更加深刻的认识。比如，在"几何图形"三视图的课堂小结时，可以这样引导学生：我们从不同方向看图形，看到的是不同的结果，那么我们也要学会从不同的角度看待同学，这样就会看出不同的精彩，同时我们还要学会从不同角度分析问题、分析事物、分析社会、分析人生。我们应该充分发挥数学教学的教育性价值，培养学生与人为善、乐观向上的人生态度。

六是注重为新知探索留有悬念，让学生养成主动探索的习惯。一节课的终点，其实也是另一节课的起点。我们在进行课堂小结时，要巧妙地把与下节课有联系的内容作为切入点，设疑激趣，激发学生进一步探索知识的欲望，使课堂小结成为联系课堂内外学习活动的纽带，达到课断而思不断、言尽而意不尽的学习效果，为下一节课的知识学习做好铺垫，促进学生养成自觉预习、主动探索的习惯。当然，课堂小结时间有限，不一定面面俱到，也不一定在一节课的最后进行，需要我们根据教学内容，精心策划，悉心准备。课堂小结应是教学环节的自然推进，是教学效果的必然需要，是一节课的"画龙点睛"之笔。一切能促进学生数学思维的发展，能激发学生学习热情的教学活动都是应该深入思考、精心研究的。课堂小结亦如此。

三、正确看待课堂容量问题

近年来，我校进行了三环自主课堂教学改革。三环自主课堂教学模式分为自主探究、合作释疑和巩固拓展三个环节。在课堂推进过程中，很多教师认为，课堂上的互动环节中主要存在着两个问题：一是学生讨论效率太低，耗时太长；二是学生讲解语无伦次，教师还得请其他同学讲或者自己亲自讲，很浪费时间，经常导致教学任务完不成。直到今天，我们的数学课堂仍然很难看到思维完全开放的、让学生尽情表达自己的思考的课堂。教师总是为学生铺设密密的台阶，牵着学生的思维走。这样设置思维问题的方式，使课堂学习看似比较顺利。但如果进行深层次考虑，这些知识为什么要这样想，为什么要这样做，学生是没有自己的思考的。学生在课堂上做了大量的练习，但处于模仿状态的机械劳动较多。教师以自己讲完了课标中要求的课时内容，学生记住了概念、会做题为教学任务完成的标志，以课堂上能让学生多练几道题为效率高、容量大的标准。

张鹤老师关于课堂容量问题谈过自己的观点。他认为，课堂容量可以从两个方面看：一种是课堂教学中的教学内容的多少。这是一个可以看得到的、可以量化的指标。数学课常常反映在这一节课所讲的题目数量的多少、知识点的多少。另一种是一节课的思维含量。这是一节课容量的更高的指标，它的大小是衡量一节数学课是否有效的一个主要标志。其实，思维容量的大小与这节课具体讲几道题没有关系。即使一节课就讲一道题，如果能够讲出数学思维方法，能够讲出教师对问题的观点、见解，特别是能够通过这一道题，引起学生对数学问题的深入思考，能够将研究的问题延展到一般的思维，就是一节有效的数学课，就是一节容量很大的数学课。

我比较赞同张老师的观点，发展学生的数学思维，让学生通过我们的每一节数学课，学会数学思考才是数学课堂教学的根本任务。而有些教师所说的完不成教学任务可能是指知识点的掌握和应用没有完成，也可能是自己预设的练习题的强化没有完成。因为缺乏对数学教学本质的理解，所以，为了完成教学任务，为了追求课堂上的高效率、大容量，往往不给学生独立思考的时间和机会，往往不给学生充分表达思维的时间和机会，甚至出现对于学生在课堂上提出的奇思妙想，或者典型的错误思维，不剖析、不诊断。这样处理问题的方式会导致学生无法理解为什么要那样做，这样做怎么就不行。教师所引导的课堂氛围又不容许学生有表达困惑的机会，导致很多学生只能按照教师讲的方法比葫芦画瓢。教师的教学任务完成了，但错过了很多课堂的精彩生成，学生失去了很多创新思维的萌芽。

"数学的本质教学"主张数学教学应该是学生思维活动的教学。在每一个教学环节的处理上，甚至是每一个问题的提问方式上，都要以激活学生的思维为出发点和落脚点，要为学生创设宽松的、和谐的课堂氛围，让学生敢想、敢说。如果学生回答问题时，没有说到关键点上，或语无伦次，或绕弯路，或不会分析思路，只会直接说出答案的时候，我们应该给学生留下充足的时间和空间。我们更要耐着性子认真倾听，对学生回答问题中的思维亮点给予充分肯定，对学生回答问题中所反映出的思考方向给予梳理，对学生词不达意的地方给予点拨引导。这样做，对于教师来说，确实浪费时间，有可能完不成预期目标；但对于学生来讲，这是来自教师的信任与鼓励，是来自教师的尊重与关爱。学生的学习自信心的建立，学习积极性的调动，语言组织能力的培养，思维能力的提高，都会在这几分钟里成为可能。唯有这样，我们的数学教学才能真正发挥它的价值，才能让学生理解真正的数学。反之，如果我们的心里只想着完成教学任务，因为心急而表现出对学生的回答不满意、不耐烦，就会让学生在紧张的状态下思维更加受阻。如果强行制止学生作答，就会让学生在受挫之后对学习慢慢失去兴趣。所以，在课堂教学中，我们应该更多地关注一节课的实效性，更多地关注学生的数学思维的培养，更多地关注数学教学的本质。在必要的时候，宁愿少讲一种类型，宁愿少讲一个知识点，尽管我们预设的知识目标没有达成，但只要学生的学习兴趣、学习能力有所发展、有所提高，学生的思维品质、学习习惯有所养成、有所提升，谁又能说这样的课堂教学不精彩呢?!

第二节 指向知识结构重组的单元复习课

复习课在数学教学中占有相当的比重，是一个重要的课型。复习课的类型有章节复习课、专题复习课、内容单元复习课等，也就是说复习课所处的时段一般是在一个单元、一个学期或一个学段的新授课之后。复习课教学通常需要跨越几个不同课时、几个不同单元，甚至几个不同学期、几个不同学年。在实际教学中，复习课究竟应该怎么上，很多教师不注重研究，往往把复习课上成了烫温饭，让学生听得昏昏欲睡，做题做得糊里糊涂。或者有的教师的复习课就是让学生做练习，遇到不会的题目就讲，以题论题。那么究竟怎样上好复习课呢？下面以单元复习课为例，谈谈自己的看法。

一、复习课教学的定位

复习课教学主要存在着两个误区：一是认为复习课就是回忆旧知识，把复习课的目标定位在巩固旧知、强化记忆上。于是，复习课教学就成了旧知识的简单再现和机械重复。教师领着学生从定义到定理再到应用进行全面复习。结果呢？教师教得非常疲惫，学生学得枯燥乏味，教学收效事倍功半。二是认为复习课就是大量做题，把复习课教学的目标定位在强化技能训练上，以达到熟能生巧的目的。很多学生甚至教师把数学成绩不好的原因简单归结为在计算上出现了马虎、做题的数量还不够、计算的熟练程度还有欠缺等。于是，复习课教学就陷入了"做题—讲题—再做题—再讲题"的畸形怪圈。在复习时遇到哪个知识点就讲哪个知识点，不仅教师讲得累，学生练得也累，找不到复习之后知识生长、能力生长的成就感，稍难的题目总是等到教师讲了以后才会做，自信心严重受挫，因此就失去了复习的兴趣。

那么应该如何走出复习课的误区呢？我们认为要走出复习课的误区首先就是对复习课要有准确的目标定位。复习课的推进过程应该是对数学知识再认识、数学方法再提炼、数学思想再升华、数学能力再提高的过程。复习课以夯实知识基础、提高学习能力为基本原则，通过复习力求达到使模糊的知识清晰化、缺漏的知识完整化、零散的知识系统化的效果。既要有知识技能的巩固和解题能力的提升，又要有知识结构的重组，更要有知识研究的一般路径的梳理、一般活动经验的总结与应用。这样的定位有利于学生对知识研究路径有更清晰的认识，有利于增强学生研究数学问题的意识，提高学生分析问题和解决问题的能力。

二、复习课教学的设计

复习课教学不同于新授课教学。复习课教学应该是通过课堂的巧妙设计，能够把相关知识点结成串、连成线、织成网，需要把以知识为单元结构的相关内容，按照研究思路、研究路径等进行结构重组，让学生能站在一个新的高度来认识和理解知识，灵活运用所学知识解决问题。比如，人教版八年级上册的"三角形"的复习中，复习课教学设计应该突出以下几个方面。

一是要做到零散知识结构化。为了提高学习效率，教材所呈现的知识往往是割裂开来、碎片化的。在复习课中，有一个非常重要的任务就是把碎片化的点状知识穿成线、结成网，形成知识网状结构。人教版八年级上册的"三角形"的复习，我们可以站位整体教学来设计系统梳理三角形、全等三角形、轴对称的内容。复习设计不是简单回顾三角形中的知识点，而是让学生厘清"三角形"部分的知识结构，进行内容重组，由点到线再到面，结成知识网。我们可以这样设计：第一环节先复习三角形的概念、性质和特例。性质包括三角形的基本元素（边和角）的性质，相关元素（三角形的中线、高线、角平分线）的性质。所选取的复习方式是：不直接向学生呈现知识点，而是通过设计练习题，让学生在解决问题后理解复习用到的是哪个知识点，弄清楚这个知识点可以解决怎样的问题。这里要提醒学生注意：三角形的内角和以及三角形的三边关系就是研究三角形的基本元素的性质；特例研究可以研究三角形的边的特殊化、等腰三角形，也可以从角的特殊化研究直角三角形；让学生明白几何图形的性质应该研究构成几何图形的基本元素的性质以及相关元素的性质，判定由构成图形的基本元素满足的特殊条件来进行。第二环节再复习两个三角形的关系，从形状和大小两个方面来研究它们的关系。两个三角形全等也要研究它们的定义、性质和判定，研究两个三角形的基本元素的性质，以及两个三角形的相关元素的性质，再从两个三角形的基本元素的关系判定两个三角形的全等关系。第三环节通过三角形的平移、轴对称和旋转等全等变换，让学生进一步感受平移、旋转和轴对称与三角形全等的密切联系。这样设计，可以使学生对整个"三角形"的内容有一个清晰的认识，对三角形的研究方法和路径有明确的方向，为研究四边形在内容上、方法上和路径上都提供了有用的经验。

二是要做到思维活动深刻化。在课堂教学中，学生的思维活动是否深刻，很大程度上取决于教师的引导。在目前的数学课堂上，学生的思维活动还常常受制于教师的引导，缺乏独立解决数学问题的思维过程，缺乏独立解决数学问题的体验。学生还不习惯对解决问题的策略和方法做出选择和判断，也没有形成自己的思维方式。有些数学基础稍弱的学生更喜欢按照教师教给的步骤去理解问题和解决问题；更喜欢通过套公式得到问题的答案、通过背结论甚至背题型所对应的解法去解决数学问题。显然，这样的学生很难主动思考数学问题的实质。

首先要设置高质量的引导问题，能够步步紧逼引发学生的思考。其次要设计典型的、有价值的例题和习题。例题设置要有层次性，既要注重基础性，还要注重提高性和综合性，由浅入深，循序渐进，逐步引导学生把问题深化，揭示出解题规律来。例题设置还要有典型性，应选择那些能较好地涵盖相关知识、技能、数学思想方法的，或是学生容易出错的，或是与生活联系密切、应用较广的题目。例题设置也要注重开放探索性，应该选择一些探究性习题，让学生通过对开放性习题的探索，学会思考，提高发现问题、分析问题、解决问题的能力。学生解决数学问题的自信心不是源于他做了多少数学题目，而是在于他是否掌握了独立思考数学问题的方法。比如，在"三角形"的复习课上，有关三角形全等的复习，我只设计了一道典型例题的剖析。

如图 5-1 所示，线段 $AB=AC$，$OB=OC$，$OD \perp AB$，$OE \perp AC$，垂足分别为点 D，E。求证：$OD=OE$。

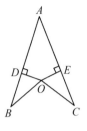

图 5-1

这道题的处理绝不限于使学生会做，而是通过多种方法的解决，让学生学会灵活运用所学知识解决问题，学会从多角度思考问题，从多角度尝试解答问题，再对这些方法进行分析、比较、归类，使得学生的思维活动逐渐走向深刻。我的具体做法是这样的：首先让学生独立解决，然后小组交流方法，再全班交流。在交流的过程中，要求学生分享自己的解题方法，并说明自己是怎么想到的。多数学生想到连接 OA。第一种方法，有同学想到利用 $\triangle AOB \cong \triangle AOC$，为 $\triangle AOD \cong \triangle AOE$ 提供条件，从而得到 $OD=OE$。第二种方法，有同学利用 $\triangle AOB \cong \triangle AOC$，为 $\triangle BOD \cong \triangle COE$ 提供条件，从而得到 $OD=OE$。让学生总结这两种方法实际上是一种思路，那就是通过三角形全等证明线段相等。第三种方法，有同学利用 $\triangle AOB \cong \triangle AOC$，得到 $\angle DAO = \angle EAO$，再利用角平分线上的点到角两边的距离相等得到 $OD=OE$。让学生总结该方法的思路：要证角的内部的一个点到角两边距离相等时，可以考虑用角平分线的性质解决问题。第四种方法，有同学利用 $\triangle AOB \cong \triangle AOC$，得到 $S_{\triangle AOB} = S_{\triangle AOC}$，利用面积公式得到 $OD=OE$。让学生总结该方法的思路：当要证的相等线段分别是两个三角形边上的垂线段时，可以考虑用三角形的面积解决问题。第五种方法，利用等腰 $\triangle ABC$ 和等腰 $\triangle OBC$ 的两个底角相等，等量减等量差相等，为 $\triangle BOD \cong \triangle COE$ 提供条件。再引导学生把此方法归为第一种思路，即利用三角形全等证明线段相等。第六种方法，有同学通过 $OB=OC$，$AB=AC$，得到点 O 和 A 都在线段 BC 的垂直平分线上，所以 OA 垂直平分 BC，再利用 $AB=AC$，在等腰三角形中利用三线合一性质，得到 OA 平分 $\angle DAE$，再利用角平分线的性质得到 $OD=OE$。引导学生把此方法归为第三种思路，即利用角平分线的性质解决线段相等问题。再通过进一步追问，让学生总结，当遇到等线段共端点时，想到构造等腰三角形。这个题目通过六种方法归为三种思路的分析过程，让学生懂得这个题目的解题关键在于如何思考证线段相等的问题，如何利用题目中的已知条件来解决未知问题。

在讲评习题时，我们一定要注重发挥学生的主动性。一题多解，一题多变，延伸拓展……我们一定要把讲评的主动权还给学生，让学生自己给出多种解法，让学生互相分析每种解法的思路，比较优劣，总结规律。对于学生给出的一题多解，教师应该引导学生比较鉴别解法的优劣，哪些解法是通性通法，哪些是专题专法，归纳不同解法的思考方向。只有这样，学生参与多了，领悟也就透彻了，分析问题、解决问题的能力自然而然也就提高了。而学生独立思考出来的方法，哪怕不是最佳的，甚至是行不通的，但这种思维的状态却是最为需要的。作为教师一定要保护学生思考数学问题的积极性，充分认识到学生独立思考的价值，创造条件鼓励学生积极思考。

张鹤老师曾说过这样一段话：我们要坚信，思考是一种力量！因为只有思考，才能够使得学生的思维充分活动起来，也只有如此，数学的复习才最接近数学知识学习的本质；只有思考，才能够让我们的学生变得越来越聪明、智慧！在复习课的教学过程中，我们更要教给学生如何思考问题，要让学生的思维具有逻辑性，要给学生思维的空间。在复习课上给学生留出思维活动的时间和空间，不等于放弃教师的主导作用。相反，教师在课堂上对所交流的问题的选取以及对学生思维活动的引导与评价是非常重要的。在学生的思维活动中，有些方法可能根本解决不了学生所面临的数学问题，但是作为教师要善于分析学生思维活动中合理的部分，帮助学生寻找到最终能够解决问题的方法。

三是要做到研究路径清晰化。学生一旦能够厘清代数和几何图形的研究路径，他们对数学学习就会充满自信。而知识的梳理要突出学生的自主性。听一遍不如看一遍，看一遍不如做一遍。还有一句话这样说：我听到了，我忘记了；我看到了，我记住了；我做到了，我理解了。学生的思维是从动手开始的，让学生在动手的过程中学习知识是必要的。

因此，知识的梳理切忌包办代替，应该给予学生充分展示自己的空间，让学生亲身经历知识梳理的过程，让学生带着困惑、疑问去交流。显然，教师对学生进行点拨和教师直接把知识点告诉学生，两者的效果是截然不同的。

再比如，在"三角形"的复习中，设计的复习重点是引导学生梳理三角形的研究路径，为后续学习其他几何图形奠定坚实的基础。课堂伊始，首先设置一个引导问题："请同学们从研究一个三角形到研究两个三角形的关系的路径入手，梳理三章中有关三角形的内容"。在学生独立梳理后，又让学生在小组内交流梳理的内容，请大家评出本小组内容梳理最好的同学，并让小组代表说说这个同学的梳理好在哪儿。这样的设计，有利于让学生带着问题进入到一节课的复习，有利于学生尽快进入学习状态，有利于指导学生从学习路径和学习内容两个方面将知识点整理成"数学知识树"，或形成思维导图。通过小组的比较评比，让学生知道知识梳理可以有很多种方法，我们需要从中选取出最合理的一种方式来进行。指导学生把学过的知识进行尽可能有条理的整理，而不是简单的知识回顾，使学生在上课开始就有紧张的思维，有问题产生，从而让学生带着问题进入到一节课的复习，有利于学生尽快进入学习状态。同时通过学生的自我梳理，引发学生对三章中三角形的知识有一个回顾过程，这样将大大提高复习的效率，促进学生的主动参与意识。再者，通过学生的梳理，教师可以及时了解学情，有的放矢地进行有针对性的教学。

在引导学生共同整理知识点时，以题理知，有目的地梳理三角形的研究路径，使学生理解对于一个几何图形，一般要按照概念—性质—特例的路径进行研究，对每一种特例都按照定义—性质—判定的路径进行研究，而对图形的性质则按照先构成图形的基本元素的性质，再对图形的相关元素的性质的顺序进行研究。对于两个几何图形，要按照图形的形状和大小研究两个图形的关系，这样会出现两个图形的全等，将来还会研究图形的相似。

这样的设计，有助于加深学生对已学知识的理解与掌握，并使之条理化、系统化，形成知识网络结构，给学生可持续发展的空间。

四是要做到知识能力生长化。复习课最忌烫温饭。比如，"三角形"复习课，这节课着力于学生能力的提升上，让学生通过复习感受到自己的知识生长。我在设计这一节课时就着眼于学生对知识结构的认识，着眼于学生零碎知识的系统化，从一个知识点的掌握到几何图形研究方法的总结，使学生对整个几何图形的学习有了清晰的思路。在典例分析环节，通过问题设计引发了学生的自主探究和思维碰撞，使学生自主探索出了三角形全等、角平分线的性质、等面积法、垂直平分线的判定、等腰三角形三线合一这几种方法，通过这几种方法的探究和归类，让学生总结了每一种方法背后的思维，理解遇见特殊条件时如何构想知识，遇见证垂线段相等时的思考方向。这样设计，不仅在一题多解中发展了学生的思维，更通过方法的归类理解了解题策略背后的思维，使知识在问题解决中系统化、整体化，让学生解决问题的能力有所提升。在总结阶段，我们可以让学生根据本节课的研究路径梳理经验，猜想还会研究三角形的哪些性质，还会研究两个三角形的什么关系。如果研究四边形会研究什么内容，会怎样研究，如果研究两个四边形，又会研究什么。这些问题的提出，让学生将知识融会贯通，以实现知识和研究方法的迁移，让学生感觉到自我的生长，对学习充满期待。

总之，复习课教学要突出知识的整合和应用，让知识从点状到穿线结网。我们要明确夯实双基并不意味着低效重复，立足教材要避免"温故有余，知新不足"，提升能力但不能搞题海战术。我们要努力做到让学生自主梳理知识，让学生参与构建知识网络，让学生自己寻找思路，让学生探究发现规律，让学生互动争辩错误，让学生感悟提炼方法。这个过程是一个师生再学习、再提高的过程。不同类型的复习课采用的教学方法也不尽相同，但无论采用什么样的教学方法，调动学生主动参与复习过程的积极性，激发学生主动探究的热情，提升学生的综合能力是永恒不变的主题。

第三节　指向思维能力提升的试卷讲评课

　　讲评课是初中数学教学中常见的课型。讲评课主要分为平时的作业讲评、测验之后的试卷讲评、复习阶段的练习题讲评。在每一学期的期末阶段，讲评课出现的频率是比较高的。有些教师忽视讲评课的作用，把讲评课上成了纠错课，认为只要让学生知道怎么错了，应该怎么修改，把错题纠正过来就达到了本节课的教学目标。但一节讲评课，是否真正起到了查漏补缺的作用，是否使学生的能力有所提升，教师往往是不去考虑的。有些年轻教师的讲评课，大都是先对答案，然后按照顺序，挑自己认为需要讲的题目逐题讲解。讲评课上成了满堂灌式的面面俱到，蜻蜓点水式的简单肤浅，或就题论题式的简单推进，学生参与的积极性不高，显然，这样的讲评课起不到真正的查漏补缺作用。"数学的本质教学"主张讲评课必须要立足于学生的思维发展，必须要调动学生学习的积极性、主动性，必须要让学生真正参与到教学过程之中，要让课堂纠错成为学生知识和能力的新的生长点。

一、充分做好讲评前的准备工作

　　高效的讲评课的关键之一在于精心的课前准备。如何做好课前准备呢？下面以试卷讲评课为例。我认为应该做好以下三点：一是对试题进行准确分析。对试题的分析决不能仅仅停留在把每一道题做一遍，而是要对这份试卷的难易做出准确判断。我们要做好以下几点。首先是要对试题考查的知识点和分布情况进行统计分析，分析试题的命题思路、考查角度和意图以及答题思路和技巧。这样的分析，有利于把握试题的针对性、层次性，有利于在讲评时引导学生对"一题多解"思路的分析和解法的对比，有利于选择最佳的、最经济的解法，更有利于下一步学生对知识的归类整理。然后教师也要对试题所考查的知识点进行整合归类，可以按知识点归类，也可以按解题方法归类，这样的归类分析可以避免出现按题号讲评，有利于培养学生分类的数学思想，有助于学生对试卷上的同一类问题有一个整体感，对同一知识点不同的考查方式有所了解、领悟，有利于学生总结提高，有利于学生逐渐建构自己的知识体系。

二是对学生答题情况进行分析。只有全面了解学生的答题情况，才能使试卷讲评更有针对性，更有典型性，这样的讲评课才有实效。我们要做好以下几点。在认真批改试卷后，教师首先要统计每道题的失分率，把失分率较高的题目找出来，分析学生在哪些知识点上掌握得不好，在哪些类型题上失误较多，然后具体分析学生的错误情况。其次，我们还要分析每个学生的成绩。这些分析有利于教师更加全面地掌握学生的答题情况，再加上对试题情况的详尽分析，教师就能确定出基本的讲评方案。

三是针对预设方案设计反馈练习。要结合实际情况对预设的讲评方案进行适当调整，要对学生错误率高的，尤其是对概念理解不清、方法掌握不到位的题型必须进行重点突破、强化巩固。因此，在讲评课上要有目的地设计变式训练题，设计讲评后的反馈提高题，要让学生对这些问题的解题思路和方法进行再实践、再认识，提高全体学生的分析问题、解决问题的能力，使不同层次的学生都在现有的学习基础上有新的收获。

二、立足思维发展，突出讲评实效

试卷讲评课要立足于学生的思维发展，要突出讲评实效性。如何做好这项工作呢？我认为应该做好以下三点。

一是试卷总体评价应该能激发学生的学习热情。在讲评试题之前，教师首先要对学生的考试情况做出总体评价；要根据课前对学生成绩的分析，引领学生看到自己的努力和进步情况。我们要重点表扬进步大的、成绩突出的、卷面干净、书写规范的同学。对存在较多问题的同学提出批评的同时，并指出下一阶段努力改进的方向。对于成绩暂时落后的学生，教师也要尽可能挖掘他们答卷上的闪光点，肯定其在某一点或某些方面的进步，让他们在肯定与表扬中获得满足，有助于他们以愉悦的心情投入本节课的学习中。

二是生生互动，找出疑难。为了提高讲评课的课堂效率，我们也要注重充分调动学生主动参与的积极性。教师可以创设宽松、民主、和谐的课堂氛围，可设计出诸如"你的问题我解决"这样的创新方法。该方法是给学生 10 分钟准备的时间，在 10 分钟内，学生独立思考并进行错题纠正，把深思熟虑后仍然解决不了的问题找出来；纠错结束的同学要分析一些易错的题会在哪里使同学们的解题思维受阻。在整个试卷里，有哪些题目考查的是同一个知识点或解决问题的路径是相同或相似的，帮同学解决问题。这个环节设置，不仅可以让所有的同学都动起来，而且让同学学会了深入思考和研究试题，做到不仅会做，而且能分析每道题考查的知识点和解题策略。通过学生自己讲解决问题的办法，提高了分析问题、解决问题的能力，提高了数学思维水平，有助于使他们体会到解决问题的成就感和自我生长的快乐。教师还可以在大家讲解的基础上，根据实际情况，适时地调整自己的预设，适当地进行拓展延伸，进一步培养学生思维的灵活性和深刻性。

三是师生互动，精彩点评。教师的点拨评讲，是讲评课的重要环节。教师巧妙精彩的点评，能使学生在分析题目的技巧上、在挖掘数学思想方法上、在思维的发散性上、在巧妙捕捉问题信息上等方面都会有很大收获。反之，教师就题论题式的讲解，不但起不到应有的作用，而且会让学生对讲评课失去兴趣。对于大多数学生都解决不了的综合题，教师需要做巧妙精彩的点评和引领。点评不是就题讲题，不是和盘托出，而是在学生的思维受阻处巧妙设置问题。这些问题的作用在于引发学生的思维过程，有利于学生挖掘出问题背后的思想方法，有利于激发学生重建思维过程，引领学生找到问题的思考方向，引领学生顺利解决问题。对于学生感到不知从何入手的综合题，教师可以这样设计问题，比如，"该题包含了哪些基本问题，你能否把它一一分解出来？这些基本问题的具体解决办法是什么？"，这些引领问题的设置，就是点评到了解决这道题的基本策略，然后就由学生按照这个策略去探索解题方法，当学生学会分步思考后，就会感觉综合题没有那么难了。这样的点评，不仅有助于学生解决问题，而且有助于他们明白解决综合题的基本方法就是把综合问题转化成基本问题。再加上教师适时的引导，和学生平等交流，有助于消除学生对于解答综合题的恐惧心理。

三、重在能力提高的延伸拓展

为使讲评课更具实效性，教师在点评学生之后，一定要留出时间让学生自己消化。另外，教师要进行适时的点拨引导，引导学生从不同的角度进行思考，想想还有没有其他解法，进一步提高学生的认知水平和解决问题的能力。当然，紧接着就要设置后续的强化举措。教师要在学生消化并整理错题之后，针对评讲的内容，变换问题考查的角度，重新设计一组稍有拔高性的变式练习题目，让学生进行反馈练习，让学生既能通过练习巩固疑难知识，又能再上一个新台阶，使知识的运用得到进一步的延伸拓展，避免学生产生思维上的疲倦和心理上的松懈、倦怠。这种处理问题的方式不但可以激发学生探索知识的热情，而且可以鼓励学生的创新之举，有助于学生获得学习的成就感，增强学习的信心。

另外，在讲评时切忌就题论题，教师要能对这些测试题目进行变式训练，进行发散引导，倡导一题多解、一题多联、一题多变。一题多解重点在于引导学生从不同角度思考问题，培养思维的灵活性。一题多联、一题多变应由浅入深，步步推进，重点引导学生抓住问题的本质特征，培养思维的深刻性，使不同层次的学生均有收获。在点拨讲解和变题变式训练过程中，教师一定要注意让学生充分参与其中，要精心设疑，耐心启发，并留给学生思考的时间和空间，让学生开动脑筋，发表自己的见解，形成思维碰撞，从而真正悟深、悟透。

总之，要让讲评课更有实效，教师就必须在课前做好精心准备，创设出有利于学生发展的课堂氛围，调动各层次学生都积极参与到讲评活动中，让学生明确自己在学习中存在什么问题，知道问题产生的真正原因，通过生生互动、师师互动，解决疑难问题，挖掘内在规律，提炼思想方法，学会数学建模，掌握思考方向，提高学生分析问题、解决问题的能力，使每一个学生都能有所收获。

后　记

HOUJI

我与数学教学

一、我学数学

成为一名数学教师是我初中时的梦想。

我是一个农村的孩子，从小就属于非常听话型的，但天生有不服输的精神，无论干什么都要争第一，所以学习成绩很好，是班里数一数二的好学生。在初二时县里举行数理化竞赛，要求一个学生只能参加一科，老师们都想让我参加，为此争得面红耳赤，最后我自己选择了参加数学竞赛。

我们学校的老师基本都是本村的民办教师，家里有农活，学校有工作，往往是放下锄头就匆匆到学校。所以，不像现在的老师有那么多时间备课、研课，更何况我们村的学生不多，一届就一个班，老师没有机会教研，但很幸运的是我碰上的老师都是很有责任心和爱心的老师，尤其是数学老师。

那时的我很崇拜数学老师。他上课不用拿书，站到讲台上，手拿粉笔，很潇洒地举起右手放在黑板上，头稍稍一偏，略略思考几秒，就写出一道题来。我想，老师的脑袋里怎么能装下那么多道题呢？老师是怎么把整本书都装到脑袋里的？

那时的我也很害怕数学老师。每次我上学时经过他的办公室门前，只要他看见我，就要把我叫到办公室，给我一道题，让我做对了才能去教室。我想老师怎么有那么多道题等着我呢，我做错了，他还一定要追问我是怎么想的。于是，我每天上课都非常用心地学，一定要弄明白，想清楚，否则被老师问住了就很没面子。

那时的我很喜欢数学老师"问我问题"，让我感觉自己很有学习的天赋。在初中时我最喜欢做应用题，那是因为下午放学时，老师总有"不会做"的题目问我，让我回家想想，第二天早上讲给他听。于是，晚上在做完其他作业后，我就开始绞尽脑汁想老师问我的应用题，说来也奇怪，基本上我反复琢磨后，都能给出一个解法，第二天再兴高采烈地讲给老师听，老师听后频频点头，我的心里别提多高兴了。有的同学有问题时，老师会指定让我给这位同学讲，他听懂了再去给老师讲。于是，为了让这位同学能给老师讲清楚，我就非常用心地告诉他怎么做，为什么这么做。也正是因为经常替老师解决难题，经常给同学们讲题，我对数学学习的兴趣越来越浓，而且同学们问我问题时，我总能讲得很清楚。那时，我就觉得自己是当老师的料，而且我暗暗下定决心，如果有机会，我将来一定要当一名数学教师。

我不知道当年老师是真不会还是假装不会，但很多年来我一直以当年老师不会的题目都问我，让我帮助解决而自豪，直到在自己当老师期间我学会了"让自己笨一些"的教学策略后，才突然想到，莫非当年我的数学老师用的就是这种教学策略?! 正是因为他让我在不断体验"我很优秀，我可以帮老师解决问题"的过程中，不仅爱上了数学学科，更养成了善于动脑思考的习惯，也让我感觉自己在学数学的过程中变得越来越聪明。

二、我教数学

成为一名优秀的数学老师是我参加工作后最大的愿望！

1986年中师毕业后，我被分配到离县城很近的一所农村学校。它原本是一所小学，因为特殊原因，有了一个初中班。村里和县教委通过交涉，约定成立的初中要全部用公办教师。于是，我和我的两个同学一起成为这所学校的第一届初中班的老师，共同承担所有学科的教学，我终于如愿选择了教数学。也就是说，我们三个刚刚走向工作岗位的老师在学校没有一个可以指导帮助我们的老教师，一切要靠我们自己摸索。

初登讲台，自信满满。初出茅庐的我当时没有任何畏惧感，反而兴奋得不得了，因为我终于可以在属于自己的讲台上大显身手了，也不在乎没有老教师的指导。我从书店买来了教案书、教辅资料书，按照教案书上的教学设计，加上自己的理解和比较强的解读能力，自我感觉游刃有余，遇到有些内容讲到什么程度、考试范围等不太明白的地方，就到距离比较近的中心学校询问。在这种情况下，我们学校的学生居然考出了很好的成绩，吸引了邻村初中的学生纷纷转到我们学校来，村干部对我们非常满意。这让我更加自信，坚信自己天生就是当老师的料。我当时认为，只要我讲得清楚，学生就能学得明白，我怎么讲，学生就怎么学，比葫芦画瓢，多练习几遍就会了。由于和学生年龄差距不大，学生有什么问题也乐意和我交流，初涉教坛的我每天都被快乐包围着。

调动工作，陷入迷茫。1991 年 8 月，工作 5 年的我被调到当时全市唯一的一所市直初中济源市实验中学。因为之前的工作业绩，新调入的学校给予了我充分的信任，让我直接接手初二两个最差班，兼任一个班的班主任。由原来的一个班 30 多人，到新学校的一个班 72 人，由带一个班的数学到带两个班的数学，而且还是全年级两个最差班，我还用原来的方法教学，结果发现无法赶上实力较强的兄弟班级。当考试成绩揭晓，我看到自己所带班级的成绩位于第 3，4 名时（总共 4 个班），我的眼泪夺眶而出，第一次遭受失败的打击，感觉很无助。晚上，我一个人哭着漫无目的地走在大街上，恨自己为什么不能把学生教会，学生会不会看不起自己。一向好强的我开始怀疑自己的能力，开始感到天外有天，对数学教学陷入了迷茫。

从小到大，我的字典里，就没有"服输"两个字。于是，我开始想办法。我开班会，批评学生不努力，理所当然地告诉学生：你们要多付出，因为你们已经落后了，必须要比别人吃更多的苦才能把成绩赶上去。我加大作业量，加大检查落实力度，对于当天知识掌握得不好的同学，单独留下来辅导，但收效甚微，甚至让一些学生产生了厌学情绪。

我再次反思，开始研究当时和我带同年级的苗东亮老师的教学。我发现他每天晚上都在办公室里钻研教材，研究教辅资料上的题，有时甚至到了晚上 12 点还在办公室。我想教辅资料上的那些题抄下来自己会讲不就行了吗？为什么还要每天在办公室里苦思冥想研究那么长时间？

我去苗东亮老师的班级听课，发现他讲课注重总结教材里没有呈现的规律和方法。他的学生听课非常专心，眼睛里放着光，对老师的变式训练很感兴趣。他会通过一道题把知识的前后联系说清楚，而这些都是我的课堂教学中所缺乏的。我原本以为多讲多练就能提高成绩，现在我懂了，我自认为的讲清楚与学生的理解还有一定的距离，学生成绩的取得不仅要靠老师讲清楚，还要自己想明白，不在于布置大量的作业，而在于每一道题是否具有针对性和创新性，课堂上也不在于讲了多少道题，而在于能够让学生想明白多少问题。

转变观念，注重思维训练，关注学生学习习惯的培养。1992 年，我新接手了初一两个班的数学课兼任一个班的班主任。经过一年的磨炼，这时的我已经成熟了很多：一是懂得教数学一定要让学生想明白，而让学生想明白不仅要取决于教师的教，还取决于学生的学，因此，教师不仅要注重自己的教学方法，更要注重自己的课堂组织与管理，让学生参与到学习中来，真正让他们成为课堂的主角。二是懂得作为教师不仅要教会学生知识，更要教会学生做人，让他们懂得感恩，学会交往，学会合作。于是，我每天在备课上花费了大量的时间，每一节课都要写两遍教案。首先自己钻研教材，粗略设计教学方案，然后参考教师用书的详解进行修改，再翻遍手中所有的教辅资料，认真筛选每一道题目，确定用来解读教材知识点的各种题型，从不同的角度让学生理解、认识概念，有时找不到自己想要的题目，就尝试着自己编题。对于一些题目，我会仔细研究，尽可能进行变式训练，让学生学会用运动的观点分析看待数学问题；对于每一道题，我会尽可能地交由学生思考解决，让学生在不同的解题方法中，形成思维碰撞，学会从不同的角度思考问题，而我要做的就是引导学生认真分析不同解法的思维方式和它们的共同特征，让学生学会一题多解和多题归一，理解遇到一道题目，怎样尽快找到解决问题的突破口。这个时候的我，更加关注学生学习习惯的培养，教会学生听课的习惯、做作业的习惯、预习的习惯等，让他们懂得自己才是课堂学习的主角，要善于钻研问题，学会自己思考问题，养成纠错的习惯。而且这时的我懂得让自己笨一些、慢一些，让学生帮助我解决问题，在课堂上给他们提供更多的机会。

于是，我的学生爱上了学数学，爱上了研究解题规律，他们的数学成绩一直遥遥领先。后来我就成了接差班的专业户，无论我所接的班原来成绩有多差，我接班后总能在一个学期后就赶上其他班级，并由年级的队尾一路跑到排头的位置。学校的老师都夸我有化腐朽为神奇的力量，我对自己的教学能力也重新恢复自信。当然成绩的取得不仅是自己注重了学生思维能力的培养，更多的是教学组织的精心设计，还有教育管理的智慧和融洽的师生关系。

1992 年，我第一次参加济源市初中数学优质课比赛，当时的李东阳校长亲自听我的课，给我具体的指导。那年济源市正在学习目标教学法，作为化学专业的他，逐字逐句为我推敲目标的设定，我被他对待学术的精益求精的精神所感动，更被他用心指导青年教师的专业成长所感动。在校长和其他同事的共同帮助下，我取得了优质课比赛全市第二名的好成绩，这是我教学生涯中拿到的第一张证书，它让我找到了专业自信，更是我追求学科专业高度的起点。从此，我不断参加市级优质课比赛、省级优质课比赛，每一次备赛的过程，都让我在和大家的思维碰撞中，不断地加深对课堂教学的理解，每捧回一个证书，都会增加我对课堂教学的敬畏！

1997 年，我参加了河南省优质课大赛，成为济源市参加省优质课大赛的第一人。参加大赛后，很多乡镇都邀请我去做示范课，并和老师们交流教学经验。为了能更好地引领大家，我更加注重学习教育理论，梳理自己的教学特色，不但要讲好课，还要给大家说清楚为什么要这样讲。每一次讲课、交流，都是对自己的考验、锻炼，更是积淀，让我在无形中自觉开始研究课堂教学。

三、我研究数学教学

成为一名有思想、有担当的教师是我永远不变的追求！

2015年，我有幸加入河南省的中原名师培育工程，参与了连续5年、每年两次的集中研修，在研修过程中不断学习新的教育教学理念，不断观摩专家、名师的课堂，不断反观自己的课堂，梳理自己的教学特色。2017年集中研修举办中原名师论坛，要求学员梳理自己的教学风格或教学主张，我审视自己的数学教学，进行了认真思考，提出了构建"双本"的数学课堂的教学主张。课改以来，"生本课堂""学本课堂"成为教学方式的主流，课堂教学甚至对老师讲的时间也做了严格的规定。于是，小组合作、自主探究、"导学练"等课堂组织形式成为课堂改革的重点。但在实际课堂教学中，大家往往盲目追求教学形式的变化，不注重教学的实际效果。比如，出现了追求小组讨论的热闹场面的假合作学习现象，为讨论而讨论，表面上热热闹闹，而实际上学生的思维活动很少，讨论也变成了几个优秀学生的表演，或者大家随便凑在一起，各说各的话，各唱各的调，不懂得倾听，不擅于分析别人的意见，得不到应有的效果。究其原因，是老师们主导地位的缺失，不善于在关键的地方进行思考方向的引领，不能做到收放自如。也就是说，课堂教学在关注突出学生主体地位的同时，往往忽视了教师主导作用的发挥。我认为，不论课程改革怎么改，教学方式怎么变，有效的教学活动是学生学与教师教的有机统一。学生是学习的主体，教师是教学的主导，没有教师科学有效的点拨指导，学生的主体地位就难以真正实现。那么教师如何认识学生的培养目标，如何根据学生的实际情况，充分挖掘教学资源，确定要教给学生的内容，科学设计教学程序，组织课堂的活力教学，真正落实学生学习的主体地位就显得尤为重要。换言之，教师如何在课堂教学中做到不缺位、不错位、不越位，让师生这一双向角色互动起来，实现教学效果的最大化。因此，我在大家追逐课堂教学的热闹场景时，保持了自己的清醒认识，没有迷失自己，充分认识到教师的主导地位不能缺失，始终把课堂看成自己和学生共同成长的主阵地。我认为，课堂教学以学生为本是根本目标，而以教师为本是达到以学生为本的前提条件。所以，在我的数学教学中，既注重学生主体地位的体现，也注重教师主导作用的发挥，即构建"双本"课堂。

课堂"以教师为本"，体现在课堂教学的设计上，体现在对学科课程的深刻理解上，为什么要教，要教给学生什么，还体现在课堂教学的组织上，怎样组织有效的学习活动，怎样放手，放到什么程度，什么时候收，收到什么程度，怎样把握生成资源的利用，利用到什么程度等。"以学生为本"，体现在学生的课堂参与度上，体现在学生能力的发展上。有了以教师为本的前提，以学生为本的课堂不再是流于形式的假合作学习，更不是"我问你答"的被动式学习，而是有了实质性的学习参与、问题解决，使学生的思维得到很好的训练，学生的主体地位得到充分彰显，而且课堂上要由学生自己发现问题、提出问题、解决问题，让学生在课堂中激发兴趣，提高能力，增强自信心，充满自豪感。

2018 年 4 月我入选教育部"国培计划"中小学名师领航工程，5 月在中小学名师名校长领航工程培训开班活动中，经过双向选聘，我成为北京市海淀区教师进修学校基地的一名学员。7 月，我第一次来到北京海淀区教师进修学校参加集中研修活动。这次培训对我来说是一次不同寻常的经历，是一次精神的洗礼，是一次刻骨铭心的成长，更是一次挑战自我、提升自我、超越自我的蜕变。我遇见了强大的导师团队，遇见了我生命中的贵人，遇见了阳光自信又充满活力的一起学习的伙伴们。短短 10 天的培训，让我感觉被推着往前走，那力量无与伦比！遇见，卷入，扎根，发芽！

我的导师张鹤老师、邵文武老师讲述他们自己的成长故事，让我懂得了什么才是真正扎根课堂做研究，懂得了如何选择正确的努力方向发展自己。王尚志老师给我们三个学员一丝不苟地上课，让我读懂了他的敬业精神和对学术孜孜不倦的追求。他告诉我们不要让别人强加给你做什么，一定是自己独立思考，想明白自己要做什么，再思考如何做。连四清老师、王琼老师、张景斌老师、张铁道院长等导师们在我的教学主张微论坛中给予了最中肯的意见和建议。他们的点评总能让我醍醐灌顶。还有罗滨校长、申军红副校长、林秀艳副校长不仅在学术研究上给予指导，更是在做人做事上以身示范。在北京市海淀区教师进修学校学习的两年，是我成长最快的两年。顾泠沅教授、王东升教授、李方院长、李瑾瑜教授等专家、导师用心给我们上课，精准指导，对我们寄予深切厚望。在中国人民大学附属中学、北京交通大学附属中学、北京市海淀区教师进修学校附属中学等实践基地，我得到了梁丽萍导师等最有效的课堂教学指导。所有这些，都让我不断反思自己的教育教学实践，不断更新自己的教育理念，认识教育的本质，思考教学的价值。

尤其是张鹤老师，他对我的指导如春风化雨般滋润细致，为了让我学会认识自我，知道我在哪里，在和我的对话中，他不断追问我的教学思想，追问我的教学风格，追问我的教学成绩从何而来，追问我怎样教会学生。在他的追问中，我学会了向内看，反思自己的专业成长，研究自己的教学风格，梳理自己的教学主张。

为了激发我研究教学的热情，张鹤老师在第一次培训结束时和我做了约定。回去后我要和他一起坚持写作，写教学反思，写听课感悟，每周各自交换分享。就是这份约定，让我感受到的不仅仅是压力，更是感动和幸福。我开始每天思考教学，研究教学，听课评课，并把所思所想用文字记下来，从自己的课堂和同行的课堂里反思学科的教育价值。我发现，在动笔写的过程中，我不自觉地有了更深层次的思考，当我的文字传给张老师，他总是第一时间阅读、回复，不仅有鼓励和期待，更有用心地指导和修改。同时，张老师会发过来他的微课、讲座、研究课及评课视频等，让我通过学习和与老师的文字交流，深刻领会数学教学的本质，更加懂得数学教学的目的和价值，懂得如何在课堂教学中培养学生的思维能力，教会学生数学的研究路径和思考方法，落实学生的数学学科核心素养。在这个过程中，我对自己的教学主张越来越清晰，并在教学中不断实践，取得了很好的教学效果。

2019年11月，海淀区教师进修学校进行第四次集中研修。培训期间，在张老师的鼓励下，我决定围绕我的教学主张写写我对初中数学教学的理解。因为缺乏经验，在自己对书的框架有了基本搭建后，得到了张老师耐心细致的指导，从每章内容的确定，到写作的注意事项的提醒，再到写作计划的制订，我有了清晰的写作思路，坚定了写作的信心。12月，海淀区教师进修学校的申军红副校长、张鹤老师一行到我校进行调研和名师工作室挂牌活动。期间，张老师又对我的书稿进行专门的研讨，鼓励我按照既定计划写出一本有价值的教学专著。

写作开始之际，遇到了突如其来的疫情，全民宅在家里。张老师第一时间发短信提醒我注意身体的同时，告诉我要利用这个机会抓紧开始写作。在写作中，我一度感到困难，感觉自己无法完成，又是在张老师的鼓励下，我咬牙坚持下来。初稿终于在计划的时间内完成了，我高兴得不得了，第一时间发给张老师。张老师非常认真地帮我审稿，提出修改意见。没有张老师的鼓励和帮助，就没有我的书稿的呈现，所以借此机会，向张鹤老师深深地鞠躬，表达我的敬意和谢意。

在写作最困难的时期，我还得到了工作室成员的全力支持和帮助。他们为书稿写作提供了资源和智慧，在最后的案例部分，他们还提供自己精心设计的案例，后因书稿的篇幅问题，案例部分被删除了。在此，对工作室成员的付出表示衷心的感谢。

这是我的第一本书。写作之初，我给这本书的定位是写一本能唤起数学教师对数学学科教学价值进行思考的书，实现自己的教学思想的有效传播，能对数学教师的专业发展有一定的唤醒、促进作用。这本书的写作过程，是我更加深入的学习过程，更是我的成长过程。为了尽可能地不出现学术错误，我又再次研读了课程标准，阅读了教学参考书，阅读了张鹤老师、吴亚萍教授、史宁中教授等的著作，研究数学知识承载的思维，反复思考数学教学的意义和价值。这让我感受到了写作的乐趣，激发了我表达自己观点并与同行分享的勇气和热情；更感受到平时积累的重要，激发我不断用研究者的眼光审视数学教学中的问题，不断提升自己的数学素养，站在课程的高度认识教学、研究教学。

但由于能力有限，很多想表达的东西不能准确表达，对于书稿说得不当的地方或表达不清的地方，还望广大读者批评指正。

最后，再次对张鹤老师等所有我的导师以及工作室成员对我的帮助、指导表示衷心的感谢。我将继续努力研究初中数学教学，让我们的学生喜欢数学、热爱数学。

参考文献

CANKAOWENXIAN

[1]张明红，刘娟娟．回归本质："至理数学"教学主张的内涵解读[J]．小学数学教师，2019(10)．

[2]张鹤．数学教学的逻辑——基于数学本质的分析[M]．北京：首都师范大学出版社，2016．

[3]包静娟．数学理解：教学设计的价值追求[J]．小学数学教育，2018(22)．

[4]吴亚萍．中小学数学教学课型研究[M]．福州：福建教育出版社，2014．

[5]史宁中．基本概念与运算法则——小学数学教学中的核心问题[M]．北京：高等教育出版社，2013．

[6]林崇德，胡卫平．思维型课堂教学的理论与实践[J]．北京：北京师范大学学报(社会科学版)，2010(1)．

[7]杨玉东，徐文彬．本原性问题驱动课堂教学：理念、实践与反思 [J]．教育发展研究，2009(20)．

[8]张存敬．前后连贯强化联系，一气呵成彰显整体——"角的比较与运算"教学及思考[J]．中学数学教学参考，2018(8)．

[9]章建跃．研究三角形的数学思维方式[J]．数学通报，2019(4)．

[10]章建跃．从数学整体观看"同底数幂的乘法"的教学[J]．中国数学教育，2013(7-8)．

[11]《数学辞海》编辑委员会．数学辞海(第六卷)[M]．太原：山西

教育出版社，2002.

[12]中华人民共和国教育部. 义务教育数学课程标准（2022 年版）[S]. 北京：北京师范大学出版社，2022.

[13]俞求是. 试论数学的科学性及其特点与数学教学[J]. 数学教育学报，2008(5).

[14]中华人民共和国教育部. 全日制义务教育数学课程（实验稿）[S]. 北京：北京师范大学出版社，2001.

[15]蒲淑萍，汪晓勤. 学生对字母的理解：历史相似性研究[J]. 数学教育学报，2012(3).

[16]李文林. 数学史概论[M]. 北京：高等教育出版社，2002.

[17]涂荣豹，王光明，宁连华. 新编数学教学论[M]. 上海：华东师范大学出版社，2006.

[18]鲍建生，周超. 数学学习的心理基础与过程[M]. 上海：上海教育出版社，2009.

[19]吴亚萍. 数学教学改革指导纲要[M]. 福州：福建教育出版社，2017.

[20]杨翠丽. 初中生代数学习的认知建构研究[D]. 上海：华东师范大学，2018.

[21]张奠宙，巩子坤，任敏龙，等. 小学数学教材中的大道理——核心概念的理解与呈现[M]. 上海：上海教育出版社，2018.

[22]史宁中，孔凡哲. 方程思想及其课程教学设计——数学教育热点问题系列访谈录之一[J]. 课程·教材·教法，2004(9).

[23]朱淑贞. 初中数学思想方法教学的意义及策略[J]. 湖南教育，2003(7).

[24]卜以楼. 从"表象价值"到"智慧价值"——对方程（组）教学价值的分析与思考[J]. 教育研究与评论·中学教育教学，2014(3).

[25]章建跃. 章建跃数学教育随想录[M]. 杭州：浙江教育出版社，2017.

[26]施倪杰. 反比例函数的知识构建与数学价值发掘[J]. 数学教学通讯(初等教育)，2013(11).

[27]袁爱洪. 基于新课标视角的初中数学"空间与图形"研究[D]. 广州：广州大学，2007.

[28]林奇芸. 运用"结构观点"进行平面几何知识的教学[J]. 心理发展与教育，1986(3).

[29]陈瑶. 中学几何的教育价值——兼谈中学几何课程改革[D]. 南京：南京师范大学，2003.

[30]教育部基础教育课程教材主要工作委员会. 义务教育数学课程标准(2011年版)解读[M]. 北京：北京师范大学出版社，2012.

[31]章建跃. 研究三角形的数学思维方式[J]. 数学通报，2019(4).

[32]崔允漷. 如何开展指向学科核心素养的大单元设计[J]. 北京教育(普教版)，2019(2).

[33]卜以楼. 生长型构架下实数复习课的教学实践与思考[J]. 中学数学，2016(6).

[34]庞彦福. 初中数学有效教学[M]. 北京：北京师范大学出版社，2015.

[35]刘晓玫. 深度学习：走向核心素养(学科教学指南·初中数学)[M]. 北京：教育科学出版社，2019.

[36]李铁安. 义务教育课程标准(2011年版)案例式解读 初中数学[M]. 北京：教育科学出版社，2012.

[37]中国就业培训技术指导中心、中国心理卫生协会. 国家职业资格培训教程·心理咨询师(基础知识)"2015修订版"[M]. 北京：民族出版社，2015.

[38]中国数学学会数学教育研究发展中心全国数学考试评价研究会. 2007年全国中考数学考试评价报告[M]. 上海：华东师范大学出版社，2018.

[39]钱珮玲. 中学数学思想方法[M]. 北京：北京师范大学出版

社，2001.

[40]李兴怀. 论数学思维与数学教育[J]. 宝鸡文理学院学报(自然科学版)，1994(2).

[41]董静，于海波. 教学逻辑的价值追求与二维结构的运演[J]. 中国教育学刊，2015(8).

[42]李明树. 浅谈一次函数中"数"与"形"的完美结合[J]. 中国校外教育(上旬刊)，2014(z1).

[43]戴莉. 初中数学《一次函数》教学方法探寻[J]. 中学课程辅导·教师通讯，2019(6).

[44]余旭红. 数学思想在二次函数中的应用[J]. 初中生世界，2013(36).

[45]李爱霞. 问题设计驱动探究思维建构深度课堂——以苏科版八下"反比例函数图像"为例[J]. 初中数学教与学，2019(6).

[46]胡春明. 现代教育技术与初中数学教学有效整合的策略[J]. 试题与研究：教学论坛，2019(24).

[47]吴良山. 浅谈初中几何变式教学策略[J]. 课程与教学，2017(3).

[48]陈铁成. 河南中考中的折叠问题[J]. 道听图说玩数学，2017(9).

[49]杜晓亮. 初识、再识、深识，促进深度学习——"认识三角形"(第1课时)的教学与思考[J]. 中学数学教学参考(中旬)，2019(7).

[50]夏乾冬. 一题一课中渗透核心素养"三部曲"[J]. 中学数学教学参考(中旬)，2019(12).